LA HERMENÉUTICA
de CRISTO

Tener poco apetito por leer la Biblia con precisión conducirá al creyente a la desnutrición espiritual. La lectura imprecisa a menudo arranca un texto de su contexto, lo que resulta en vaciar ese texto de su valor espiritual. *La hermenéutica de Cristo* proporciona a los lectores una evaluación cuidadosa de la filosofía y la metodología de lo que se ha denominado «hermenéutica cristocéntrica» para la interpretación del Antiguo Testamento. Cada autor aborda el tema con un equilibrio nacido de un sabio discernimiento y alimentado por su amor a Cristo y a las Escrituras. Ellos identifican los aspectos positivos de la hermenéutica cristocéntrica con integridad y claridad, mientras abordan también sus efectos perjudiciales. Los autores exaltan a Cristo y a las Escrituras guiando a los lectores a una interpretación consistente y precisa tanto del Antiguo como del Nuevo Testamento. Después de leer este volumen, los lectores desearán mantenerlo cerca para futura referencia y para leerlo en más de una ocasión.

—William D. Barrick, Th.D.

La hermenéutica es «la ciencia y el arte de la interpretación». Es una ciencia porque se rige por leyes concretas y es arte porque requiere práctica para perfeccionarse. *La hermenéutica de Cristo*, escrita por seis jóvenes teólogos, pone frente al lector un ejemplo claro y congruente de cómo se debe interpretar toda literatura, pero especialmente las Sagradas Escrituras. Los autores de esta obra señalan con claridad que la única manera de interpretar un texto con justicia es mediante una hermenéutica histórica-gramatical-contextual, es decir, literal. Interpretar literalmente es dar a cada palabra el significado que el autor original quiso darle cuando la escribió.

Recomiendo con entusiasmo la lectura de *La hermenéutica de Cristo*. Debe ser leída por todo pastor y maestro así como por todo creyente interesado en conocer mejor la Palabra de Dios. Hoy día, cuando la interpretación correcta de la Palabra de Dios está ausente de la mayoría de los púlpitos, *La hermenéutica de Cristo* deber servir para despertar la conciencia de predicadores y creyentes.

—Evis L. Carballosa, Ph.D.

Como una vez dijo Dale Ralph Davis: «No honro a Cristo forzándolo en textos donde no está». En *La hermenéutica de Cristo*, Alemán, Busenitz, Chou, Grauman, Gandi y Sánchez honran a Cristo legítimamente. Sin embargo, no es el objetivo de estos hombres mostrar dónde Jesús no está, sino proveer una corrección útil acerca de cómo Jesús es revelado. Invito al lector a unirse a ellos en su camino a Emaús mientras nos guían a través de la Torá, los profetas y los escritos —e incluso la historia de la Iglesia— para mostrar a Jesucristo de acuerdo a su auto-revelación, algo que verdaderamente lo honra.

—**Sam Horn, Ph.D.**

Este libro es de gran beneficio para los pastores de las iglesias cristianas y todos los predicadores que desean ser fieles al llamado de predicar la Palabra de Dios. Clarifica la distinción entre una hermenéutica cristotélica y una hermenéutica cristocéntrica, y nos libra para predicar la Biblia tal como fue escrita. Recomiendo *La hermenéutica de Cristo* para todos los predicadores de las Sagradas Escrituras que desean predicar a Cristo de una manera bíblica.

—**Alex D. Montoya, D.D.**

La hermenéutica de Cristo viene a llenar un enorme vacío en la iglesia de hoy. Desde hace unos años, he visto con cierta preocupación hasta dónde ha llegado el movimiento de la predicación cristocéntrica de nuestros días, en su intento de predicar a Cristo desde el Antiguo Testamento. No dudo que la intención original haya sido buena, pero creo, junto con los autores de esta obra, que el resultado en muchas ocasiones ha sido traer al texto (eiségesis) enseñanzas acerca de Cristo que no formaban parte de la intención original del autor. Esto resulta contrario a la práctica de una hermenéutica bíblica que trata de extraer del texto (exégesis) lo que Dios inspiró en su momento. Todavía más preocupante aún, es que cuando se adopta esta metodología, el estudiante de la Escritura, corre el riesgo de no ver el punto principal de la enseñanza del pasaje, lo cual conduciría a una aplicación ligera o, peor aún, quizás a una aplicación distorsionada. Recomiendo este libro —escrito por entendidos en la materia— que promueve el enfoque cristotélico de las Escrituras. Esto representa un tremendo aporte a la iglesia hispanoparlante.

—**Miguel Núñez, D.Min.**

LA HERMENÉUTICA *de* CRISTO

HACIA UNA INTERPRETACIÓN CRISTOTÉLICA DEL ANTIGUO TESTAMENTO

EDITOR GENERAL
LUCAS ALEMÁN

PRÓLOGO DE
JOHN MACARTHUR

EDITORIAL PORTAVOZ

La hermenéutica de Cristo © 2020 por Editorial Portavoz, filial de Kregel Inc., Grand Rapids, Michigan 49505. Todos los derechos reservados.

Editor de contenido: Josué Pineda Dale
Diseño de cubierta: Pablo Montenegro
Diseño editorial y maquetación: Sherri Hoffman

EDITORIAL PORTAVOZ
2450 Oak Industrial Drive NE
Grand Rapids, Michigan 49505 USA
www.portavoz.com

ISBN 978-0-8254-5954-2
ISBN 978-0-8254-6884-1 (Kindle)
ISBN 978-0-8254-7732-4 (epub)

3 4 5 / 29 28 27 26 25 24 23 22

Impreso en los Estados Unidos de América
Printed in the United States of America

CONTENIDO

COLABORADORES

Lucas Alemán (Candidato a Ph.D., The Master's Seminary) es director de educación en español y profesor de Antiguo Testamento en The Master's Seminary. Además, es director ejecutivo de la Sociedad Teológica Cristiana y pastor-maestro de la Iglesia Bíblica Berea en North Hollywood, California.

Nathan Busenitz (Ph.D., The Master's Seminary) es decano de la facultad y profesor asociado de teología en The Master's Seminary. Además, es anciano de Grace Community Church en Sun Valley, California, y autor de varios libros y artículos, incluyendo *Long Before Luther* [Mucho antes de Lutero], *Reasons We Believe* [Las razones que creemos], *Living a Life of Hope* [Una vida de esperanza] y *Men of the Word* [Hombres de la Palabra].

Abner Chou (Th.D., The Master's Seminary) es profesor de estudios bíblicos en The Master's University and Seminary. Además, sirve como uno de los líderes de *Sojourners* de Grace Community Church en Sun Valley, California. Es autor de varios libros y artículos, incluyendo *I Saw the Lord: Biblical Theology of Vision* [He visto al Señor: Teología bíblica de la visión], *Commentary on Lamentations* [Comentario al libro de Lamentaciones], y *La hermenéutica de los escritores bíblicos*.

Josiah Grauman (D.Min., The Master's Seminary) es decano de educación en español y profesor de Exposición Bíblica en The Master's Seminary. Además, es anciano del ministerio hispano de

Grace Community Church en Sun Valley, California, y autor de los libros *Griego para pastores* y *Hebreo para pastores*.

Herald Gandi (M.Div., The Master's Seminary) sirve y enseña en Sojourners como asistente pastoral en Grace Community Church en Sun Valley, California. También, enseñó teología en el Instituto Logos, ahora GraceEquip.

Roberto Sánchez (D.Min., Southern Baptist Theological Seminary) es decano de estudiantes de educación en español y profesor asistente de Ministerio Pastoral de The Master's Seminary. Además, sirve como pastor-maestro de la Iglesia Bíblica Berea en North Hollywood, California.

ABREVIATURAS

ACCS   *Ancient Christian Commentary on Scripture* [Antiguo comentario cristiano de la Escritura].

BDAG   Bauer, Walter. *A Greek-English Lexicon of the New Testament and Other Early Christian Literature* [Léxico griego-inglés del Nuevo Testamento y otra literatura cristiana temprana]. Editado por Frederick William Danker. Traducido por William Arndt y F. Wilbur Gingrich. 3.ª edición. Chicago: University of Chicago Press, 2000.

BECNT   *Baker Exegetical Commentary on the New Testament* [Comentario exegético Baker del Nuevo Testamento].

BHS   *Biblia Hebraica Stuttgartensia*.

Bib   *Biblica*.

BSac   *Bibliotheca Sacra*.

CC   *Continental Commentary* [Comentario continental].

CMacNT   *Comentario MacArthur del Nuevo Testamento*.

CP   Putnam, Frederick C. *Clave Putnam: La Biblia hebrea*. Traducido por David Baer. Ridley Park, PA: Stylus Publishing, 1996.

CTC   *Colección Teológica Contemporánea*.

CTR   *Criswell Theological Review* [Revista teológica Criswell].

CTQ   *Concordia Theological Quarterly* [Revista teológica trimestral Concordia].

CBQ   *Catholic Biblical Quarterly* [Revista bíblica católica trimestral].

EBC   *The Expositor's Bible Commentary* [Comentario bíblico del expositor].

HALOT   Koehler, Ludwig, Walter Baumgartner y Johann Jakob Stamm, eds. *The Hebrew and Aramaic Lexicon of the Old Testament* [Léxico hebreo y arameo del Antiguo Testamento]. Revisado por Walter Baumgartner y Johann Jakob Stamm. Traducido por M. E. J. Richardson. 5 volúmenes. Leiden, Holanda: Brill, 1994.

IBHS   Waltke, Bruce K. y Michael P. O'Connor. *An Introduction to Biblical Hebrew Syntax* [Una introducción a la sintaxis del hebreo bíblico]. Winona Lake, IN: Eisenbrauns, 1990.

ICC   *International Critical Commentary* [Comentario crítico internacional].

JETS   *Journal of the Evangelical Theological Society* [Revista de la Sociedad Teológica Evangélica].

Joüon   Joüon, Paul y T. A. Muraoka. *Gramática del hebreo bíblico*. Traducido por Miguel Pérez Fernández. Instrumentos para el estudio de la Biblia 18. Estella, España: Verbo Divino, 2007.

JSNT   *Journal for the Study of the New Testament* [Revista para el estudio del Nuevo Testamento].

JSNTSup   *Journal for the Study of the New Testament Supplement Series* [Revista para el estudio del Nuevo Testamento, serie de suplementos].

KEL   Kregel Exegetical Library [Biblioteca exegética Kregel].

MSJ   *The Master's Seminary Journal* [Revista de The Master's Seminary].

NAC   *The New American Commentary* [El Nuevo Comentario Americano].

NICOT   *New International Commentary on the Old Testament* [Nuevo comentario internacional del Antiguo Testamento].

NICNT — *New International Commentary on the New Testament* [Nuevo comentario internacional del Nuevo Testamento].

NIGTC — *New International Greek Testament Commentary* [Nuevo comentario internacional del Testamento griego].

NSBT — *New Studies in Biblical Theology* [Estudios recientes en teología bíblica].

NTSI — *The New Testament and the Scriptures of Israel* [El Nuevo Testamento y las Escrituras de Israel].

PNTC — *Pillar New Testament Commentary* [Comentario Pillar del Nuevo Testamento].

RRJ — *Review of Rabbinic Judaism* [Revista de judaísmo rabínico].

RTR — *Reformed Theological Review* [Revista de teología reformada].

RVR-60 — Reina-Valera, revisión de 1960.

SBJT — *The Southern Baptist Journal of Theology* [Revista teológica bautista del sur].

SNTSMS — *Society for New Testament Studies Monograph Series* [Serie de monografías de la Sociedad para el estudio del Nuevo Testamento].

SOTBT — *Studies in Old Testament Biblical Theology* [Estudios en teología bíblica del Antiguo Testamento].

STC — Sociedad Teológica Cristiana.

Them — *Themelios.*

TynBul — *Tyndale Bulletin* [Boletín de Tyndale].

THOTC — *The Two Horizons Old Testament Commentary* [Comentario Dos Horizontes del Antiguo Testamento].

TOTC — *Tyndale Old Testament Commentary* [Comentario Tyndale del Antiguo Testamento].

TWOT   *Theological Wordbook of the Old Testament* [Vocabulario teológico del Antiguo Testamento].

VTSupp   *Vetus Testamentum, Supplements* [Suplementos, Antiguo Testamento].

WBC   *Word Biblical Commentary* [Comentario bíblico Word].

WTJ   *Westminster Theological Journal* [Revista teológica Westminster].

ZAW   *Zeitschrift für die Alttestamentliche Wissenschaft* [Revista de estudios del Antiguo Testamento].

INTRODUCCIÓN A LA SERIE

Desde la fundación de la Sociedad Teológica Cristiana (STC), a mediados de 2019, se tuvo como propósito *fomentar* y *facilitar* la presentación de recursos académicos realizados por teólogos hispanohablantes o material teológico de alto nivel traducido de cualquier idioma al español. Uno de los esfuerzos principales de la STC es la realización de un simposio anual, en el que se presenten escritos teológicos que cubran una temática en común. En la primera edición del simposio, ese mismo año, la temática abordada fue la hermenéutica, una disciplina que, por naturaleza, es fundamental para determinar el significado y las implicaciones legítimas de la Biblia «inspirada por Dios» (2 Ti. 3:16).

La razón por la que se abordó dicho tema es el creciente auge del cristocentrismo en la iglesia hispanohablante. Aunque este enfoque hermenéutico no es nuevo, se popularizó en años recientes a raíz de varias traducciones al español de libros escritos por Bryan Chapell (*La predicación cristocéntrica*, 2019), Edmund P. Clowney (*El misterio revelado*, 2014 y *Predica a Cristo desde toda la Escritura*, 2016) y Graeme Goldsworthy (*Cómo predicar de Cristo usando toda la Biblia*, 2012), entre otros. Lo que la hermenéutica cristocéntrica busca, en esencia, es encontrar y predicar a Cristo en todos o casi todos los pasajes del Antiguo Testamento. Como resultado de este enfoque hermenéutico («encontrar»), se «renovó» el enfoque homilético («predicar») que, a primera vista, es muy bíblico. Después de todo, ¿quién no desea que Cristo sea exaltado cada vez que se abre su Palabra (cp. 1 Co. 2:2)? Sin embargo, rápidamente, la mayoría de los defensores del cristocentrismo —por no decir todos— dejaron entrever que este enfoque homilético está sutilmente supeditado a una hermenéutica alegórica, puesto que un sermón veterotestamentario que no mencione a Cristo, de acuerdo con ellos, no podría considerarse lo suficientemente cristiano. *La hermenéutica de Cristo* es el primer libro de la STC, y presenta una «crítica amigable» a todos los defensores de la hermenéutica cristocéntrica, con la intención de que adopten un enfoque cristotélico del Antiguo Testamento, también conocido como hermenéutica histórico-gramatical.

Este libro marca el comienzo de una serie de recursos académicos en español que busca desarrollar la erudición teológica para la gloria Dios y el beneficio de su pueblo en el mundo hispanohablante. Debo agradecer de manera especial a Josué Pineda Dale por su incalculable ayuda en el proceso de traducción y edición. El hecho de que me haya soportado hasta las altas horas de la noche, o incluso pasada la madrugada, es una expresión conmovedora no solo de su amistad, sino también de su compromiso con la obra del ministerio.

Lucas Alemán
Director ejecutivo
Sociedad Teológica Cristiana
sociedadtc.org

PREFACIO

John MacArthur

El apóstol Pablo escribió lo siguiente a los corintios: «Pues me propuse no saber entre vosotros cosa alguna sino a Jesucristo, y a éste crucificado» (1 Co. 2:2). Ese fue su compromiso como apóstol y debe ser también el patrón de cada predicador fiel. Sin embargo, esto no quiere decir que Cristo sea el tema de cada versículo, capítulo o libro de la Biblia. Tampoco honra a Cristo o al Espíritu Santo, el autor de las Escrituras, forzar a Jesús en cada pasaje como algunos intentan hacer. Leer a Cristo en cada pasaje del Antiguo Testamento no solo es innecesario, sino que es incorrecto.

La materia más importante en el seminario es Hermenéutica, porque equipa al predicador con todas las herramientas necesarias para ser un siervo «que usa bien la palabra de verdad» (2 Ti. 2:15). Pablo afirma que si no se usa la Palabra de Dios como Él quiere que se haga —de manera precisa—, entonces el intérprete tendrá que avergonzarse delante de Dios. Pero, ¿qué significa usar bien la Palabra de Dios? En pocas palabras, significa indagar o determinar la intención del autor en cada pasaje.

Cada jota, cada tilde y cada elemento pequeño de las Escrituras transmiten únicamente el significado que pretendió el autor original. Por consiguiente, la tarea del intérprete es extraer ese significado de manera fiel.

Lamentablemente, en algunos círculos cristianos se ha abrazado lo que se conoce como la «hermenéutica cristocéntrica», que va más allá de la intención del autor. La hermenéutica cristocéntrica es, en esencia, un lente interpretativo que lee a Cristo en los pasajes del Antiguo Testamento aun cuando no se encuentre allí. Al hacerlo, sin embargo, termina desarrollando un argumento «cristocéntrico» a costa de una interpretación apropiada.

Es muy tentador para un pastor o maestro introducir a Cristo en un pasaje, pero, aunque esto parezca una actitud noble, el resultado no es una interpretación fiel a la intención del autor. Aferrarse a principios hermenéuticos sólidos para predicar a Cristo donde sí se encuentra en el Antiguo Testamento honra su Palabra y le da gloria a Él.

Cada uno de los colaboradores en este libro muestra tanto la debilidad de la hermenéutica cristocéntrica como la manera legítima de predicar a Cristo desde el Antiguo Testamento usando la hermenéutica histórico-gramatical.

1

EL ORIGEN DEL CRISTOTELISMO

Lucas Alemán

No hay duda de que Cristo se encuentra en el Antiguo Testamento. Hay varios pasajes neotestamentarios que confirman que Cristo no vino al mundo en un vacío. De hecho, no solo está presente en el Antiguo Testamento sino que, según su propio testimonio, Él es un elemento importantísimo de todas las partes de la revelación previa disponible hasta ese momento de la historia de la redención: la Torá, los profetas y los escritos (Lc. 24:27, 44-48; Jn. 5:39). La presencia de Cristo en el Antiguo Testamento queda aún más clara en el desarrollo de la predicación apostólica. La costumbre de Pablo, por ejemplo, era predicar «el evangelio de Cristo» desde el Antiguo Testamento (Ro. 15:20; 2 Co. 2:12; Ef. 3:8-11; Fil. 1:15), porque entendía que se podía encontrar a Cristo en la primera parte de la revelación divina.

> Pasando por Anfípolis y Apolonia, llegaron a Tesalónica, donde había una sinagoga de los judíos. Y Pablo, como acostumbraba, fue a ellos, y por tres días de reposo discutió con ellos, declarando y exponiendo por medio de

las Escrituras, que era necesario que el Cristo padeciese, y resucitase de los muertos; y que Jesús, a quien yo os anuncio, decía él, es el Cristo (Hch. 17:1-3).

Pablo, siervo de Jesucristo, llamado a ser apóstol, apartado para el evangelio de Dios, que él había prometido antes por sus profetas en las santas Escrituras, acerca de su Hijo, nuestro Señor Jesucristo, que era del linaje de David según la carne, que fue declarado Hijo de Dios con poder, según el Espíritu de santidad, por la resurrección de entre los muertos (Ro. 1:1-4).

Pues no me envió Cristo a bautizar, sino a predicar el evangelio; no con sabiduría de palabras, para que no se haga vana la cruz de Cristo. Porque la palabra de la cruz es locura a los que se pierden; pero a los que se salvan, esto es, a nosotros, es poder de Dios. Pues está escrito: «Destruiré la sabiduría de los sabios, y desecharé el entendimiento de los entendidos» […] Porque los judíos piden señales, y los griegos buscan sabiduría; pero nosotros predicamos a Cristo crucificado, para los judíos ciertamente tropezadero, y para los gentiles locura; mas para los llamados, así judíos como griegos, Cristo poder de Dios, y sabiduría de Dios (1 Co. 1:17-19, 22-24).

Estos pasajes son significativos porque señalan que se puede predicar a Cristo desde todas las partes del Antiguo Testamento. Mayormente, esto se debe a que los profetas veterotestamentarios escribieron anticipando la historia de la redención, que a fin de cuentas se conecta con Cristo (Neh. 9:1-38; Dn. 9:1-19). Por eso, Pablo no se predicó a sí mismo «sino a Jesucristo como Señor» (2 Co. 4:5) y se propuso «no saber […] cosa alguna sino a Jesucristo, y a éste crucificado» (1 Co. 2:2) de acuerdo a la revelación previa de Cristo en las «Escrituras» (1 Co. 15:1-4) que vino por medio de «los profetas» (1 P. 1:10-12).

La presencia de Cristo en el Antiguo Testamento es indiscutible. Por tanto, la cuestión a tratar en este libro no es realmente esa. El consenso general es que Cristo puede encontrarse en el Antiguo Testamento y debe predicarse desde el Antiguo Testamento.[1] Sin embargo, no todos están de acuerdo en cómo encontrar y predicar a Cristo en la primera parte de la revelación divina. Esto se debe a que existen distintos métodos de interpretación. La cuestión es por naturaleza hermenéutica y no teológica o, más bien, cristológica.

En la actualidad, existen por lo menos dos enfoques hermenéuticos que resumen esta cuestión. Por un lado, está el cristocentrismo, que busca encontrar y predicar a Cristo en todos o casi todos los pasajes veterotestamentarios y, por otro lado, está el cristotelismo, que entiende que el Antiguo Testamento en su conjunto apunta a Cristo, aunque cada pasaje no trate con Él de manera explícita. Ambos enfoques emplean en su esencia una hermenéutica histórico-gramatical, pero el cristocentrismo añade otros métodos interpretativos, que afectan la manera de leer el Antiguo Testamento y ponen así en riesgo la intención misma del autor original.[2] Este libro defiende el cristotelismo como la hermenéutica que

---

1. Véanse Bryan Chapell, *La predicación cristocéntrica: Rescatando el sermón expositivo* (Medellín, Colombia: Poiema Publicaciones, 2019); Edmund P. Clowney, *El misterio revelado: Descubriendo a Cristo en el Antiguo Testamento* (Medellín, Colombia: Poiema Publicaciones, 2014); Dale Ralph Davies, *The Word Became Fresh: How to Preach from Old Testament Narrative Texts* [La Palabra se hizo fresca: Cómo predicar a partir de los textos de la narrativa del Antiguo Testamento] (Fearn, Escocia: Christian Focus, 2006); Graeme Goldsworthy, *Cómo predicar de Cristo usando toda la Biblia: Cómo aplicar la teología bíblica en una predicación expositiva* (Colombia: Torrentes de Vida, 2012); Sidney Greidanus, *Preaching Christ from the Old Testament: A Contemporary Hermeneutical Method* [La predicación de Cristo a partir del Antiguo Testamento: Un método hermenéutico contemporáneo] (Grand Rapids: Eerdmans, 1999); Dennis E. Johnson, *Him We Proclaim: Preaching Christ from All the Scriptures* [Lo proclamamos a Él: Predicar a Cristo desde todas las Escrituras] (Phillipsburg, NJ: P&R, 2007); Walter C. Kaiser, *Predicación y enseñanza desde el Antiguo Testamento* (El Paso, TX: Mundo Hispano, 2010); Sugel Michelén, *De parte de Dios y delante de Dios: Una guía de predicación expositiva* (Nashville: Broadman & Holman Publishers, 2016), pp. 111-129; Christopher Wright, *Cómo predicar desde el Antiguo Testamento* (Lima, Perú: Ediciones Puma, 2016), pp. 35-86.

2. Véase el próximo capítulo.

anticipa al Cristo que el Nuevo Testamento identifica como Jesús (Mt. 26:63-64; Jn. 1:41, 45) sin tener que forzarlo en cada pasaje veterotestamentario. El objetivo principal de este capítulo es definir adecuadamente la terminología que se utilizará por defecto a lo largo de este libro para describir el enfoque hermenéutico de los múltiples autores, a saber, el cristotelismo. Esta es la condición *sine qua non* de cualquier enfoque que busca encontrar y predicar a Cristo en y desde el Antiguo Testamento.

Una actitud noble

La terminología debe definirse desde el principio para garantizar la integridad del enfoque hermenéutico que se propone, particularmente a la luz del origen del cristotelismo como tal. Este término fue acuñado[3] por Peter Enns en el 2003[4] para explicar «la centralidad de Cristo en la hermenéutica [del Antiguo Testamento] de una manera ligeramente diferente»[5] al cristocentrismo. Según Enns, el cristotelismo consiste en:

> Leer el Antiguo Testamento «cristotélicamente» […] ya sabiendo que Cristo es de alguna manera el fin (telos) adonde se dirige la historia del Antiguo Testamento.

---

3. El término cristotelismo en sí se deriva de la hermenéutica «eclesiotélica» de Richard B. Hays. Véase Richard B. Hays, «On the Rebound: A Response to Critiques of *Echoes of Scripture in the Letters of Paul*» [Acerca de las repercusiones: Una respuesta a las críticas de Ecos de la Escritura en las epístolas de Pablo], en *Paul and the Scriptures of Israel* [Pablo y las Escrituras de Israel], ed. por Craig A. Evans y James A. Sanders, pp. 70-97, *JSNTSup* 83 (Sheffield, UK: Sheffield Academic Press, 1993), pp. 77-78.

4. Peter Enns, «Apostolic Hermeneutics and an Evangelical Doctrine of Scripture: Moving Beyond a Modernist Impasse» [Hermenéutica apostólica y una doctrina evangélica de la Escritura: Más allá de un estancamiento modernista], *WTJ* 65 (2003), p. 277.

5. Peter Enns, «Fuller Meaning, Single Goal: A Christotelic Approach to the New Testament Use of the Old in Its First-Century Interpretative Environment» [Significado completo, meta única: Un enfoque cristotélico al uso del Antiguo Testamento en el Nuevo Testamento], en *Three Views on the New Testament Use of the Old Testament* [Tres perspectivas acerca del uso del Antiguo Testamento en el Nuevo Testamento], ed. por Kenneth Berding y Jonathan Lunde, pp. 167-217 (Grand Rapids: Zondervan, 2008), p. 214 (énfasis añadido).

En otras palabras, el Antiguo Testamento se lee a la luz del signo de exclamación de la historia de la revelación, muerte y resurrección de Cristo. […] Es como leer una historia y finalmente entender el significado culminante, y luego volver a leer la historia a la luz del final. La pregunta es: «¿Cómo se relacionan los elementos anteriores de este libro con la trayectoria del libro en su conjunto?».[6]

A diferencia del cristocentrismo, que busca encontrar a Cristo en cada pasaje del Antiguo Testamento, el cristotelismo sostiene que Cristo es el «enfoque principal»[7] de su interpretación. Para los autores del Nuevo Testamento, «Cristo es lo que da coherencia final al Antiguo Testamento».[8] Esta «coherencia» de la que Enns habla no busca resolver las tensiones hermenéuticas entre el Antiguo y el Nuevo Testamento. Muy por el contrario, este enfoque hermenéutico acomoda cualquier tipo de tensión entre lo que los autores veterotestamentarios quisieron decir y su uso en el Nuevo Testamento, al añadir a Cristo como «el sentido más profundo».[9] Enns lo explica de la siguiente manera:

Lo que impulsa la hermenéutica apostólica no es la adhesión a un método. Más bien, la venida de Cristo es tan importante que requirió que los escritores del Nuevo Testamento miraran el Antiguo Testamento bajo una luz totalmente nueva. Hablar de los métodos exegéticos de los apóstoles puede llevarnos por un camino equivocado. […] [Cuando] observamos lo que los apóstoles hicieron con sus escritos, solo podemos concluir que debe haber más, respecto a la interpretación bíblica cristiana,

---

6. *Ibid.*

7. Peter Enns, *Inspiration and Incarnation: Evangelicals and the Problem of the Old Testament* [Inspiración y encarnación: los evangélicos y el problema del Antiguo Testamento], 2.ª ed. (Grand Rapids: Baker Books, 2005), p. 160.

8. *Ibid.*, p. 149.

9. *Ibid.*, p. 160.

que descubrir el significado original de un pasaje del Antiguo Testamento.

Los escritores del Nuevo Testamento estaban tan consumidos por Cristo, que su forma de entender las acciones pasadas de Dios se sujetó a la autoridad del actuar de Dios en el presente —el clímax de su pacto con Israel: la persona y la obra de Cristo—. Y, así, sus mentes fueron iluminadas para ver lo que estaba en gran parte oculto a los autores humanos del Antiguo Testamento, pero que siempre fue el objetivo y la intención del autor divino.[10]

Una de las presuposiciones que subyace en el cristotelismo de Enns es que los autores neotestamentarios adoptaron la hermenéutica del judaísmo del Segundo Templo.[11] Es decir, no había una diferencia metodológica entre ambas hermenéuticas, sino que eran —en esencia— la misma.[12] Enns inclusive afirma que el uso del Antiguo Testamento en el Nuevo Testamento «no puede considerarse adecuadamente sin el contexto interpretativo»[13] en el que vivieron

---

10. *Ibid.*, p. 149 (énfasis añadido).

11. El judaísmo del Segundo Templo se refiere al período de tiempo entre el regreso del exilio y la reconstrucción del templo de Jerusalén en el 516 a. C. y su destrucción a manos de los romanos en el 70 d. C. También se conoce como el período «intertestamental» o «posexílico». Véase Herbert W. Bateman IV, «Three Obstacles to Overcome, and Then One» [Tres obstáculos a vencer, y luego uno más], en *Jesus the Messiah: Tracing the Promises, Expectations, and Coming of Israel's King* [Jesús el Mesías: Rastreando las promesas, expectativas y la venida del Rey de Israel], ed. por Herbert W. Bateman IV, Darrell L. Bock y Gordon H. Johnston, pp. 211-252 (Grand Rapids: Kregel, 2012).

12. Cabe destacar que aunque no había una diferencia *metodológica* entre la hermenéutica de los autores del Nuevo Testamento y la hermenéutica del judaísmo del Segundo Templo, sí la había en cuestión de su *fin o telos*. Se utilizaron los mismos métodos de interpretación del Antiguo Testamento, pero de una *manera sin precedentes* a la luz de Cristo, su muerte y su resurrección. Lane G. Tipton, «Christocentrism and Christotelism: The Spirit, Redemptive History, and the Gospel» [Cristocentrismo y cristotelismo: El Espíritu, la historia redentora y el evangelio], en *Redeeming the Life of the Mind: Essays in Honor of Vern Poythress* [Redención de la vida de la mente: Ensayos en honor de Vern Poythress], ed. por John Frame, Wayne Grudem y John J. Hughes, pp. 129-145 (Wheaton, IL: Crossway, 2017), pp. 130-131.

13. Enns, «Fuller Meaning, Single Goal» [Significado completo, meta única], p. 170 (énfasis añadido).

los autores neotestamentarios.[14] El Nuevo Testamento está influenciado por los métodos interpretativos del judaísmo del Segundo Templo.[15] Según Enns, esto se debe en gran parte al proceso mismo de inspiración de las Escrituras, que Herman Bavinck define así:

> La idea de que el Espíritu Santo, en la inscripturación de la Palabra de Dios, no rechazó nada humano para servir como un órgano de lo divino. La revelación de Dios no es abstractamente sobrenatural, sino que ha penetrado el tejido humano, las personas y la condición de ser, las formas y sus usos, la historia y la vida. No vuela por encima de nosotros, sino que ha descendido a nuestra situación —se ha convertido en carne y sangre, como nosotros en todas las cosas excepto en pecado—. La revelación divina es ahora un componente inerradicable de este cosmos en el que vivimos, y continúa operando, llevando a cabo la renovación y la restauración. Lo humano se ha convertido en un instrumento de lo divino. Lo natural se ha convertido en una revelación de lo sobrenatural. Lo visible se ha convertido en una señal y un sello de lo invisible. En el proceso de inspiración, se han utilizado todos los elementos y leyes que radican en la naturaleza humana.[16]

---

14. «Las raíces judías del cristianismo hacen que sea probable que los procedimientos exegéticos del Nuevo Testamento se asemejen, *a priori*, al menos hasta cierto punto, a los del judaísmo de la época». Richard N. Longenecker, *Biblical Exegesis in the Apostolic Period* [Exégesis bíblica en el período apostólico] (Grand Rapids: Baker Books, 1999), p. 186.

15. «[Si] uno no supiera nada del Nuevo Testamento, pero estuviera bien familiarizado con la literatura del judaísmo del Segundo Templo, y luego leyera el Nuevo Testamento por primera vez, uno fácilmente lo leería como un texto interpretativo del Segundo Templo. Cualquier investigación contemporánea de la hermenéutica apostólica que no considera al Nuevo Testamento dentro del contexto de su entorno hermenéutico, solo contará una parte de la historia, en el mejor de los casos, y en el peor, tergiversará el asunto». Enns, «Apostolic Hermeneutics and an Evangelical Doctrine of Scripture» [Hermenéutica apostólica y una doctrina evangélica de la Escritura], pp. 267-268.

16. Herman Bavinck, *Reformed Dogmatics: Prolegomena* [Dogmatismo reformado: Prolegómenos], vol. 1, trad. por John Vriend (Grand Rapids: Baker Books, 2003), pp. 442-443.

Por lo tanto, Enns concluye que, debido a que la revelación de Dios «ha penetrado el tejido humano», no se puede descuidar ni descartar la hermenéutica del judaísmo del Segundo Templo.[17] Es sumamente importante leer o, más bien, releer el Antiguo Testamento como lo hicieron los autores del Nuevo Testamento.

Una adaptación negligente

Ante esta conclusión de Enns, surge, naturalmente, la siguiente pregunta: ¿En qué consiste, más específicamente, la hermenéutica del judaísmo del Segundo Templo que adoptaron los autores del Nuevo Testamento? Esta hermenéutica interpretaba el Antiguo Testamento a la luz de su supuesto cumplimiento dentro de la propia experiencia de la comunidad del Segundo Templo.[18] Se imponía una serie de convicciones comunitarias de ese período sobre el Antiguo Testamento porque creían que vivían durante el escatón, «el fin de los tiempos».[19] De igual modo, sostiene Enns,

---

17. «Como cristiano, por supuesto, estoy sumamente interesado en los procesos exegéticos del Nuevo Testamento. Pero como historiador me es relevante tener una comprensión exacta de la hermenéutica, tanto judía como cristiana, durante el período en cuestión, ya que creo que cada una debe considerarse en relación con la otra. [...] [Es] obvio que los primeros cristianos emplearon muchas de las presuposiciones y prácticas exegéticas que eran comunes dentro de las diversas formas del judaísmo en su día, y que lo hicieron inconscientemente». Longenecker, *Biblical Exegesis in the Apostolic Period* [Exégesis bíblica en el período apostólico], pp. 3, 187. «El hecho de [...] que tantos estudiosos del Nuevo Testamento hayan recurrido a la evidencia de la religión y la literatura judía contemporánea a los escritores del Nuevo Testamento es, o debería ser, una señal sólida de que se requiere más para entender el Nuevo Testamento que el texto del Nuevo Testamento por sí solo con el Antiguo Testamento como fondo». Martin McNamara, *Palestinian Judaism and the New Testament* [El judaísmo en Palestina y el Nuevo Testamento] (Wilmington, DE: Michael Glazier, 1983), p. 37. «Para entender cómo funciona el Antiguo Testamento en el Nuevo [Testamento], debemos sumergirnos en los escritos de la época». Steve Moyise, *The Old Testament in the New: An Introduction* [El Antiguo Testamento en el Nuevo: Una introducción] (Nueva York, NY: Continuum, 2001), p. 7.

18. Enns, «Apostolic Hermeneutics and an Evangelical Doctrine of Scripture» [Hermenéutica apostólica y una doctrina evangélica de la Escritura], p. 275.

19. Bruce K. Waltke, *An Old Testament Theology: An Exegetical, Canonical, and Thematic Approach* [Una teología del Antiguo Testamento: Un enfoque exegético, canónico y temático] (Grand Rapids: Zondervan, 2007), p. 34.

los autores neotestamentarios atribuyeron un sentido más profundo al Antiguo Testamento de acuerdo a su fin o telos: Cristo.

En la actualidad, este enfoque hermenéutico se conoce como la teoría de la respuesta del lector,[20] que sostiene que es precisamente el lector quien determina el significado del texto y no el autor. El significado yace, en última instancia, en su propia identidad como intérprete dentro de la experiencia comunitaria en la que está sumergido.[21] J. Scott Duvall y J. Daniel Hays observan lo siguiente acerca de este planteamiento:

> Este punto de vista se ha introducido en el campo de la interpretación bíblica procedente de la crítica literaria secular. Muchos eruditos bíblicos comenzaron a reflexionar acerca de la naturaleza del significado. Concluyeron que el término significado tiene únicamente aplicación cuando un lector interactúa con un texto o, lo que es lo mismo, que para que se produzca un significado se requieren un lector y un texto. Afirman que el autor ya no desempeña ningún papel.[22]

En otras palabras, el texto se convierte en un «espejo» donde el lector se ve reflejado a sí mismo en su afán de interpretarlo.[23] Su tarea no es encontrar el significado que le pertenece al autor, sino más bien determinarlo, pues el significado ya no está limitado a la intención del autor. Aunque Enns no utiliza esta terminología para describir la metodología de los autores del Nuevo Testamento, sí

---

20. Tipton, «Christocentrism and Christotelism» [Cristocentrismo y cristotelismo], p. 131.

21. Kevin J. Vanhoozer, *Is There a Meaning in this Text? The Bible, the Reader, and the Morality of Literary Knowledge* [¿Hay algún significado en este texto? La Biblia, el lector y la moralidad del conocimiento literario] (Grand Rapids: Zondervan, 1998), p. 27.

22. J. Scott Duvall y J. Daniel Hays, *Hermenéutica: Entendiendo la Palabra de Dios*, CTC 26, trad. por Pedro Luis Gómez Flores (Barcelona, España: Clie, 2008), p. 239 (énfasis añadido).

23. Vanhoozer, *Is There a Meaning in this Text?* [¿Hay algún significado en este texto?], p. 24.

sugiere alguna especie de teoría de la respuesta del lector. El interés principal de los autores neotestamentarios no era descubrir el significado per se del Antiguo Testamento, sino leerlo de acuerdo con los métodos interpretativos del judaísmo del Segundo Templo.[24] Por eso, Enns afirma que los autores del Nuevo Testamento no estaban preocupados por implementar la metodología histórico-gramatical[25] en su proceso de interpretación del Antiguo Testamento.[26]

---

24. Tipton, «Christocentrism and Christotelism» [Cristocentrismo y cristotelismo], p. 132.

25. «La descripción *histórico-gramatical* indica [...] que este análisis debe prestar atención tanto al idioma en el que se escribió el texto original como al contexto cultural específico que dio origen al texto. No podemos, por ejemplo, asumir que las reglas lingüísticas de la sintaxis [española] o los matices de las palabras [españolas] se corresponden con los del griego del Nuevo Testamento. Si lo hacemos, corremos el riesgo de imponer nuestras ideas al texto bíblico. Del mismo modo, si no tomamos nota de los rasgos culturales distintivos de la sociedad hebrea o de las circunstancias históricas detrás de un libro del Antiguo Testamento, permitimos que nuestro "filtro" mental —es decir, nuestras preconcepciones— determine lo que los pasajes bíblicos pueden o no significar. [...] No hay diferencia en principio entre los problemas de interpretación bíblica y los que enfrentamos día a día. La mayoría de nosotros no decimos que estamos practicando la exégesis histórico-gramatical cuando leemos una carta de un pariente, *pero eso es precisamente lo que estamos haciendo*. La diferencia es, por así decirlo, cuantitativa más que cualitativa. En otras palabras, cuando leemos la Biblia nos encontramos con un número mucho mayor de detalles sobre los cuales somos ignorantes que cuando interpretamos un texto contemporáneo [en español]. [...] Esa forma de decirlo, por cierto, nos ayuda a reconocer que los problemas de la interpretación bíblica suelen ser *nuestros* problemas, ¡no los de la Biblia!». Walter C. Kaiser y Moisés Silva, *An Introduction to Biblical Hermeneutics: The Search for Meaning* [Una introducción a la hermenéutica bíblica: La búsqueda de significado], 2.ª ed. (Grand Rapids: Zondervan, 2007), pp. 19-20. Véanse Abner Chou, *La hermenéutica de los escritores bíblicos: Los profetas y los apóstoles nos enseñan a interpretar las Escrituras* (Grand Rapids: Portavoz, 2019), pp. 13-24; Duvall y Hays, *Hermenéutica*, pp. 33-45; Robert H. Stein, «The Benefits of an Author-Oriented Approach to Hermeneutics» [Los beneficios de un enfoque hermenéutico orientado al autor], *JETS* 44 (2001), pp. 451-466; Vanhoozer, *Is There a Meaning in this Text?* [¿Hay algún significado en este texto?], pp. 198-263; Roy B. Zuck, *La interpretación básica de la Biblia: Una guía práctica para descubrir la verdad*, trad. por Cabe Pillete (Charo, México: Berea Publishing Company, 2014), pp. 18-23.

26. «[La] convicción de que el significado histórico-gramatical es el significado completo y exclusivo del texto parece provenir más de las presuposiciones racionalistas del posiluminismo que de un análisis de la interpretación de la Biblia de sí misma». Dan G. McCartney, «The New Testament's Use of the Old Testament» [El uso del Antiguo Testamento en el Nuevo Testamento], en *Inerrancy and Hermeneutic: A Tradition, a Challenge, a Debate* [Inerrancia y

[La] hermenéutica histórico-gramatical no explica el uso del Antiguo Testamento en el Nuevo Testamento. Por muy clara que nos parezca la hermenéutica histórico-gramatical y por muy importantes que hayan sido y sigan siendo sus aportaciones al ámbito del estudio bíblico, hay que decir claramente que los apóstoles no parecían demasiado preocupados por poner en práctica este principio. [...] [L]a hermenéutica apostólica [...] no puede clasificarse como histórico-gramatical en su esencia.[27]

Enns reconoce que a veces los autores del Nuevo Testamento interpretaron el Antiguo Testamento de una manera «algo literal».[28] Sin embargo, «es mejor decir [...] que la exégesis histórico-gramatical es compatible con la hermenéutica apostólica, pero no más [que eso]».[29] La metodología histórico-gramatical se asemeja a esa «primera lectura» del Antiguo Testamento, pero no es suficiente para explicar «la centralidad de Cristo».[30] Los autores neotestamentarios «volvieron a leer» el texto «cristotélicamente»[31] a fin de trasladar la muerte y la resurrección de Cristo al Antiguo Testamento.[32] La Iglesia hoy día, concluye Enns, debe seguir ese mismo enfoque hermenéutico que sostiene que Cristo es «el sentido más profundo»[33] y «lo que da coherencia final al Antiguo Testamento».[34]

---

hermenéutica: Una tradición, un desafío, un debate], ed. por Harvie M. Conn, pp. 101-116 (Grand Rapids: Baker Books, 1988), p. 103.

27. Enns, «Apostolic Hermeneutics and an Evangelical Doctrine of Scripture» [Hermenéutica apostólica y una doctrina evangélica de la Escritura], pp. 268-269.

28. *Ibid.*, p. 268.

29. *Ibid.*, p. 269.

30. Enns, «Fuller Meaning, Single Goal» [Significado completo, meta única], p. 214.

31. *Ibid.*

32. Enns, *Inspiration and Incarnation* [Inspiración y Encarnación], p. 148.

33. *Ibid.*, p. 160.

34. *Ibid.*, p. 149.

> La meta hermenéutica de los apóstoles —la centralidad de la muerte y la resurrección de Cristo— debe ser también nuestra [meta hermenéutica] porque compartimos el mismo «momento escatológico», es decir, nosotros también vivimos en el mundo posresurrección. Es por eso que debemos seguir [este enfoque] [...] con respecto a su hermenéutica cristotélica, es decir, su actitud centrada en Cristo para interpretar el Antiguo Testamento. Evidentemente, eso significa que no podemos limitarnos a seguir [a los apóstoles] cuando tratan el Antiguo Testamento de una manera más literal [...] ya que la (primera) lectura literal no conducirá al lector a la (segunda) lectura cristotélica.
>
> Una interpretación cristiana del Antiguo Testamento debe comenzar con lo que Dios reveló a los apóstoles y lo que ellos nos modelan: la centralidad de la muerte y la resurrección de Cristo para la interpretación del Antiguo Testamento. Nosotros también estamos viviendo en los días finales de la historia. Al igual que los apóstoles, somos parte de la segunda lectura cristotélica en virtud de nuestro momento escatológico: los últimos días, la inauguración del escatón.[35]

Este enfoque hermenéutico es un cambio de paradigma significativo para la interpretación bíblica en la actualidad. Lo que Enns sugiere es que la metodología histórico-gramatical no es la hermenéutica que los autores neotestamentarios usaron por defecto para interpretar el Antiguo Testamento. Por consiguiente, la Iglesia hoy tampoco debe considerar esa hermenéutica como la única metodología normativa de interpretación.[36] Barnabas Lindars y Walter Brueggemann afirman básicamente este mismo

---

35. *Ibid.*, p. 148.

36. Enns, «Apostolic Hermeneutics and an Evangelical Doctrine of Scripture» [Hermenéutica apostólica y una doctrina evangélica de la Escritura], p. 283.

enfoque hermenéutico, aunque Enns no los haya influenciado directamente. Lindars observa:

> Los escritores del Nuevo Testamento no toman un libro o un pasaje del Antiguo Testamento y se preguntan: «¿Qué significa esto?». Ellos están más preocupados por el kerygma que deben enseñar, defender y entender por sí mismos. Creen que Cristo es el cumplimiento de las promesas de Dios y que viven en la época a la que se refieren todas las Escrituras y, por ende, utilizan el Antiguo Testamento de manera ad hoc, recurriendo a él justo cuando lo encuentran útil para sus propios propósitos. Pero lo hacen de una [manera] altamente creativa, porque [la venida] de Cristo rompe las expectativas convencionales y exige nuevos patrones de exégesis para su elucidación.[37]

La muerte y la resurrección de Cristo son tan trascendentales en la historia de la redención que exigen «nuevos patrones de exégesis».[38] Es por eso que la noción tan predominante hoy en día de que la «interpretación adecuada» tiene que ser coherente con la intención del autor debe ser rechazada según Enns.[39] El Antiguo Testamento «no apunta de manera obvia, limpia o directa a Jesús o al Nuevo Testamento».[40] Es necesario acercarse al texto con

---

37. Barnabas Lindars, «The Place of the Old Testament in the Formation of New Testament Theology: Prolegomena» [El lugar del Antiguo Testamento en la formación de la teología del Nuevo Testamento: Prolegómenos], en *The Right Doctrine from the Wrong Texts? Essays on the Use of the Old Testament in the New*, [¿Doctrina correcta a partir de textos incorrectos? Ensayos sobre el uso del Antiguo Testamento en el Nuevo] ed. por G. K. Beale, pp. 137-145 (Grand Rapids: Baker Books, 1994), p. 143.

38. *Ibid.*

39. Enns, «Apostolic Hermeneutics and an Evangelical Doctrine of Scripture» [Hermenéutica apostólica y una doctrina evangélica de la Escritura], p. 265.

40. Walter Brueggemann, *Old Testament Theology: Testimony, Dispute, Advocacy* [Teología del Antiguo Testamento: Testimonio, disputa, defensa] (Mineápolis: Fortress, 1997), p. 731.

interpretaciones «libres, amplias y enormemente creativas»[41] para cerrar la «distancia hermenéutica»[42] entre los apóstoles y la Iglesia en la actualidad. Brueggemann agrega lo siguiente:

> [Es] razonable y acertado decir que para la Iglesia primitiva fue algo inevitable aplicar este texto elusivo y polifónico [el Antiguo Testamento] a su propia circunstancia, cerca de su experiencia, su memoria y su sentido continuo de la presencia transformadora de Jesús —por quien se sentían hipnotizados—. Por lo tanto, como cristiano profesante, creo que la interpretación creativa del Antiguo Testamento para llegar a Jesús es un acto razonable y que afirmo plenamente.[43]

En resumen, el cristotelismo acuñado por Enns afirma que los autores neotestamentarios interpretaron el Antiguo Testamento de acuerdo con su experiencia comunitaria posresurrección. No pudieron evitar leer el texto de otra manera, sino a la luz de su propia experiencia interpretativa dentro del judaísmo del Segundo Templo.[44] Al igual que los intérpretes contemporáneos

---

41. *Ibid.*

42. Enns, «Apostolic Hermeneutics and an Evangelical Doctrine of Scripture» [Hermenéutica apostólica y una doctrina evangélica de la Escritura], p. 266. «El principal problema para los lectores modernos del Nuevo Testamento es la tendencia que los escritores del Nuevo Testamento tienen a usar los pasajes del Antiguo Testamento de una manera diferente a su audiencia original». Klyne Snodgrass, «The Use of the Old Testament in the New» [El uso del Antiguo Testamento en el Nuevo], en *The Right Doctrine from the Wrong Texts? Essays on the Use of the Old Testament in the New* [¿Doctrina correcta a partir de textos incorrectos? Ensayos sobre el uso del Antiguo Testamento en el Nuevo], ed. por G. K. Beale, pp. 29-51 (Grand Rapids: Baker Books, 1994), p. 34.

43. Brueggemann, *Old Testament Theology* [Teología del Antiguo Testamento], p. 732 (énfasis añadido).

44. «La interpretación, en última instancia, no se basa en el texto, sino en la identidad del lector. No es el canon, sino la comunidad la que rige la experiencia interpretativa del lector. La crítica literaria contemporánea tiende cada vez más no solo a describir la respuesta del lector, sino a *prescribirla*. El texto, una vez más, se convierte en un espejo o en una cámara de eco en la que nos vemos a nosotros mismos y oímos nuestras propias voces». Vanhoozer, *Is There a Meaning in this Text?* [¿Hay algún significado en este texto?], p. 24.

de ese período, los apóstoles releyeron el Antiguo Testamento de manera creativa, como si hubiese apuntado a esa experiencia desde el principio. Pero, a diferencia del judaísmo del Segundo Templo, los autores del Nuevo Testamento consideraron a Cristo, su muerte y su resurrección, como su fin o telos. En esto consiste el cristotelismo de Enns: reinterpretar el Antiguo Testamento, no con base en sus propios términos (hermenéutica histórico-gramatical), sino en torno a su experiencia de Cristo.

Un ajuste necesario

La definición de Enns no podría estar más lejos de lo que los autores de este libro entienden por cristotelismo. A pesar de que él fue quien acuñó este término, esta especie de cristotelismo no debe confundirse con el enfoque hermenéutico que se defiende en este libro, por las siguientes tres razones. Cabe destacar que, por motivos de claridad y comprensión, de aquí en adelante el cristotelismo de Enns se identifica como el cristotelismo crítico.

1. El cristotelismo crítico rechaza el significado original que los autores veterotestamentarios pretendieron en sus escritos. Enns señala, de manera explícita, «que la hermenéutica apostólica va en contra de lo que se considera un principio interpretativo fundamental: no sacar las cosas de contexto».[45] Es decir, para Enns, los autores neotestamentarios no se esforzaron realmente por interpretar el Antiguo Testamento de manera consistente con el contexto original y la intención del autor.[46] Muy por el contrario, ellos «fabricaron»[47] e impusieron su propio significado sobre el Antiguo

---

45. Enns, *Inspiration and Incarnation* [Inspiración y encarnación], p. 142.
46. *Ibid.*, p. 105.
47. Walter C. Kaiser, «Response to Enns» [Respuesta a Enns], en *Three Views on the New Testament Use of the Old Testament* [Tres perspectivas en el uso del Antiguo Testamento en el Nuevo Testamento], ed. por Kenneth Berding y Jonathan Lunde, pp. 218-225 (Grand Rapids: Zondervan, 2008), p. 218.

Testamento de acuerdo con su experiencia comunitaria posresurrección. Esto es peligroso porque divorcia al autor veterotestamentario de su texto[48] y presupone una condenación grave sobre los mismos autores neotestamentarios que advirtieron acerca de la tergiversación de las Escrituras (2 P. 3:16).

2. El cristotelismo crítico requiere otros métodos interpretativos para explicar «la centralidad de Cristo»[49] en el Antiguo Testamento y justificar así la «distancia»[50] entre lo que significa un pasaje en su contexto original y su uso cristotélico en el Nuevo Testamento. En el caso de los apóstoles, lo que se adoptó fue la hermenéutica del judaísmo del Segundo Templo. El problema con esta afirmación es que la hermenéutica de ese período no era monolítica ni homogénea.[51] Aunque Enns admite estar «plenamente consciente»[52] de la diversidad de hermenéuticas del judaísmo del Segundo Templo,[53] insiste en que esto «no minimiza la

---

48. Véanse Roland Barthes, *El placer del texto*, trad. por Nicolás Rosa (Madrid, España: Siglo XXI de España Editores, 2007), p. 27 (de la versión original en inglés); Jacques Derrida, *De la gramatología*, trad. por Oscar del Barco y Conrado Ceretti (Madrid, España: Siglo XXI de España Editores, 1971), pp. 206-207 (de la versión original en inglés); H. G. Gadamer, *Verdad y método*, vol. 1, trad. por Ana Agud Aparicio y Rafael de Agapito (Salamanca, España: Ediciones Sígueme, 1977), p. 388 (de la versión original en inglés).

49. Enns, «Fuller Meaning, Single Goal» [Significado completo, meta única], p. 214.

50. *Ibid.*, p. 168.

51. G. K. Beale, «Did Jesus and the Apostles Preach the Right Doctrine from the Wrong Texts? Revisiting the Debate Seventeen Years Later in the Light of Peter Enns' Book, Inspiration and Incarnation» [¿Jesús y los apóstoles predicaron la doctrina correcta a partir de textos incorrectos? Una revisión del debate diecisiete años después a la luz del libro de Peter Enns, Inspiración y encarnación], *Them* 32 (2006), pp. 26-31.

52. Peter Enns, «Response to Professor Greg Beale» [Respuesta al profesor Greg Beale], *Them* 32 (2007), p. 6.

53. «Lo que ha quedado claro en estos textos [pseudoepigráficos] es que el judaísmo, en los siglos posteriores al exilio, fue un fenómeno diverso: hay *judaísmos* pero no "un judaísmo del Segundo Templo". Es importante tener esto en cuenta tanto para los cristianos como para los judíos. [...] [La] evidencia del

dimensión midráshica (o no contextual) [...] que es mucho más profunda que cualquier intento por ser "sensible" al contexto del Antiguo Testamento».[54]

En otras palabras, a pesar de que el judaísmo del Segundo Templo estaba integrado por muchos judaísmos, Enns sostiene que la influencia predominante de ese período era un enfoque homogéneo no contextual del Antiguo Testamento.[55] Pero este tipo de argumento es simplemente reduccionista y artificial. Al fin y al cabo, ¿por qué confiar en los autores del Nuevo Testamento si no respetaron la intención del autor ni tampoco se ajustaron a una metodología normativa de interpretación (2 Ti. 2:15)?

3. El cristotelismo crítico rebaja la naturaleza del Antiguo Testamento como revelación divina. Según Enns, «la forma en que los apóstoles manejaron el Antiguo Testamento parece ser inesperada, extraña e incluso inadecuada de acuerdo con las convenciones modernas [de interpretación]. Los apóstoles hacen cosas [...] [que se desvían] de los estándares "normales" de la hermenéutica».[56] Como se señaló anteriormente, esto se debe a que su planteamiento fue fundamentalmente un «fenómeno cultural»[57]

Segundo Templo en general muestra un número de trayectorias variadas y en conflicto». Peter Enns, «Pseudepigrapha» [Pseudoepígrafos], en *Dictionary for Theological Interpretation of the Bible* [Diccionario para la interpretación teológica de la Biblia], ed. por Kevin J. Vanhoozer, pp. 652-653 (Grand Rapids: Baker Books, 2005), p. 652.

54. Enns, «Response to Professor Greg Beale» [Respuesta al profesor Greg Beale], p. 6.

55. Véase Peter Enns, «Biblical Interpretation, Jewish» [Interpretación bíblica, judía], en *Dictionary of New Testament Background* [Diccionario del trasfondo del Nuevo Testamento], ed. por Craig A. Evans y Stanley E. Porter, pp. 159-165 (Downers Grove, IL: InterVarsity Press, 2000).

56. Enns, «Apostolic Hermeneutics and an Evangelical Doctrine of Scripture» [Hermenéutica apostólica y una doctrina evangélica de la Escritura], p. 266 (énfasis añadido).

57. *Ibid.*

del período en el que vivieron. Todos los autores neotestamentarios fueron meramente un «subproducto indefenso»[58] de la comunidad del Segundo Templo.[59]

Sin embargo, esto implica que el Antiguo Testamento tiene un valor menor de revelación que el Nuevo Testamento (2 Ti. 3:14-17).[60] El cristotelismo crítico sugiere un canon dentro del canon en su afán de encontrar el «sentido más profundo»[61] de Cristo en la primera parte de la revelación divina. De hecho, Enns nunca da una razón convincente para leer el Antiguo Testamento ya que, eventualmente, se debe releer a la luz de Cristo, su muerte y su resurrección. En otras palabras, si Cristo es el «enfoque principal»[62] del proceso de interpretación que está históricamente determinado por el contorno cultural,[63] entonces el Antiguo Testamento no es más que un documento que «satisface» la curiosidad del lector, pero no está al mismo nivel de revelación divina que el Nuevo Testamento.

En contraste, el cristotelismo que se defiende en este libro resguarda el significado original de los autores del Antiguo Testamento, respalda la hermenéutica histórico-gramatical como la metodología normativa de interpretación de sus escritos y realza su naturaleza como revelación divina —así como lo hizo Cristo—. Es de ahí precisamente que surge el título La hermenéutica de

---

58. Chou, *La hermenéutica de los escritores bíblicos*, p. 29.

59. Cp. G. K. Beale, «A Surrejoinder to Peter Enns» [Una réplica a Peter Enns], *Them* 32 (2007), pp. 14-20; D. A. Carson, *Collected Writings on Scripture* [Recopilación de escritos acerca de la Escritura] (Wheaton, IL: Crossway, 2010), p. 283.

60. Kaiser, «Response to Enns» [Respuesta a Enns], p. 224.

61. Enns, *Inspiration and Incarnation* [Inspiración y encarnación], p. 160.

62. *Ibid*.

63. Chou acertadamente observa que «los escritores de la Biblia afirmaron ser capaces de discernir sus normas culturales, y hasta resistirse a ellas (Dt. 4:18-21; 18:9; Ro. 12:2; 1 Ti. 1:4; Tit. 1:14; 1 P. 4:1-5). Solo porque el resto de la sociedad interprete un texto de una cierta forma no significa que dichos autores siguieran el ejemplo». Chou, *La hermenéutica de los escritores bíblicos*, pp. 29-30.

Cristo. Cristo no se leyó a sí mismo en cada pasaje veterotestamentario ni tampoco releyó el Antiguo Testamento de manera creativa, como sugieren tanto el cristotelismo crítico como el cristocentrismo. Más bien, confirmó el significado original que los autores veterotestamentarios pretendieron, prestando atención a todos los detalles históricos (Mt. 12:39-41; 15:7; Mr. 2:25-26; Lc. 11:30-31) y gramaticales (Mt. 22:32; Mr. 10:45; Jn. 10:34) de sus escritos, porque consideraba que las palabras de estos autores eran las mismas palabras de Dios (Mr. 12:36-37; Mt. 19:4-5; 21:42; 26:54; Lc. 4:16-19, 21; Jn. 7:37-38).[64]

Esta es la razón por la que Cristo reprendió a sus discípulos en Lucas 24:25 al no entender lo que de él decía el Antiguo Testamento (Lc. 24:27). El punto es que ellos tendrían que haber sido capaces de encontrarlo en la primera parte de la revelación divina de acuerdo con «todo lo que los profetas han dicho» (Lc. 24:25). Si Cristo creía que el Antiguo Testamento requería otros métodos interpretativos para encontrar un significado diferente o un sentido más profundo, no tendría que haber reprendido a sus discípulos.[65] Por lo tanto, la hermenéutica de Cristo es una hermenéutica histórico-gramatical que respeta la intención de los autores veterotestamentarios, porque sus escritos son revelación divina (2 Ti. 3:16; 1 P. 1:10-12).

Conclusión

Para encontrar y predicar a Cristo en y desde el Antiguo Testamento es necesario leerlo cuidadosamente, de la misma manera que lo hizo Cristo. En este libro, cada uno de los autores defiende el cristotelismo que debe su origen a la hermenéutica de

---

64. Véase Abner Chou, «Cristo en el Antiguo Testamento: Lucas 24:25-27», en *El pastor y el supremo Dios de los cielos: Perspectivas teológicas y prácticas sobre la persona y obra de Jesús*, ed. por John MacArthur, pp. 229-245 (Weston, FL: Nivel Uno, 2018), pp. 231-234.

65. Carson, *Collected Writings on Scripture* [Recopilación de escritos acerca de la Escritura], pp. 281-282.

Cristo. En el capítulo a continuación, Abner Chou evalúa el cristocentrismo y advierte en contra de ese enfoque hermenéutico. Los siguientes tres capítulos examinan tres pasajes del Antiguo Testamento, aplicando la metodología histórico-gramatical, para encontrar al Cristo que tanto se anticipa de manera progresiva por sus autores. Cada pasaje representa una de las tres partes del Antiguo Testamento: la Torá, los profetas y los escritos respectivamente (Lc. 24:44). Quien esto escribe examina Números 24:1-9, Josiah Grauman Oseas 11:1 y Herald Gandi el Salmo 110. En el anteúltimo capítulo, Nathan Busenitz ilustra los peligros del cristocentrismo a través de la historia de la hermenéutica y señala su estrecho vínculo con la hermenéutica alegórica —nada más y nada menos—. Y, al final del libro, Roberto Sánchez describe las implicaciones negativas del cristocentrismo en el ministerio pastoral, y pide regresar a la hermenéutica de Cristo a fin de cumplir con un ministerio (2 Ti. 4:5) que usa bien toda la palabra de verdad (2 Ti. 2:15). Tal encargo interpretativo exige, por la naturaleza misma de la hermenéutica de Cristo, un enfoque cristotélico del Antiguo Testamento en vez de un enfoque cristocéntrico.

2

UNA EVALUACIÓN DE LA HERMENÉUTICA CRISTOCÉNTRICA

ABNER CHOU

La predicación ocupa un lugar central en el ministerio del pastor. Es un encargo de Dios (2 Ti. 4:1-2) para toda época (2 Ti. 4:2b) que tiene como fin alimentar y preparar al rebaño (2 Ti. 4:2b; cp. Ef. 4:12; Jn. 21:15). Es vital para la Iglesia (Ef. 4:12-13), fundamental en el ministerio (1 Ti. 4:16) y de suprema importancia para Dios (2 Ti. 4:1; cp. 2 Ti. 2:14-15). Por esta razón, Dios demanda que su Palabra se use correctamente (2 Ti. 2:15). Se debe prestar atención a la interpretación del texto con exactitud, tal como lo hace Dios. Sin embargo, ¿qué significa esto? Algunos han argumentado que la predicación que no es cristocéntrica es subcristiana. No está a la altura de la declaración de Pablo respecto a sí mismo de que predica a Cristo «y a este crucificado» (1 Co. 2:2). Pero este tipo de alegato es de máxima seriedad, ya que afecta a una de las tareas más importantes del pastor.

Este dilema no solo ilustra la necesidad de ceñirse a un proceso exegético o a un entendimiento hermenéutico sino, además, a una convicción hermenéutica. Es preciso estar convencido de que el enfoque hermenéutico que se utiliza interpreta correctamente «la palabra de verdad». El objetivo de este capítulo[1] es evaluar las afirmaciones de la hermenéutica cristocéntrica con el fin de aportar confianza al hecho de que el método histórico-gramatical no solo honra el encargo de Dios, sino que también trae la mayor gloria a Cristo.

Definiciones hermenéuticas

Antes de evaluar el método de la hermenéutica cristocéntrica, es necesario familiarizarse con dos conceptos hermenéuticos: significado e implicación. Estas ideas son críticas al articular la forma en la que cualquier enfoque cree que un texto funciona y cómo se debe entender.

El significado alude a las ideas particulares que un texto contiene dentro de un contexto determinado.[2] En primer lugar, se debe definir quién o qué establece los límites de lo que un texto comunica de forma legítima. Las opciones incluyen al autor, el texto, el lector o la comunidad.[3] En segundo lugar, también se

---

1. Este capítulo es una adaptación autorizada al español del artículo de Abner Chou, «A Hermeneutical Evaluation of the Christocentric Hermeneutic» [Una evaluación hermenéutica de la hermenéutica cristocéntrica], *TMS* 27 (2016), pp. 113-139.

2. E. D. Hirsch, *Validity in Interpretation* [La validez en la interpretación] (New Haven, CT: Yale University Press, 1967), pp. 11-13; Robert L. Thomas, «The Principle of Single Meaning» [El principio del significado único], en *Evangelical Hermeneutics* [Hermenéutica evangélica], ed. por Robert L. Thomas, pp. 141-164 (Grand Rapids: Kregel, 2002), pp. 155-156; Kevin J. Vanhoozer, *Is There a Meaning in this Text? The Bible, the Reader, and the Morality of Literary Knowledge* [¿Hay algún significado en este texto? La Biblia, el lector y la moralidad del conocimiento literario] (Grand Rapids: Zondervan, 1998), pp. 252-253.

3. Roland Barthes, *El placer del texto*, trad. por Nicolás Rosa (Madrid, España: Siglo XXI de España Editores, 2007), p. 27 (de la versión original en inglés); Jacques Derrida, *De la gramatología*, trad. por Oscar del Barco y Conrado Ceretti (Madrid, España: Siglo XXI de España Editores, 1971), pp. 206-207 (de la versión original en inglés); H. G. Gadamer, *Verdad y método*, vol. 1, trad.

debe definir cómo repercute la autoría dual de las Escrituras en la determinación del significado. La disyuntiva consiste en si la intención de Dios concuerda con la del escritor humano o si Él pretende más de lo que se comunicó en el contexto original. Estas cuestiones ayudan a entender las metas y los límites metodológicos dentro de cualquier enfoque hermenéutico.

La implicación es otro concepto importante en la hermenéutica. Alude a las aplicaciones y ramificaciones que puede tener un texto. Dicho de otro modo, y como cualquier idea, el significado tiene consecuencias y la implicación es la suma de todas las diversas consecuencias. El problema principal con la implicación es cómo articular su conexión con el significado. Después de todo, no cualquier implicación posible corresponde de forma legítima con el significado de un texto.[4] Se debe demostrar que la inferencia sugerida es válida, porque se ajusta a la naturaleza de lo que se afirma y a por qué se asevera. Cómo consiga esto un planteamiento (si es que lo hace) es otro asunto clave a la hora de evaluar un punto de vista hermenéutico.

En resumen, el significado y la implicación son dos ideas importantes a la hora de evaluar un enfoque hermenéutico. Es importante determinar si un método sitúa el lugar del significado en el autor, el texto, el lector o la comunidad. También es clave entender la autoría dual dentro de este planteamiento. Cuando estas preguntas sobre el significado y la implicación se responden,

---

por Ana Agud Aparicio y Rafael de Agapito (Salamanca, España: Ediciones Sígueme, 1977), p. 388 (de la versión original en inglés); P. B. Payne, «The Fallacy of Equating Meaning with the Human Author's Intention» [La falacia de equiparar el significado con la intención del autor humano], *JETS* 20 (1977): p. 249.

4. Por ejemplo, no se puede afirmar sencillamente que la inferencia válida de «amarse los unos a los otros» es respaldar a las personas en su pecado porque eso es lo que hace el amor. La definición que Juan hace del amor no toleraría esta extrapolación (cp. 1 Jn. 4:8-10). Otra cosa podría ser que, dado que la Biblia describe a Dios con «mano» (cp. Dt. 4:34), entonces debe tener un cuerpo físico (cp. Jn. 4:24). El propósito del autor al aludir a la mano de Dios no pretende dicho tipo de inferencia.

se puede comprender mejor cómo funciona un método y dónde yacen los puntos de discusión.

EXPLICACIÓN DE LA HERMENÉUTICA CRISTOCÉNTRICA

Siempre es bueno recordar que los sistemas hermenéuticos no son un mero conjunto de normas interpretativas, sino que con frecuencia están dirigidos por marcos teológicos que justifican los objetivos y el método de un sistema. Por lo tanto, para comprender este planteamiento de forma adecuada, es preciso lidiar con tres cuestiones importantes: qué es la hermenéutica cristocéntrica, cómo alcanza sus metas y por qué apunta a dicha interpretación. Estas tres preguntas aportan una imagen completa de cómo funciona la hermenéutica cristocéntrica.

¿Qué es la hermenéutica cristocéntrica?

El enfoque cristocéntrico tiene una historia larga y variada. El enfoque de este capítulo concierne a los desarrollos modernos de esta perspectiva, pero aun así existen variantes de la misma.[5] No obstante, los defensores actuales de este enfoque recalcan ciertos rasgos que distinguen su movimiento. Entender estas características ayuda a identificar las marcas distintivas y las metas de su hermenéutica. Hay al menos seis aspectos que componen el sine qua non de la hermenéutica cristocéntrica.

1. El enfoque cristocéntrico desea, fundamentalmente, presentar cada texto en su relación con la persona y la obra de Cristo.[6]

---

5. Véanse Graeme Goldsworthy, *Christ-Centered Biblical Theology: Hermeneutical Foundations and Principles* [Teología bíblica cristocéntrica: Fundamentos y principios hermenéuticos] (Downers Grove, IL: InterVarsity Press, 2012), pp. 76-99; Timothy Keller, *La predicación: Compartir la fe en tiempos de escepticismo* (Nashville: Broadman & Holman Publishers, 2017), pp. 63-84.

6. Bryan Chapell, *La predicación cristocéntrica: Rescatando el sermón expositivo* (Medellín, Colombia: Poiema Publicaciones, 2019), p. 302; Sidney Greidanus, *Preaching Christ from the Old Testament: A Contemporary Hermeneutical Method*

2. El enfoque cristocéntrico enfatiza la unidad de las Escrituras. A causa de esto, en ocasiones se la denomina como la hermenéutica histórico-redentora. Sin embargo, algunos usan este término sin referirse al método cristocéntrico.[7]

3. El enfoque cristocéntrico enfatiza la teología de las Escrituras. Se contrapone a los «modelos morales» que predican narrativas como puramente ejemplos de una conducta ética. La perspectiva cristocéntrica desea predicar doctrina y teología, una teología de Cristo y el evangelio.[8]

4. El enfoque cristocéntrico hace hincapié en la necesidad de la interpretación histórico-gramatical como fundamento de este método. Se contrasta a sí mismo con los sistemas alegóricos de la Iglesia primitiva, así como los de la historia reciente. Para sus defensores, considerar el cordón rojo de Rahab como símbolo de la sangre de Cristo es una interpretación y un uso ilegítimos del texto.[9] Como se explicará más adelante, aunque desean proclamar una teología de Cristo en cada texto, quieren hacerlo con algún tipo de base expositiva.[10]

[La predicación de Cristo a partir del Antiguo Testamento: Un método hermenéutico contemporáneo] (Grand Rapids: Eerdmans, 1999), pp. 203-205.

7. *Ibid.*; Walter C. Kaiser, «Walt Kaiser on Christ-Centered Hermeneutics» [Walt Kaiser, acerca de la hermenéutica cristocéntrica], en *Christ-Centered Preaching and Teaching* [La predicación y enseñanza cristocéntricas], ed. por Ed Stetzer, pp. 14-17 (Nashville: LifeWay, 2013), pp. 14-15; David Murray, «David Murray on Christ-Centered Hermeneutics» [David Murray, acerca de la hermenéutica cristocéntrica], en *Christ-Centered Preaching and Teaching* [La predicación y enseñanza cristocéntricas], ed. por Ed Stetzer, pp. 9-13 (Nashville: LifeWay, 2013), p. 9.

8. Chapell, *La predicación cristocéntrica*, p. 327; Murray, «David Murray on Christ-Centered Hermeneutics» [David Murray, acerca de la hermenéutica cristocéntrica], p. 9.

9. Greidanus, *Preaching Christ from the Old Testament* [La predicación de Cristo a partir del Antiguo Testamento], p. 88.

10. Chapell, *La predicación cristocéntrica*, pp. 71-75; Greidanus, *Preaching Christ from the Old Testament* [La predicación de Cristo a partir del Antiguo Testamento], pp. 279-285.

5. Al mismo tiempo, el enfoque cristocéntrico reconoce la necesidad de ir más allá de la hermenéutica histórico-gramatical y llegar a un método teológico. Esto se contrasta con el enfoque cristotélico que permanece dentro del marco histórico-gramatical. La perspectiva cristotélica sostiene el significado original de un texto mientras que reconoce que sus implicaciones podrían llegar a vincularse, en última instancia, con Cristo.[11] El método cristocéntrico considera que esto no es suficiente.[12] Para este último método, Cristo está *en* cada texto. De alguna manera, Él es el *tema* de cada pasaje. Los textos bíblicos prefiguran la obra de Cristo o muestran, de forma intencionada, quién Cristo es o no es.[13] Aquí es preciso tener cierta cautela, porque no todos los defensores de la hermenéutica cristocéntrica concuerdan en cómo funciona esto exactamente.[14] No obstante, están de acuerdo en que el enfoque cristotélico/histórico-gramatical no es suficiente.

6. El enfoque cristocéntrico enfatiza su naturaleza *cristiana*. Este planteamiento es cristiano porque se centra en el

---

11. Daniel I. Block, «Daniel Block on Christ-Centered Hermeneutics» [Daniel Block, acerca de la hermenéutica cristocéntrica], en *Christ-Centered Preaching and Teaching* [La predicación y enseñanza cristocéntricas], ed. por Ed Stetzer, pp. 5-8 (Nashville: LifeWay, 2013), p. 6.

12. Goldsworthy, *Christ-Centered Biblical Theology* [Teología bíblica cristocéntrica], pp. 24-30; Murray, «David Murray on Christ-Centered Hermeneutics» [David Murray, acerca de la hermenéutica cristocéntrica], p. 10.

13. Edmund P. Clowney, *Predica a Cristo desde toda la Escritura* (Barcelona, España: Andamio, 2016), p. 21; Graeme Goldsworthy, *Cómo predicar de Cristo usando toda la Biblia: Cómo aplicar la teología bíblica en una predicación expositiva* (Colombia: Torrentes de Vida, 2012), pp. 114-119; Aunque algunos podrían querer cualificar cómo uno ve a Cristo en cada texto, Greidanus resume bien el sentimiento: «Dado que el contexto literario del Antiguo Testamento es el Nuevo Testamento, esto significa que el Antiguo Testamento debe entenderse en el contexto del Nuevo. Y como el corazón del Nuevo Testamento es Jesucristo, esto significa que cada mensaje del Antiguo debe verse a la luz de Cristo». Greidanus, *Preaching Christ from the Old Testament* [La predicación de Cristo a partir del Antiguo Testamento], p. 51.

14. Véase la explicación en Goldsworthy, *Christ-Centered Biblical Theology* [Teología bíblica cristocéntrica], pp. 76-99.

evangelio y, por ello, en ocasiones se conoce como una predicación centrada en el evangelio. Se deriva de los apóstoles y, por lo tanto, a veces se lo denomina como la predicación apostólica.[15] Para ellos, la enseñanza cristocéntrica es lo que hace que enseñar las Escrituras sea distintivamente *cristiano*. Por consiguiente, también se adopta el lenguaje de predicar y enseñar la Biblia como las Escrituras cristianas.[16] Por motivos de claridad, solo porque se use tal lenguaje o terminología no significa automáticamente que uno defiende la hermenéutica cristocéntrica. Sin embargo, este tipo de fraseología se encuentra en dicho movimiento.

Estos seis aspectos contienen elementos claves de la hermenéutica cristocéntrica, la cual intenta identificar cómo se relaciona cada texto con Cristo y con su obra. Este planteamiento recalca la necesidad de un fundamento expositivo que explique una teología distintivamente cristiana (en oposición a la moralidad). Aunque reconoce la necesidad de evitar la alegoría, sigue creyendo que Cristo es el tema de cada texto. Él es la marca de la verdadera predicación cristiana.

Cómo alcanza sus metas la hermenéutica cristocéntrica

Una vez establecidas las ideas claves del enfoque cristocéntrico, ahora es posible preguntarse cómo logra de forma práctica sus metas. Esta metodología se puede estructurar en términos de significado e implicación. Como se mencionó anteriormente

---

15. Bryan Chapell, «Bryan Chapell on Christ-Centered Hermeneutics» [Bryan Chapell, acerca de la hermenéutica cristocéntrica], en *Christ-Centered Preaching and Teaching* [La predicación y enseñanza cristocéntricas], ed. por Ed Stetzer, pp. 18-22 (Nashville: LifeWay, 2013), pp. 18-19; Dennis E. Johnson, *Him We Proclaim: Preaching Christ from All the Scriptures* [Lo proclamamos a Él: Predicar a Cristo desde todas las Escrituras] (Phillipsburg, NJ: P&R, 2007), pp. 62-238.

16. Goldsworthy, *Cómo predicar de Cristo usando toda la Biblia*, pp. 33-44; Greidanus, *Preaching Christ from the Old Testament* [La predicación de Cristo a partir del Antiguo Testamento], pp. 39-43.

respecto al significado, el enfoque cristocéntrico moderno rechaza los métodos alegóricos que se encuentran a lo largo de la historia de la Iglesia. Los defensores suelen distanciarse con frecuencia de la escuela de Alejandría, conocida por su hermenéutica «espiritualizadora».[17] De manera similar, este planteamiento rechaza las analogías del cordón rojo de Rahab o la creación de Eva como profecía del establecimiento de la Iglesia.[18] Los defensores cristocéntricos manifiestan una y otra vez su preocupación por la «interpretación correcta» en vez de una «interpretación forzada».[19] En esa línea, la postura cristocéntrica asevera la necesidad de la exégesis y de la predicación expositiva. Afirma la necesidad de entender la intención del autor y, de este modo, comprenderlo en su contexto.[20] De ahí que, en lo relativo al significado, esta perspectiva defendería inicialmente la intención del autor.

En lo que refiere a la implicación, el planteamiento se vuelve más complejo y complica la definición del significado con precisión. La hermenéutica cristocéntrica se concentra en una diversidad de técnicas prácticas para conectar un texto con Cristo. Inicialmente, señalaría cómo funcionan los textos en el plan de Dios en la historia, que culmina en Cristo. Por lo tanto, se puede demostrar cómo ciertas ideas del Antiguo Testamento repercutirán en la revelación progresiva afectando así el entendimiento de Cristo. Estos métodos son técnicamente cristotélicos por naturaleza. Como ya se ha señalado, la hermenéutica cristocéntrica no hace caso omiso a estas ideas, pero sí afirma que no llegan lo suficientemente lejos. No son las únicas herramientas del arsenal de un predicador o maestro.[21]

---

17. Chapell, *La predicación cristocéntrica*, pp. 71-73; Greidanus, *Preaching Christ from the Old Testament* [La predicación de Cristo a partir del Antiguo Testamento], pp. 76-90; Johnson, *Him We Proclaim* [Lo proclamamos a Él], pp. 103-105.

18. Greidanus, *Preaching Christ from the Old Testament* [La predicación de Cristo a partir del Antiguo Testamento], p. 76.

19. *Ibid.*, p. 36.

20. Chapell, *La predicación cristocéntrica*, pp. 71-72.

21. *Ibid.*

Por esta razón, los defensores del cristocentrismo sugieren marcos adicionales para mostrar una asociación más directa con Cristo. Uno de estos marcos se ocupa en enfocarse en la condición caída, que muestra cómo trata un texto alguna clase de asunto que derive de nuestro estado caído. Como resultado de esto, ya que Cristo lidia con esa condición, se puede demostrar que todo texto apunta a Cristo y al evangelio.[22] Cada texto funciona como una ventana al evangelio.[23] Hay otro método que consiste en establecer una analogía entre un acontecimiento del pasado y la obra de Cristo. También se suele presentar un contraste entre personajes o acontecimientos particulares y quién es Cristo, y cómo Él tiene éxito cuando ellos fracasan.[24]

Un método particular que la hermenéutica cristocéntrica resalta es la tipología. Esto es ligeramente distinto a la analogía que trata de manera estricta con la implicación. Pero la tipología se ocupa tanto del significado como de la implicación. La tipología busca entender cómo una persona, un acontecimiento o un elemento reflejan cierta idea teológica o función que culmina en Cristo. Descubre patrones de las Escrituras y muestra cómo esta repetición (tipo) siempre describía la culminación de la idea (antitipo).[25] Dentro de esto, existe cierto aspecto de prefiguración intencional.[26] Por consiguiente, la tipología no es una mera implicación, sino parte de lo que los textos analizan y su propósito. Es decir, un texto tipológico debe leerse en relación a Cristo, porque de hecho lo es.

---

22. Goldsworthy, *Christ-Centered Biblical Theology* [Teología bíblica cristocéntrica], p. 106; Murray, «David Murray on Christ-Centered Hermeneutics» [David Murray, acerca de la hermenéutica cristocéntrica], pp. 9-10.

23. Chapell, «Bryan Chapell on Christ-Centered Hermeneutics» [Bryan Chapell, acerca de la hermenéutica cristocéntrica], p. 19.

24. Goldsworthy, *Christ-Centered Biblical Theology* [Teología bíblica cristocéntrica], pp. 106-108; Greidanus, *Preaching Christ from the Old Testament* [La predicación de Cristo a partir del Antiguo Testamento], pp. 191-205; Johnson, *Him We Proclaim* [Lo proclamamos a Él], pp. 310-312.

25. Goldsworthy, *Cómo predicar de Cristo usando toda la Biblia*, pp. 150-162; Johnson, *Him We Proclaim* [Lo proclamamos a Él], pp. 200-215.

26. Goldsworthy, *Cómo predicar de Cristo usando toda la Biblia*, p. 115.

Hasta aquí se podría alegar que quizá no sea necesario oponerse demasiado fuerte ante lo que propone la hermenéutica cristocéntrica. Después de todo, la historia redentora se mueve hacia Cristo (Hch. 13:13-41; Ro. 10:4; Gá. 4:4). En ocasiones, los textos muestran la condición caída de las personas y, por implicación, su necesidad de Cristo (Gn. 3:1-15). Los sistemas veterotestamentarios —por ejemplo, el sistema sacrificial— reflejan una teología de la santidad de Dios que Cristo satisface (cp. Lv. 1–4; He. 9:1-13) —una relación tipológica—. El asunto controversial no es «cómo» se puede vincular un texto de manera general con Cristo, o incluso cómo funciona en ciertos ejemplos. Más bien, la controversia se produce cuando se aplican estos marcos interpretativos a todos los textos de las Escrituras. Como la hermenéutica cristocéntrica insiste en que todos los textos deben hablar de Cristo, su forma de interpretar o aplicar ciertos pasajes puede hacer que algunos se sientan incómodos.

Por ejemplo, un enfoque en la condición caída apunta a cómo el perdón de Dios a David en el incidente con Betsabé muestra la necesidad y la dependencia que este tenía del evangelio.[27] Su condición intensifica su necesidad de la gracia de Dios en Cristo. La literatura sapiencial indica que toda la humanidad es pecadora y necesita a Cristo, quien encarna la sabiduría misma (Pr. 8:22; cp. Col. 1:15).[28] La analogía (tanto positiva como contrastiva) y la tipología generan algunos resultados interesantes. La oscuridad que rodeaba a Abram cuando se llevó a cabo el pacto abrahámico tiene su paralelo con las propias tinieblas de Cristo en la cruz (Gn. 15:12; cp. Mt. 27:45).[29] El éxodo de Israel es una «tenue sombra» del éxodo espiritual que los creyentes experimentan

---

27. Chapell, *La predicación cristocéntrica*, pp. 341-342.

28. Edmund P. Clowney, *El misterio revelado: Descubriendo a Cristo en el Antiguo Testamento* (Medellín, Colombia: Poiema Publicaciones, 2014), pp. 167-168.

29. *Ibid.*, pp. 50-51.

en Cristo.[30] El problema de Acán y su muerte punitiva (Jos. 7:24-25) se correlacionan con la propia muerte de Jesús en una cruz.[31] El rechazo de Sansón por parte de su tribu refleja cómo sería rechazado Jesús.[32] Su muerte victoriosa es la imagen de la muerte victoriosa de Jesús que no fracasaría como Sansón.[33] David y Goliat se convierten en la representación de cómo el último David vencería al pecado, a Satanás y a la muerte, porque todas estas cosas son derivaciones de cómo aplastaría la simiente la cabeza de la serpiente.[34] Además, así como los valientes de David le trajeron agua preciosa (2 S. 23:16), de la misma manera el nuevo David nos proporciona la preciosa agua de la vida (Jn. 4:10-13).[35] La negativa de David a maldecir cuando lo maldecían (2 S. 16:5-12) refleja al Mesías, quien también fue sometido a escarnio sin resistirse.[36] La muerte de Nabot a manos de falsos testigos (1 R. 21:13-14) brinda un paralelo de la propia muerte de Jesús con falsos testimonios.[37] La disposición de Ester a entregar su propia vida (Est. 4:16) prefigura la disposición de Cristo para hacer lo mismo con la suya.[38] La amonestación en Proverbios contra aceptar sobornos (Pr. 15:27) solo puede cumplirse de verdad en Cristo, quien puede redimir a la humanidad de su

---

30. Johnson, *Him We Proclaim* [Lo proclamamos a Él], pp. 298-299.

31. *Ibid.*, p. 311. Técnicamente, esto forma parte de una explicación mayor de cómo Proverbios 15:27 se interrelaciona con la vida de Cristo. No obstante, las relaciones entre ese texto, Acán y Cristo son difíciles de mantener.

32. Clowney, *El misterio revelado*, p. 134.

33. *Ibid.*, p. 17.

34. Goldsworthy, *Christ-Centered Biblical Theology* [Teología bíblica cristocéntrica], p. 30. El Antiguo Testamento no establece relación entre Génesis 3:15 y otros textos mesiánicos. Curiosamente, para ello usa un lenguaje consistente (cp. Nm. 24:17; Sal. 68:21; 110:5-6; Hab. 3:13). En otras palabras, no se puede ver meramente el aplastamiento de la cabeza y establecer la asociación. El listón tiene que estar más alto ya que el Antiguo Testamento en sí mismo contiene un lenguaje formulaico para indicar una referencia mesiánica.

35. Clowney, *El misterio revelado*, p. 149.

36. *Ibid.*, p. 153.

37. Johnson, *Him We Proclaim* [Lo proclamamos a Él], p. 311. Johnson apela a Nabot como parte de una cadena de textos que tratan el soborno y la enlazan con la muerte de Cristo que redime al creyente de semejante corrupción.

38. *Ibid.*, p. 279.

parcialidad.[39] Después de todo, la propia muerte redentora de Jesús se produjo mediante soborno (Mt. 27:1-20), pero venció toda esa corrupción para darnos vida.[40]

¿Qué hay de malo con las sugerencias anteriores? Algunos pueden argumentar que dichas afirmaciones parecen «forzadas». Pero se puede ser más específico. El problema gira en torno a cómo se relaciona la implicación con el significado. Como se ha explicado, las implicaciones válidas deben encajar con lo que dijo el autor y con su razón para expresarlo.[41] En los ejemplos anteriores, las implicaciones parecen sobrepasar los límites del propósito del autor. El autor de 2 Samuel no parece pretender que el perdón de Dios hacia David muestre cosa alguna sobre el evangelio. Más bien, su enfoque parece estar sobre la caída de la dinastía davídica (cp. 2 S. 12:11-14).[42] Del mismo modo, el autor de Proverbios declara que sus proverbios son para instruir sobre cómo vivir una vida justa (1:1-7), no para manifestar la iniquidad de la humanidad como sugiere la hermenéutica cristocéntrica.[43]

La misma lógica se aplica a las analogías establecidas más arriba entre Cristo y Abraham, Acán, Sansón, David, Ester o Nabot. Los autores de esos textos no parecen explicar forma alguna de prefiguración o paralelismo.[44] Así, parecería que la hermenéutica

---

39. *Ibid.*, p. 311. Técnicamente, Johnson apela aquí a otras historias del Antiguo Testamento que involucran el soborno para demostrar su idea. La pregunta es si el autor de dichos textos incorpora Proverbios 15:27 y si, en realidad, esos textos (como el de Nabot) cuentan con vínculos intencionados con el Nuevo Testamento. En otras palabras, Johnson ha apelado a una serie de correlaciones (implicación) que son cuestionables. Esto es, de hecho, el problema principal de la hermenéutica cristocéntrica.

40. *Ibid.*

41. El enfoque sobre la intención del autor se debe a que la hermenéutica cristocéntrica misma aboga por una postura así. Véase la explicación más arriba.

42. Robert D. Bergen, *1, 2 Samuel*, NAC 7 (Nashville: Broadman & Holman Publishers, 1996), pp. 371-373.

43. Bruce K. Waltke, *The Book of Proverbs, Chapters 1–15* [El libro de los Proverbios, Capítulos 1–15], *NICOT* (Grand Rapids: Eerdmans, 2004), pp. 176-180.

44. Como se explica más adelante, con esto no se pretende afirmar que no pueda haber paralelos. Por ejemplo, se podría hablar del vínculo de David

cristocéntrica no deriva estas implicaciones de la intención del autor, sino de otra cosa.[45] Es por esto que tales interpretaciones o aplicaciones parecen forzadas, algo totalmente opuesto a lo que desea la hermenéutica cristocéntrica.[46]

De ahí que la hermenéutica cristocéntrica tiene un método práctico para ver cómo un texto explica a Cristo. Es precisamente aquí que se empieza a percibir el problema. En un principio, el problema no tiene nada que ver con su punto de vista sobre el significado. La hermenéutica cristocéntrica afirma la intención del autor. El problema está relacionado con la forma en que enmarca la implicación de un pasaje. Su insistencia respecto de hacer que

con el pacto davídico que tiene relación con Cristo. Esta podría ser la forma en que Judas está relacionado con Salmos 69:25 y 109:8. Esos pasajes se edifican contextualmente a partir del pacto davídico (cp. 2 S 7:9-14; Sal. 69:13, 16; 109:21, 26). Más aún, los profetas usaron el lenguaje de estos salmos acerca del Mesías (cp. Sal. 69:13; Is. 49:8). De ahí que se pueda demostrar un establecimiento intencionado de la teología davídica originalmente en esos salmos, que no solo tiene potencialmente implicaciones legítimas sobre el Mesías, sino que los profetas también así lo han confirmado. Los puntos se conectan hacia el Nuevo Testamento. Si se pudiera demostrar que una narrativa expone una cierta idea teológica con ramificaciones sobre la revelación posterior, sería legítimo. Sin embargo, no es así como enmarca la hermenéutica cristocéntrica la argumentación de estas cuestiones. Véase la siguiente nota al pie como ejemplo. Además, la argumentación en esta nota resultará en un énfasis diferente sobre el Antiguo Testamento. El énfasis principal estaría sobre dominar los conceptos teológicos que el autor estableció, de manera que, cuando sus implicaciones están relacionadas con Cristo, se pueda ver la importancia plena que tiene en la cristología. En otras palabras, sin estudiar a fondo el texto del Antiguo Testamento, de manera exegética, se reduce el peso teológico que se atribuye a Cristo cuando se establece una conexión.

45. En realidad, este es el caso. Al predicar sobre 1 Samuel 17 (David y Goliat), Goldsworthy argumenta que tanto un enfoque moral (David como modelo) como uno tipológico (la victoria de David es una imagen de la de Cristo) son válidos. La razón que proporciona es que «la abrumadora prueba del Nuevo Testamento es que el testimonio que el Antiguo Testamento da de Cristo tiene prioridad sobre el de la auténtica vida cristiana en el mundo actual [...] Jesús es, por lo tanto, la meta principal de todas las promesas y las profecías veterotestamentarias». Goldsworthy, *Christ-Centered Biblical Theology* [Teología bíblica cristocéntrica], pp. 30-31. Cabe destacar que el razonamiento de Goldsworthy no está basado en algo dentro de 1 Samuel 17 mismo que establezca paralelo alguno, sino en un marco teológico deductivo mayor que produce dicho resultado. Esto se explicará con mayor amplitud en la siguiente sección.

46. Véase la explicación anterior sobre las prioridades de la hermenéutica cristocéntrica.

todo texto hable de Cristo y su forma de lograr que esto produzca estas implicaciones no parecen encajar con el propósito principal de un pasaje. Esta conexión imprecisa entre significado e implicación es el dilema principal en la hermenéutica cristocéntrica. En realidad, el concepto erróneo entre estas dos ideas es, en ocasiones, tan grande que las implicaciones sugeridas parecen proporcionar un nuevo impulso al texto. En esos casos, la implicación propuesta parece reescribir el significado del texto y, de esa manera, socava el énfasis de la hermenéutica cristocéntrica sobre la intención del autor. Por lo tanto, la afirmación de la hermenéutica cristocéntrica en cuanto a adherirse a la intención del autor parece discordar con las aplicaciones que sugiere.

Por qué apunta a dicha interpretación

La forma en que el enfoque cristocéntrico resuelve la tensión entre el significado y la implicación es a través de su marco teológico. Los defensores de esta hermenéutica apelan a pasajes específicos, así como a una lógica bíblico-teológica amplia para demostrar que sus objetivos y métodos están justificados.

Enfatizan, por ejemplo, el hecho de que Pablo proclama a Cristo crucificado (1 Co. 1:23).[47] El apóstol incluso declara haberse propuesto no saber entre los corintios cosa alguna sino a Jesucristo y a Él crucificado (1 Co. 2:2).[48] Más adelante, en 2 Corintios, Pablo repite el pensamiento y afirma su proclamación de que Jesús es el Señor (2 Co. 4:5). Estas declaraciones sugieren que Cristo es la proclamación exclusiva del apóstol, lo que se ve reforzado por su aseveración en Colosenses 1:28: «A quien [Cristo] anunciamos».[49] Todo esto parece definir la naturaleza del ministerio de Pablo. Por

---

47. Chapell, *La predicación cristocéntrica*, pp. 76-77; Goldsworthy, *Cómo predicar de Cristo usando toda la Biblia*, pp. 19, 59.

48. *Ibid.*; Greidanus, *Preaching Christ from the Old Testament* [La predicación de Cristo a partir del Antiguo Testamento], p. 5.

49. Johnson, *Him We Proclaim* [Lo proclamamos a Él], p. 75.

lo tanto, según ellos, Pablo es cristocéntrico en toda su obra y su predicación. Esto exige que todo esté relacionado con Cristo. Para los que defienden el enfoque cristocéntrico, cada texto debe leerse respecto a Cristo porque Pablo requiere que todo texto tenga que ver con Cristo y con su obra redentora.[50]

Los defensores de la hermenéutica cristocéntrica también argumentan que esto está en armonía con la propia hermenéutica de Jesús. Respecto a Lucas 24:27, ellos afirman que Jesús explicó todas las Escrituras a la luz de sí mismo. Las frases «desde Moisés» y «por todos los profetas» así como «todas las Escrituras» en ese versículo demuestran que Cristo se halla exhaustivamente a lo largo del Antiguo Testamento, que de principio a fin habla de Él.[51] En esta línea, la perspectiva cristocéntrica también argumenta a partir de Efesios 1:10. Goldsworthy sostiene que, dado que Cristo es la suma total de todas las cosas (Ef. 1:10), todo en la creación y en la historia es siempre y de forma categórica sobre Cristo.[52] Todo explica y apunta a Él que lo llena todo.[53] De ahí que las Escrituras sean tipológicas y, así, todo en la creación y la revelación refleja a Cristo.

Como se ha observado anteriormente, parte del problema de la hermenéutica cristocéntrica resulta de su determinación de encontrar a Cristo en cada texto. Su indicador es sencillamente que las declaraciones del Nuevo Testamento exigen un objetivo así. Es lo que Jesús y Pablo ordenan. Por lo tanto, esta es la forma en que la interpretación y la predicación deben funcionar en conjunto.

---

50. Chapell lo matiza diciendo: «Al Pablo tratar todos estos temas de la vida diaria, él siempre estaba conectándolos con la obra redentora de Dios, la cual culminó en el ministerio de Jesús. Este debe ser el objetivo de la predicación expositiva. Los particulares de un pasaje deben estar relacionados con el propósito general de las Escrituras». Chapell, *La predicación cristocéntrica*, p. 76.

51. Goldsworthy, *Cómo predicar de Cristo usando toda la Biblia*, pp. 76-78, 123-126.

52. Goldsworthy, *Christ-Centered Biblical Theology* [Teología bíblica cristocéntrica], pp. 187-88.

53. *Ibid.*

Las afirmaciones bíblicas respaldan el objetivo de la hermenéutica cristocéntrica.

Además, la hermenéutica histórico-redentora apela a una lógica bíblico-teológica en las Escrituras para justificar su método práctico. Por encima de todo, apunta a la unidad de las Escrituras. En última instancia, la Biblia es un libro escrito por un autor divino, que trata el tema fundamental de la redención de Dios en Cristo. Por esta razón, Dios quiere que todo texto contribuya, de algún modo, con este tema. Es algo inherente a cada pasaje como revelación bíblica.[54] Por ser esta la forma en que funcionan las Escrituras, ver implicaciones sobre Cristo y la redención en cada texto no es ajeno a la intención del autor, sino completamente compatible con el propósito de Dios en el texto.

Una lógica así sirve de base parcial para la tipología. La unidad de las Escrituras y la soberanía de Dios sobre su plan sostienen que la intención de Dios era que los acontecimientos y las personas del Antiguo Testamento funcionaran de manera tipológica. Los eruditos apuntan a patrones tipológicos como Cristo y Adán (Ro. 5:12-21) así como al sistema sacrificial de la muerte de Cristo (He. 9:9-12) para argumentar inicialmente que las Escrituras funcionan tipológicamente.[55] Observan, asimismo, cómo funciona el Antiguo Testamento en y por sí mismo de manera tipológica. El primer éxodo conduce a un segundo éxodo (Os. 11:1-11), la circuncisión física apuntaba a una circuncisión del corazón (Dt. 30:6), la creación lleva a una nueva creación (Is. 65:17), y David conduce a un nuevo David (Os. 3:5).[56] La perspectiva cristocéntrica usa esto para argumentar a favor de la naturaleza tipológica inherente del Antiguo Testamento a modo de preparación para el Nuevo Testamento. De esta forma, los defensores de la

---

54. Goldsworthy, *Cómo predicar de Cristo usando toda la Biblia*, pp. 102-129; Johnson, *Him We Proclaim* [Lo proclamamos a Él], pp. 3-5.

55. *Ibid.*, pp. 224-229.

56. *Ibid.*, 226.

hermenéutica histórico-redentora afirman que Dios diseñó intencionalmente todas las cosas en su plan para explicar a Cristo. Aunque el autor humano no estuviera consciente de ello, todo estaba previsto por Dios.[57] Por consiguiente, sacar inferencias tipológicas sobre Cristo es algo que permanece en la intención del autor, porque así lo ordenó Dios.

Para la hermenéutica cristocéntrica, todo esto se ve en la forma en que el Nuevo Testamento usa el Antiguo. La historia redentora, la unidad de la revelación y la operación tipológica de las Escrituras forman parte del marco interpretativo de los apóstoles. Ellos apuntan a numerosos ejemplos en los que los escritores neotestamentarios parecen reinterpretar el Antiguo Testamento y cambiar su significado para hablar de Cristo. Por ejemplo, Oseas 11:1, que habla del éxodo de Israel, alude ahora a la liberación de Cristo de manos de Herodes (Mt. 2:15). Jeremías 31:15 hablaba del exilio de Israel, pero ahora explica las circunstancias trágicas que rodearon el nacimiento de Cristo (Mt. 2:18). Y la lista puede seguir.[58]

El enfoque cristocéntrico argumenta que estos ejemplos reflejan un cambio hermenéutico que se produjo en el acontecimiento de Cristo. Su venida desvela el significado completo de un texto y permite que los apóstoles lo vean. Su explicación de las Escrituras en el camino a Emaús (Lc. 24:24-26) reorientó la cosmovisión y la hermenéutica de los discípulos. Desentrañó el sentido simbólico del Antiguo Testamento. Mostró las ramificaciones de la unidad de las Escrituras, su horizonte supremo.[59] Estableció el acontecimiento de Cristo, el evangelio, como la clave hermenéutica para

---

57. *Ibid.*, 228-229.

58. Robert L. Thomas, «The New Testament Use of the Old Testament» [El uso del Antiguo Testamento en el Nuevo Testamento], *MSJ* 13 (2002): pp. 79-98. Thomas proporciona una lista de cuando los apóstoles potencialmente releyeron el Antiguo Testamento.

59. Johnson, *Him We Proclaim* [Lo proclamamos a Él], pp. 138-139.

toda la revelación.[60] Pablo expresa este sentimiento cuando describe el Antiguo Testamento como aquello que hace sabio para la salvación (2 Ti. 3:15).[61] Por lo tanto, el Nuevo Testamento debería ser el marco interpretativo para el Antiguo y «todo mensaje del Antiguo Testamento debe verse a la luz de Jesucristo».[62] Por consiguiente, la hermenéutica apostólica (y hasta la de Cristo mismo) muestra que la tipología y la unidad de las Escrituras no son meramente incidentales ni se limitan de forma exclusiva a ciertos ejemplos. En su lugar, estas forman la estructura de cómo leen las Escrituras los autores del Nuevo Testamento, cómo funcionan las Escrituras, y lo que Dios siempre pretendió que significaran.[63] De ahí que la hermenéutica cristocéntrica sostiene que así es como los creyentes del nuevo pacto deben leer las Sagradas Escrituras, si quieren permanecer en la intención de Dios.

En resumen, el problema del enfoque cristocéntrico radica en cómo sus implicaciones propuestas no se corresponden estrechamente con la intención del autor. Los defensores resuelven esto aclarando cómo trabaja el propósito en las Escrituras. Al hacerlo, tratan una de las cuestiones principales sobre la naturaleza del significado: la forma dual en que funciona la autoría en las Escrituras.[64] Su respuesta es que, aunque creen en la intención del autor, distinguen la intención del autor divino de la intención del escritor humano. Esto les permite sacar implicaciones que pueden no ser coherentes con el propósito del autor humano, pero que concuerdan con el programa más amplio de Dios. Para la hermenéutica cristocéntrica, este modelo se basa en lo que las Escrituras

---

60. Goldsworthy, *Cómo predicar de Cristo usando toda la Biblia*, p. 124.

61. *Ibid.*

62. Greidanus, *Preaching Christ from the Old Testament* [La predicación de Cristo a partir del Antiguo Testamento], p. 51; Johnson, *Him We Proclaim* [Lo proclamamos a Él], p. 153.

63. *Ibid.*

64. Véase la explicación más arriba. Existen dos preguntas críticas respecto al significado: el determinante del significado de un texto y la relación de la autoría dual en el texto bíblico.

demuestran en la teología bíblica, así como en las afirmaciones de pasajes específicos. Por consiguiente, las objeciones contra dicho planteamiento ignoran las realidades teológicas establecidas en la historia de redención y son más un producto de la iluminación opuesto a lo que Dios exige.[65]

EVALUACIÓN DE LA HERMENÉUTICA CRISTOCÉNTRICA

Hay varios elementos de la hermenéutica cristocéntrica que son destacables. Por ejemplo, su hincapié en la necesidad de enseñar la teología de las Escrituras, lo que es importante en una era que define la Biblia como un libro de autoayuda —desprovisto de verdad y doctrina—. Su énfasis en la unidad de las Escrituras y la historia de la redención también es importante a la hora de contrarrestar la destructividad de la alta crítica, así como de respaldar el redescubrimiento positivo de la teología bíblica. Además, su hincapié en las mismas Escrituras como base para cómo deben interpretarse es un importante recordatorio. Cualquier marco hermenéutico debería concordar con lo que la Biblia exige.

¿Qué se puede decir entonces sobre este planteamiento? Quizás, una mejor pregunta sería: ¿Existen excepciones a la norma hermenéutica? Por una parte, la hermenéutica cristocéntrica confirma la hermenéutica tradicional como la «norma» interpretativa. Corrobora de manera explícita la exposición, la exégesis y la intención del autor. Defiende la interpretación histórico-gramatical como núcleo central.

Este énfasis es loable porque es bíblico. Incluso las observaciones más básicas de las Sagradas Escrituras confirman el enfoque literal-histórico-gramatical. Las Escrituras son literales porque su significado es la intención del autor. Expresan sus ideas como «Jehová ha dicho así» (Éx. 4:22; Is. 7:7), «como dice el profeta» (Hch. 7:48) y la propia comunicación de Dios (2 Ti. 3:16). La

---

65. Johnson, *Him We Proclaim* [Lo proclamamos a Él], pp. 138-140.

Biblia asevera su significado, no lo que desee el lector, lo que imponga la comunidad o lo que un texto pudiera indicar. En su lugar, se trata de lo que el autor afirmó, de la intención del autor. Esta se expresa por medio del lenguaje (gramática) a la luz de los hechos de la historia. Los escritores bíblicos demuestran esto en su forma de prestar atención a las palabras (Jos. 23:14; He. 4:1-11), las frases (Jer. 26:18; Mr. 1:1-3) y hasta las características gramaticales (Gá. 3:16). Su enfoque del texto es lingüístico. De manera similar, los escritores bíblicos reconocen el trasfondo histórico de las Escrituras al analizar la historia (Dt. 1:1–3:29), al explicar los trasfondos históricos (Mr. 7:1-11), así como al ser conscientes de su lugar en el plan de la historia redentora de Dios (Neh. 9:1-38; Hch. 13:13-41). Las Escrituras afirman el principio de la interpretación histórico-gramatical. Una vez más, la hermenéutica cristocéntrica sitúa esto en su lugar central. No existe controversia con respecto a este asunto. Sus defensores reconocen el enfoque histórico-gramatical como norma hermenéutica de las Escrituras.

Por otra parte, la pregunta suscitada por el enfoque hermenéutico cristocéntrico es si puede haber excepciones o modificaciones a esta norma. Es decir, el dilema central de dicho planteamiento yace en la relación entre el significado y la implicación. La hermenéutica cristocéntrica sugiere un ajuste de la metodología tradicional. Aunque la intención del autor debe buscarse, el propósito divino puede eclipsar la intención del autor humano y facilitar así una tipología generalizada y la plenitud del significado que el Nuevo Testamento aporta al Antiguo. Por consiguiente, la implicación que se sugiere para un texto puede no corresponder del todo con el significado original del autor humano; sin embargo, sí se corresponde con la intención divina.

¿Se deben adoptar, pues, tales excepciones a la norma hermenéutica? Como ya se ha explicado, la hermenéutica histórico-redentora argumenta que las Escrituras las exigen. Esto se basa en textos específicos de las Escrituras, así como en una lógica bíblico-teológica. Para determinar si deberían existir excepciones es necesario abordar ambas líneas de pensamiento.

¿Existen excepciones a la norma? Una mirada a pasajes particulares

A la luz de esto, es necesario ocuparse primero de los textos específicos citados por la hermenéutica cristocéntrica, especialmente aquellos que hablan de predicar a «Cristo, y a Él crucificado» (1 Co. 1:23; 2:2; 2 Co. 4:5; Col. 1:28). Lo curioso es que el movimiento mismo reconoce la necesidad de cualificar sus afirmaciones sobre estos pasajes. Si solo ha de predicarse a Cristo, y a Él crucificado, ¿quiere decir esto que nunca se debe predicar sobre Él resucitado? Más adelante en 1 Corintios, el énfasis de Pablo sobre la resurrección hace que esta sugerencia sea absurda (cp. 1 Co. 15:12-14). Los defensores de esta perspectiva argumentan que Pablo hablaba contextualmente del Señor resucitado en la frase «Cristo y a Él crucificado».[66] Ese podría ser el caso, pero ni siquiera eso resuelve todos los problemas. ¿Acaso no se debería hablar jamás del pecado (1 Co. 15:3), de Cristo como Señor (Ro. 10:9) o de la segunda venida de Cristo (2 Ts. 1:7-10)? Dado que Pablo explica estos asuntos, ¿se contradice él mismo? Hasta los defensores de la hermenéutica histórico-redentora sugieren que la gente predica a Cristo de esas formas.[67] A la luz de esto, los defensores sitúan cualificaciones adicionales sobre «Cristo y a Él crucificado». Sostienen que la declaración no excluye enseñar todo el consejo de la Palabra de Dios.[68] Todo esto demuestra que la afirmación de Pablo no es en y por sí misma una declaración exhaustiva. Los defensores de la hermenéutica cristocéntrica así lo admiten.

---

66. Greidanus, *Preaching Christ from the Old Testament* [La predicación de Cristo a partir del Antiguo Testamento], p. 6.
67. Clowney, *El misterio revelado*, pp. 19-86; Johnson, *Him We Proclaim* [Lo proclamamos a Él], pp. 178-182, 239-271.
68. *Ibid.*, p. 75.

Estas cualificaciones demandan que se considere el propósito de estas declaraciones. ¿Cuál es la intención de Pablo al exponerlas? En 1 Corintios 1:23 y 2:2 el apóstol se ocupa de quienes se basan en su orgullo y causan división (1 Co. 1:12-13).[69] Por tanto, apunta a los aspectos específicos de su mensaje para mostrar cómo el evangelio demanda justo lo opuesto. En 2 Corintios 4:5, Pablo confronta a los falsos maestros que se autoexaltan y muestra cómo el mensaje del evangelio ensalza a Cristo y no al hombre.[70] En Colosenses 1:28, el apóstol trata con quienes le restan importancia a la preeminencia de Cristo y afirma que él hace precisamente lo contrario: predica a Cristo.[71] Cristo no es alguien de quien uno debe avergonzarse. En cada uno de estos contextos, el propósito paulino es retórico y polémico. Sus declaraciones de «predicar a Cristo» luchan contra el orgullo y contra una visión rebajada de Cristo. Deben ser un llamado a defender a Cristo, cuando algunos sientan vergüenza. Son un recordatorio para abogar por el «loco» mensaje del evangelio, y a ser humildes y estar unidos (1 Co. 1:18).

Por consiguiente, el uso de estos textos por parte de los defensores de la hermenéutica cristocéntrica no tiene una precisión exacta. Entienden que estos textos muestran cómo Pablo conocía

---

69. Anthony C. Thiselton, *The First Epistle to the Corinthians: A Commentary on the Greek Text* [La primera epístola a los corintios: Un comentario al texto griego], *NIGTC* (Grand Rapids: Eerdmans, 2000), pp. 172, 211.

70. Ralph P. Martin, *2 Corinthians* [2 Corintios], *WBC* 40 (Dallas, TX: Word Books, 1998), p. 79; Murray J. Harris, *The Second Epistle to the Corinthians: A Commentary on the Greek Text* [La Segunda Epístola a los Corintios: Un comentario del texto griego], *NIGTC* (Grand Rapids: Eerdmans, 2005), p. 331.

71. F. F. Bruce, *The Epistles to the Colossians, to Philemon, and to the Ephesians* [Las Epístolas a los Colosenses, a Filemón y a los Efesios], *NICNT* (Grand Rapids: Eerdmans, 1998), p. 86. Bruce observa también que incluso Colosenses 1:28 mantiene la centralidad de Cristo en tensión con toda la enseñanza de las Escrituras. Después de todo, Cristo puede ser el centro del mensaje de Cristo, pero Pablo sigue necesitando proporcionar instrucciones adicionales ya que los participios en el versículo están relacionados. Véase también, Peter T. O'Brien, *Colossians* [Colosenses, *Philemon*[Filemón], *WBC* 44 (Dallas, TX: Word Books, 1998), p. 88. La explicación que O'Brien hace de la sabiduría debe cualificar ciertas declaraciones de predicar a Cristo. La idea es de naturaleza más *télica*.

solo a Cristo en su predicación, a diferencia de todo lo demás en las Escrituras. Sin embargo, en su contexto, el apóstol contrasta el predicar a Cristo con predicar la sabiduría humana (Col. 2:8) o de uno mismo (2 Co. 4:5a). No está contrastando el predicar a Cristo con el resto de las ideas de las Sagradas Escrituras. La intención de Pablo nunca fue que estas declaraciones fueran exhaustivas respecto a todo lo que él hizo en el ministerio. En su lugar, su función consistía más en manifestar en qué se centraba su ministerio y, por tanto, con qué discrepaba. Precisamente por esta razón estas afirmaciones no contradicen ninguna de las demás declaraciones que él hace sobre predicar todo el consejo de las Escrituras (2 Ti. 2:15; 2 Ti. 4:1-2; cp. Hch. 20:27) o cómo tratan sus epístolas toda una diversidad de cuestiones aparte de Cristo y a Él crucificado. En su contexto y propósito originales, todas estas declaraciones no excluyen otras discusiones bíblicas y teológicas, y descartan la mundanalidad, el orgullo y la sabiduría humana. Por consiguiente, estos versículos no implican todo lo que la hermenéutica cristocéntrica infiere de ellos.

Del mismo modo, Lucas 24:27 no indica un cambio hermenéutico. Lucas no afirma que Jesús hable de sí mismo en cada pasaje del Antiguo Testamento. La redacción exacta declara que Jesús explicó en todas las Escrituras las cosas referentes a él mismo. La idea es sencillamente que Jesús expuso con todo detalle los textos del Antiguo Testamento que trataban sobre Él.[72] Esto no es lo mismo que reconfigurar cada texto para que hable acerca de Él. Una vez más, los defensores de la hermenéutica cristocéntrica han llevado este texto demasiado lejos. En realidad, en su contexto, Lucas 24:27 proclama lo contrario a lo

---

72. Joel B. Green, *The Gospel of Luke* [El Evangelio de Lucas], *NICNT* (Grand Rapids: Eerdmans, 1997), p. 848. Green recalca la naturaleza *télica* del Antiguo Testamento relativa a Cristo, su sufrimiento y su gloria. I. Howard Marshall, *Gospel of Luke* [El Evangelio de Lucas], *NICNT* (Grand Rapids: Eerdmans, 1978), p. 897.

que ellos aseveran. Jesús declara que los discípulos habían sido necios al no reconocer lo que los profetas habían comunicado (Lc. 24:25). Con esta declaración, Jesús no afirma un cambio hermenéutico. No reinterpreta a los profetas ni proporciona «el significado verdadero» de lo que proclamaron, sino que se limita a afirmar sencillamente lo que ellos anunciaron.[73] Sostiene lo que quisieron decir los autores humanos de las Escrituras. Es decir, Lucas 24:24-26 respalda una hermenéutica histórico-gramatical más que una hermenéutica cristocéntrica.

Finalmente, Efesios 1:10 se ha usado para demostrar que todas las cosas en el cielo y en la tierra tienen que ver con Cristo, porque en Él se reúne todo. Si toda la creación trata sobre Cristo, entonces la tipología es adecuada, porque todo lo describe de alguna manera.[74] ¿Qué denota la palabra «reunir» (ἀνακεφαλαιώσασθαι)? La idea de esta palabra podría ser la de un resumen, en términos retóricos.[75] Así como un resumen muestra cómo se incorpora toda una diversidad de ideas en torno a un punto central o a una

---

73. D. A. Carson, *Collected Writings on Scripture* [Recopilación de escritos acerca de la Escritura] (Wheaton, IL: Crossway, 2010), p. 283. «Los escritores del Nuevo Testamento, porque todos ellos entienden que la aceptación de quién es Jesús viene como un don del Espíritu (1 Co. 2:14), no se limitan jamás a la hora de proporcionar *razones* para la esperanza que yace en ellos, *incluidos los motivos para leer la Biblia como lo hacen*. La terminología del "cumplimiento" que despliegan es demasiado rica y variada para permitirnos imaginar que están leyendo meramente algo que en realidad no está ahí. Serían los primeros en admitir que *en su propia historia psicológica* el reconocimiento de Jesús les llegó antes que su entendimiento del Antiguo Testamento; pero lo considerarían una prueba de ceguera moral. Como resultado, serían los primeros en insistir, con su hermenéutica transformada (sobre todo la lectura de los textos sagrados en una secuencia histórico-salvífica), *que las Escrituras mismas anticipan a un Rey-Siervo sufriente, a un Rey-Sacerdote, a un nuevo Sumo Sacerdote*, etc.». La cita de Carson ilustra que el cambio en la hermenéutica no es metodológico per se, sino más bien ontológico. Es el cambio de quienes leen con ceguera moral a aquellos que pueden ver lo que las Escrituras pretenden. El cambio hermenéutico empuja al creyente a leer las Escrituras según la intención del autor, de acuerdo con lo que de verdad se pretendió originalmente.

74. Goldsworthy, *Christ-Centered Biblical Theology* [Teología bíblica cristocéntrica], pp. 187-188.

75. Peter O'Brien, *The Letter to the Ephesians* [La carta a los Efesios], *PNTC* (Grand Rapids: Eerdmans, 1999), p. 111.

idea principal, de esa manera, todo en la creación está diseñado para apuntar a Cristo.[76] Sin embargo, esta no es la misma idea que propone el enfoque cristocéntrico. Un resumen no afirma que todas las líneas de la argumentación sean las mismas que el punto central. Solo demuestra cómo todas ellas se entrelazan con la idea principal y la respaldan. Del mismo modo, el contexto de Efesios 1:10 no describe a la creación como representaciones variadas de Cristo. En su lugar, demuestra cómo Él es la idea central, ya que sujeta todas las cosas bajo sus pies y estas le dan gloria (Ef. 1:21-23). La noción recalca la primordial importancia de Cristo. Por consiguiente, la idea de Efesios 1:10 no es simbólica sino télica. No enseña la idea cristocéntrica de que todo es un retrato de Cristo, sino más bien la noción cristotélica de que, en última instancia, todo apunta a Cristo en adoración. Una vez más, la hermenéutica cristocéntrica ha llevado demasiado lejos la implicación de Efesios 1:10.

El problema con todos estos pasajes que la hermenéutica histórico-redentora usa para respaldar su planteamiento es que se deducen ideas que van más allá de lo que se declaró y por qué fue declarado. El significado del texto no justifica todo el alcance de las implicaciones que ha sacado esta hermenéutica. Por esta razón, los pasajes particulares citados por la hermenéutica cristocéntrica no respaldan su objetivo de hacer que cada texto hable de Cristo. Por el contrario, su uso de las Escrituras solo ilustra el verdadero problema de su planteamiento.

¿Existen excepciones a la norma?: una mirada a la lógica bíblico-teológica

La hermenéutica cristocéntrica también argumenta a partir de una lógica bíblico-teológica basada en el uso que el Nuevo

---

76. *Ibid.*; Bruce, *The Epistles to the Colossians, to Philemon, and to the Ephesians* [Las Epístolas a los Colosenses, a Filemón y a los Efesios], p. 261; A. T. Lincoln, *Ephesians*, WBC 42 (Dallas, TX: Word Books, 1990), p. 33.

Testamento hace del Antiguo. Para ellos, la hermenéutica de los apóstoles justifica un cambio en el enfoque hermenéutico. Afirman que el enfoque interpretativo de los escritores neotestamentarios indica la forma definitiva en que funciona la unidad de las Escrituras en sus conexiones tipológicas. Esto justifica su método de ver a Cristo en cada pasaje.

Sin embargo, la formula introductoria de los apóstoles provee una imagen diferente. En lugar de reclamar una percepción plena o escondida en el texto, los apóstoles afirman que razonan «conforme a las Escrituras» (κατὰ τὰς γραφὰς, 1 Co. 15:3), «como está escrito» (καθὼς γέγραπται, Ro. 1:17), «porque escrito está» (γέγραπται γὰρ, Mt. 4:6), «como dice el profeta» (καθὼς ὁ προφήτης λέγει, Hch. 7:48), «lo que dijo el Señor» (τὸ ῥηθὲν ὑπὸ κυρίου, Mt. 2:15), u observan cómo la Escritura «se cumplió» (τότε ἐπληρώθη, Mt. 2:17).[77] Un lenguaje así indica que los apóstoles deseaban ser coherentes con el significado del Antiguo Testamento. Afirmaban que sus argumentos eran inferencias legítimas que armonizaban con lo que estaba escrito.

Además, la fórmula mencionada más arriba sugiere que los apóstoles no consideraban la intención divina como algo aparte de la intención humana. Introducen las Escrituras tanto como el mensaje de un profeta particular (Mt. 8:17) así como del autor

---

77. El verbo «cumplir» no siempre indica la categoría técnica de profecía y su cumplimiento. En los casos de «cumplir la ley» (Gá. 6:2) o el casi sacrificio que Abraham hizo de Isaac «cumpliendo» Génesis 15:6 (Stg. 2:23), no conllevan esta idea. En su lugar, esta palabra denota la realización o la maduración de un concepto. El cumplimiento de una profecía en un subconjunto dentro de esa categoría, y tener esta idea permite que se vean correctamente las afirmaciones de los apóstoles. Véanse Robert L. Thomas, «The New Testament Use of the Old Testament» [El uso del Antiguo Testamento en el Nuevo Testamento], en *Evangelical Hermeneutics* [Hermenéutica evangélica], ed. por Robert L. Thomas, pp. 241-270 (Grand Rapids: Kregel, 2002), pp. 262-264; Douglas Moo, *The Letter of James* [La carta de Santiago], *PNTC* (Grand Rapids: Eerdmans, 2000), p. 138; Douglas J. Moo, «The Problem of Sensus Plenior» [El problema del *Sensus Plenior*], en *Hermeneutics, Authority, and Canon* [Hermenéutica, Autoridad y Canon], ed. por D. A. Carson y J. D. Woodbridge, 175-212 (Grand Rapids: Zondervan, 1986), p. 191.

divino (Mt. 1:22).[78] Apelaban a los autores humanos y al autor divino de forma intercambiable, porque sabían que lo dicho por el profeta es lo que Dios dijo, y viceversa. Esto es coherente con sus aseveraciones de que los profetas hablaron de parte de Dios; el mensaje de ellos es el mismo que el de Él (2 P. 1:21; 2 Ti. 3:16; cp. Éx. 4:15-16; Is. 7:7; Am. 3:7).[79] Por lo tanto, no parece que los apóstoles creyeran que la intención divina conllevara un significado más completo que el señalado por el autor humano. Así, la fórmula introductoria de los apóstoles no apunta a un significado más profundo en las Escrituras ni indica que se produjera un cambio hermenéutico, sino lo contrario —los apóstoles continuaron con la lógica de sus predecesores—.

Los apóstoles practicaban lo que proclamaban. Para ver cómo prosiguieron con la lógica de los profetas, es necesario empezar por el trabajo hermenéutico de los profetas en el Antiguo Testamento. Los profetas mantenían el significado de la revelación anterior. Esto era lo que afirmaban (Jos. 1:8; Sal. 1:1-3; 119:15; Is. 8:20) y su trabajo así lo demandaba (Dt. 13:1-18; 18:15-22).[80] Una diversidad de ejemplos ilustra su fidelidad a la intención del autor, incluida la forma en que los profetas condenan a Israel por su idolatría (2 R. 17:5-23; Dn. 9:5-6; Neh. 9:29-33), lo confrontan por tergiversar las Escrituras (Ez. 18:1-32) y mantenían las

---

78. En el caso de Mateo 1:22 y 8:17, Mateo cita de Isaías y, en uno de los casos, afirma que Isaías pronunció esas palabras, pero en otra ocasión señala que fue Dios. Esto da a entender que ambos proclamaron el mensaje de Isaías y que sus intenciones son intercambiables y, por tanto, idénticas.

79. El lenguaje que los hombres «hablaban por Dios» (ἐλάλησαν ἀπὸ θεοῦ) indica que el hablar de los profetas era el propio mensaje de Dios mismo. Véase Richard J. Bauckham, *2 Peter, Jude* [2 Pedro, Judas], *WBC* 50 (Dallas, TX: Word Books, 1998), p. 233.

80. Bruce K. Waltke, *An Old Testament Theology: An Exegetical, Canonical, and Thematic Approach* [Una teología del Antiguo Testamento: Un enfoque exegético, canónico y temático] (Grand Rapids: Zondervan, 2007), p. 126. «En ningún caso los escritores veterotestamentarios posteriores revierten la enseñanza de Moisés (cp. Dt. 13, 18)». La idea central de Deuteronomio 13 y 18 es que Israel y los profetas debían defender la ley de Dios.

promesas abrahámicas de la tierra, la simiente y la bendición (Mi. 4:1-5; Ez. 36–48; Sal. 72:3-17).

A la vez que mantenían el significado de un texto, los profetas también se ocupaban de su importancia o sus ramificaciones. Al hacerlo, no solo sacaban implicaciones consistentes con el significado original, sino que también eran coherentes incluso con la forma en que sus predecesores usaban el texto. Por ejemplo, los profetas explican cómo se cumplirá el pacto davídico usando el mismo lenguaje para construir sobre lo que los profetas del pasado han desarrollado (Mi. 5:2; 7:14, 15, 20; cp. Os. 2:15; Am. 9:11-14). También apelan al éxodo como una demostración del amor de Dios (Éx. 4:22) que da esperanza al que sufre (Sal. 80:8, 15) e impulsa una nueva liberación escatológica (Os. 11:1). El Antiguo Testamento está lleno de ejemplos que demuestran cómo los profetas desarrollaron una teología sana.[81]

Por lo tanto, existe una lógica hermenéutica en el Antiguo Testamento. Los profetas mantienen el significado original de un texto y se concentran en las aplicaciones sumamente específicas del mismo, continuando con frecuencia la manera en que sus predecesores usaban un texto. Sus aplicaciones no se van ampliando a medida que la revelación progresa, sino que se van estrechando y refinando. Por consiguiente, hacia el final del canon, las implicaciones de la revelación anterior son bastante particulares.

---

81. Aunque estos ejemplos están lejos de ser exhaustivos, la naturaleza de la revelación progresiva y la teología del Antiguo Testamento respaldan la forma en que los profetas desarrollan aplicaciones particulares. La revelación progresiva pasa de lo general a lo específico del mismo modo en que los profetas desarrollan implicaciones específicas a partir de las declaraciones generales de la revelación anterior. La teología veterotestamentaria traza la progresión de diferentes temas, y esto solo es posible si el desarrollo que los profetas hicieron de estas ideas es sistemático y compuesto. Véase Paul R. House, *Old Testament Theology* [Teología del Antiguo Testamento] (Downers Grove, IL: InterVarsity Press, 1998), p. 55. Todo esto sugiere que los profetas no tomaron ideas veterotestamentarias en direcciones aleatorias, inconexas y dispersas. Las implicaciones de los conceptos del Antiguo Testamento no se volvieron más amplias conforme progresó la revelación, sino más estrechas y refinadas.

Los apóstoles no se apartan de la lógica veterotestamentaria, sino que la retoman y la continúan. Dos importantes observaciones así lo sugieren. En primer lugar, el uso claramente contextual que hacen del Antiguo Testamento refleja su coherencia con los profetas. Los eruditos reconocen que el uso predominante del Antiguo Testamento en la mayoría de los apóstoles es indiscutiblemente contextual por naturaleza.[82] Los escritores neotestamentarios usan el Antiguo Testamento de forma contextual para indicar el lugar de nacimiento de Jesús (Mi. 5:2; cp. Mt. 2:1), su muerte penal sustitutiva (Is. 53:5-10; cp. Mr. 10:45), su condición de rey (Nm. 24:17; cp. Mt. 2:2), así como la naturaleza de la escatología (Dn. 11:31; cp. Mt. 24:15), la santidad de Dios (Lv. 19:2; cp. 1 P. 1:16) y los tratos de Dios con su pueblo (Sal. 95:6-8; cp. He. 4:4-9).[83] En estos casos, su uso permanece con la intención original (humana) del Antiguo Testamento. En realidad, en ocasiones los apóstoles incluso agrupan textos veterotestamentarios que los profetas conectaron con anterioridad (cp. Ro. 3:10-18; Sal. 14:1-3; Is. 59:7; cp. Gá. 3:6-11; Gn. 15:6; Hab. 2:4). Estos usos contextuales particulares prueban que los apóstoles sabían con exactitud cómo entretejieron los profetas el Antiguo Testamento. Se ciñeron a la lógica de los profetas.

En segundo lugar, la consistencia de los apóstoles entre sí también evidencia cómo continuaron con la lógica de los profetas.[84]

---

82. G. K. Beale, «A Surrejoinder to Peter Enns» [Una réplica a Peter Enns], *Them* 32 (2007): p. 18.

83. Para más ejemplos, véase Thomas, «The New Testament Use of the Old Testament» [El uso del Antiguo Testamento en el Nuevo Testamento], pp. 243-247.

84. C. H. Dodd, *According to the Scriptures: The Substructure of New Testament Theology* [Según las Escrituras: La subestructura del Nuevo Testamento] (Inglaterra: Fontana Books, 1965); B. Lindars, *New Testament Apologetic: The Doctrinal Significance of the Old Testament Quotations* [Apologética del Nuevo Testamento: El significado de las citas del Antiguo Testamento] (Londres: SCM Press, 1961). Lindars argumentó en favor de una especie de *testimonia* que catalogaban y sistematizaban el uso que la Iglesia hace del Antiguo Testamento. Sin embargo, no existe prueba alguna de esos *testimonia*.

Todos interpretan y aplican Isaías 53 al Mesías y a su muerte (cp. Mr. 10:45; Ro. 5:19; He. 9:28). Todos entienden que la piedra rechazada es Cristo y esto tiene ramificaciones sobre el pueblo de Dios (Sal. 118:22; Mt. 21:42; Hch. 4:11; 1 P. 2:4-7). Todos comprenden que el objetivo de la ley es el amor al prójimo (Lv. 19:18; Mt. 19:19; Ro. 13:8; Stg. 2:8). Todos aplicaron el deambular de Israel por el desierto como una advertencia (1 Co. 10:1-11; He. 3:10-19; Jud. 5). Todos estos usos no solo son coherentes entre sí, sino también consistentes con la intención original de los profetas. De hecho, el uso que los apóstoles hicieron de las deambulaciones de Israel por el desierto incluso combina con la forma en que los profetas usan los mismos pasajes (Sal. 78:1-72; 95:8-11). La unidad de las conclusiones apostólicas surge del hecho de que ellos seguían el Antiguo Testamento de manera estrecha. Aplicaban las Escrituras del mismo modo, porque lo hicieron siguiendo las líneas especificadas por los profetas. Por consiguiente, los apóstoles tuvieron un método unificado, uno que era rigurosamente contextual.

El uso del Antiguo Testamento por parte de los apóstoles no avala un cambio hermenéutico, sino más bien una continuidad hermenéutica. De este modo, en el mejor de los casos la hermenéutica cristocéntrica cita excepciones a la norma para demostrar un cambio hermenéutico. No obstante, ni siquiera estas supuestas excepciones prueban su punto. Por ejemplo, los eruditos citan el uso que Mateo hace de Oseas 11:1 para demostrar que lo interpretaba de forma tipológica y cristocéntrica. Al tratar esta cuestión surge una importante pregunta. Si Mateo solo quería comparar el éxodo de Israel con el escape de Cristo de Egipto, ¿por qué cita a Oseas? Podría haber escogido un texto más obvio como Éxodo 4:22-23 para establecer la comparación. Su cita no es aleatoria, sino estratégica, y retoma el modo en que Oseas usó el éxodo. En su contexto, Oseas 11:1 utiliza el éxodo para mostrar cómo ese mismo amor de Dios en el primer éxodo impulsará otro más

(Os. 11:11) dirigido por el Mesías que operará como un nuevo Moisés (Os. 1:11; 3:5).[85] Mateo retoma esta idea a la perfección. Describe a Jesús como Aquel que dirigirá el nuevo éxodo porque Él, como Moisés, fue liberado de un rey que deseaba matar a los niños de Israel (Mt. 2:13).[86] ¿Cómo llegó Mateo, pues, a sus conclusiones? No fue sencillamente porque leyó la historia de Israel a través de un lente tipológico o porque entendió que había un sentido más profundo en el texto. En su lugar, recurre a ciertas implicaciones del éxodo resaltadas por el mismo Oseas. La exégesis de Mateo es, en última instancia, textual y no tipológica.[87]

De manera similar, algunos argumentan que Mateo usó Jeremías 31:15 de forma tipológica porque, originalmente, habla del exilio de Israel, pero ahora Mateo lo aplica a las circunstancias del Mesías.[88] Por el contrario, en el contexto de Jeremías, una diversidad de factores apunta a cómo las palabras de Jeremías buscan describir el dolor de todo el exilio. Por ejemplo, en su contexto, el llanto de Raquel prosigue hasta que el exilio acaba (Jer. 31:23-40).[89] En consecuencia, Jeremías no estaba reaplicando el exilio

---

85. G. K. Beale, «The Use of Hosea 11:1 in Matthew 2:15: One More Time» [El uso de Oseas 11:1 en Mateo 2:15: Una vez más], *JETS* 55 (2012), pp. 703-705; Duane A. Garrett, *Hosea, Joel* [Oseas, Joel], *NAC* 19A (Nashville: Broadman & Holman Publishers, 1997), p. 222.

86. Dale C. Allison, *The New Moses: A Matthean Typology* [El nuevo Moisés: Una tipología de acuerdo a Mateo] (Mineápolis: Fortress, 1993), pp. 166-169.

87. Véase más abajo. Es importante establecer el esquema hermenéutico adecuado de causalidad detrás de las conclusiones de los apóstoles. Sin lugar a duda, Mateo establece un paralelo entre Cristo, Moisés e Israel. Sin embargo, la pregunta es por qué lo hace. La respuesta no es porque tuviera un marco tipológico, sino porque entendía a Oseas y sus implicaciones. El profeta realizó estos paralelos y Mateo está exponiendo sobre estas ideas. Identificar lo que está sucediendo ayuda no solo a determinar la lógica bíblico-teológica de Mateo, sino también a ver que él no está validando necesariamente el enfoque cristocéntrico. Más bien, su hermenéutica es, por naturaleza, mucho más textual e histórico-gramatical.

88. Johnson, *Him We Proclaim* [Lo proclamamos a Él], p. 209. Johnson considera que el sufrimiento de Israel se recapitula en Cristo de tal manera que existe una relación tipológica entre Cristo e Israel.

89. F. B. Huey, *Jeremiah, Lamentations* [Jeremías, Lamentaciones], *NAC* 16 (Nashville: Broadman & Holman Publishers, 1993), p. 274. La geografía mencionada respecto al exilio se usa a lo largo del Antiguo Testamento en alusión al

de Israel al Mesías. En su lugar, la masacre de los bebés encaja de manera legítima en lo que Jeremías describe sobre el período del exilio como un todo. Más aún, el texto de Jeremías se enfoca en la conclusión del exilio y en la inauguración del Nuevo Pacto. Esto también se corresponde con lo que Mateo explica en Mateo 2. Que Cristo fuera librado de la mano de Herodes permite las realidades del final del exilio y del Nuevo Pacto (cp. Mt. 26:28). De este modo, las circunstancias de su nacimiento coinciden y completan lo que Jeremías describe sobre el exilio. Jeremías 31:15 se cumple de este modo. El uso que Mateo hace de Jeremías se basa en la lógica del profeta. Mateo no se limita a interpretar un paralelo entre Israel y Cristo (aunque esto puede estar presente). Las razones por las que Mateo usa Jeremías no son tipológicas, sino la propia lógica de Jeremías.[90]

---

exilio en su comienzo y su final. El participio para el llanto de Raquel implica una acción continua. Estos factores indican que la descripción de Jeremías es endémica de toda la era del exilio, del cual el nacimiento de Cristo forma parte y es su apogeo.

90. Aunque la recapitulación tipológica y la solidaridad corporativa puedan ser una parte de lo que está sucediendo en Mateo, no es todo lo que sucede. Mateo no está citando meramente a Jeremías como descripción del sufrimiento exílico y de Jesús como repetición del mismo. Si este fuera el caso, Mateo podría haber escogido otros textos más pertinentes (cp. Os. 10:14; 13:16). En su lugar, Mateo cita Jeremías 31:15, no solo para explicar el sufrimiento exílico que, a continuación, y de forma legítima, se relaciona con que Cristo naciera en el exilio, sino también para explicar cómo el nacimiento de Cristo en el exilio concluye dicho sufrimiento, como profetizó Jeremías. Esta es la idea contextual tanto en Jeremías 31:15 como en Mateo. Como tal, la única relación entre Mateo y Jeremías es mucho más precisa que una mera tipología entre Israel y Jesús. El uso que Mateo hace de Jeremías no consiste tan solo en leer una correspondencia de una cosa con otra (ni siquiera de una elevada correspondencia personalizada) entre la historia de Israel y Cristo. Mateo usa Jeremías reconociendo el papel de Jesús en la historia de Israel como Aquel que cumple lo que Jeremías predice. Existen más razones y factores implicados a la hora de relacionar a Jesús con el exilio de Israel que el mero «Israel tipifica a Jesús». Por consiguiente, el uso que Mateo hace de Jeremías no acaba de sustanciar un marco tipológico sobre la historia de Israel. En su lugar, fundamenta el entender la función de Cristo en la historia de Israel. Muestra, asimismo, que la comprensión que Mateo tenía de Jeremías no era tipológica, sino de acuerdo con su intención, y la aplicó con precisión a la intención del profeta. El enfoque tipológico reivindicado por este texto es demasiado simplista, y omite la intención completa de lo que está ocurriendo en el Antiguo y el Nuevo Testamento.

Varios eruditos ya han repasado los ejemplos más debatidos y han mostrado cómo el Nuevo Testamento da continuidad a la lógica del Antiguo.[91] En realidad, el problema no es que los apóstoles tuvieran un enfoque interpretativo revolucionario, sino más bien nuestra falta de comprensión del Antiguo Testamento.[92] Por consiguiente, ni las supuestas excepciones a la hermenéutica contextual de los apóstoles respaldan una nueva norma hermenéutica (cristocéntrica). La hermenéutica cristocéntrica ha sugerido una lógica bíblico-teológica donde los

---

La misma lógica sucede con David y el nuevo David (Os. 3:5). En su contexto, Oseas y sus predecesores narran de nuevo la caída de la dinastía davídica (cp. Am. 9:11). De ahí que, al caer la dinastía davídica, es necesario que un nuevo David levante el linaje real. En otras palabras, la lógica detrás de un David a un nuevo David no es sencillamente la pretensión de que sea una prefiguración de Cristo. En su lugar, la historia redentora y el plan de Dios desencadenaron acontecimientos que pavimentaron el camino para que Jesús asumiera el rol de David. Además, viendo cómo se desarrolla la revelación progresiva, técnicamente David no está prediciendo a Jesús, tanto como Jesús está recapitulando a David. Dicho de otro modo, en las Escrituras no se denomina a David como un proto-Jesús, sino que más bien se cataloga a Jesús como un segundo David. David no es creado para representar a Jesús, tanto como Jesús representa y cumple a David. De esta forma, la tipología tiene también una especie de direccionalidad inversa frente a cómo articula la Biblia las categorías y la dirección de la revelación progresiva. Véase también Eugene H. Merrill, «The Sign of Jonah» [La señal de Jonás], *JETS* 23 (1980), pp. 23-30. La misma lógica es aplicable incluso a la señal de Jonás (cp. Mt. 12:39). Merrill observa, con razón, que Jesús no afirma que Jonás mismo sea un tipo o una analogía de Cristo, sino que más bien ambos ofrecen la *misma señal*. El énfasis no está en que Jonás sea una prefiguración, sino sobre la naturaleza de la señal que confirmaba su ministerio. Como la liberación de Jonás fue un testimonio de su validez, así también la resurrección de Jesús será un testimonio de que Él es el Mesías. En este caso, Jesús no provee una lectura tipológica de Jonás per se, sino una que ve un punto de analogía entre las señales que ambos ofrecen. En realidad, este es el lenguaje que usa nuestro Señor. Habla de ofrecer la señal de Jonás. Proporcionará la misma señal que Jonás. Aquí no hay connotación de presagio tipológico, sino más bien una analogía y un paralelo.

91. G. K. Beale y D. A. Carson, eds., *Commentary on the New Testament Use of the Old Testament* [Comentario del uso del Antiguo Testamento en el Nuevo Testamento] (Grand Rapids: Baker Books, 2007). Véase también Abner Chou, *La hermenéutica de los escritores bíblicos: Los profetas y los apóstoles nos enseñan a interpretar las Escrituras* (Grand Rapids: Portavoz, 2019) para una ampliación de la argumentación hallada a lo largo de esta sección.

92. Beale, «Hosea 11:1 in Matthew» [Oseas 11:1 en Mateo], pp. 697-715. Beale demuestra que la resolución del problema de Oseas 11:1 Consiste en entender el contexto del Antiguo Testamento plenamente y de forma adecuada.

apóstoles vieron una implicación cristológica más plena en los textos veterotestamentarios. Sin embargo, este capítulo ha mostrado una lógica bíblico-teológica distinta. Los apóstoles mantienen el significado del Antiguo Testamento y siguen siendo consistentes con la implicación teológica desarrollada por los profetas. Se concentran en las implicaciones particulares que los profetas debatieron. Por ello, la hermenéutica de los apóstoles no justifica que se interprete todo el Antiguo Testamento de manera tipológica. En su lugar, exige una estrecha lectura textual del Antiguo Testamento. La forma en que este conecta con el Nuevo Testamento y con Cristo ya fue establecida por los profetas y los apóstoles. No se necesita un nuevo marco hermenéutico (tipológico) para examinar el texto. Tan solo es preciso seguir las conexiones presentadas por los escritores bíblicos e identificar sus ramificaciones cristológicas conforme se expresan textualmente en la intertextualidad de las Escrituras. Esto será desarrollado en la siguiente sección.

Dicho esto, ¿qué tan factible y seguro es que no se produjo un cambio hermenéutico en el Nuevo Testamento? La respuesta más simple a esta pregunta es Cristo mismo. Si se considera el uso que Él hizo del Antiguo Testamento, se puede observar que habla de una multitud de temas. Usa la revelación pasada para explicar la resurrección (Éx. 3:6; cp. Mt. 22:32), la escatología (Dn. 11:31; cp. Mt. 24:15), el amor a Dios (Dt. 6:5; cp. Lc 10:27), el amor al prójimo (Lv. 19:18; cp. Mr. 12:31), el matrimonio (Gn. 2:24; cp. Mt. 19:5-6), el divorcio (Dt. 24:1-4; Mt. 19:7-8), el juicio de Israel (Gn. 19:1-24; cp. Mt. 10:15) y honrar al padre y a la madre (Éx. 20:12; cp. Mt. 15:4). Jesús no hace que ninguno de estos pasajes hable directamente de Él. En realidad, los apóstoles siguen su ejemplo, declarando cómo el Antiguo Testamento es beneficioso (2 Ti. 3:16), cómo sirve de modelo (1 Co. 10:6) y cómo provee instrucción y esperanza (Ro. 15:4). La propia hermenéutica de Cristo es seguida por los apóstoles y todos reconocen que los textos pueden hablar de cuestiones que no son cristológicas por naturaleza. El objetivo de la hermenéutica cristocéntrica de hacer que todo texto aluda a Cristo no es la meta de Jesús ni tampoco de los apóstoles.

Además, la forma en que Jesús usa estos textos es totalmente contextual. E. Earle Ellis llega a observar lo siguiente:

> Contrario a algunos intérpretes modernos desacertados, no existe ninguna sugerencia en los Evangelios de que Jesús se oponga a la Torá, a la ley de Dios o al Antiguo Testamento. Siempre es una cuestión de la verdadera exposición de las Escrituras por parte de Jesús contra la mala interpretación y/o mala aplicación de las mismas por parte de los eruditos dominantes de su época. Esto se hace patente en los encuentros de Jesús con tales rabinos en numerosos debates, algunos de los cuales conservan los evangelistas con sumo cuidado.[93]

Estas observaciones coinciden con lo que se dijo anteriormente sobre Lucas 24:25. Jesús afirma lo que hablaron los profetas. Sacó implicaciones legítimas de los textos del Antiguo Testamento, basado en su cuidadosa interpretación de frases (Éx. 3:6; cp. Mt. 22:32), palabras (Dn. 11:31; cp. Mt. 24:15), y su comprensión de la historia (Dt. 24:1-4; cp. Mt. 19:7-8) y del plan de Dios (Lc. 18:31-32).[94] Jesús tenía una hermenéutica histórico-gramatical.

---

93. E. Earle Ellis, «How Jesus Interpreted His Bible» [La forma en la que Jesús interpretó Su Biblia], *CTR* 3 (1989), p. 350.

94. En el caso de Éxodo 3:6, Jesús entendió la frase «Dios de Abraham, de Isaac y de Jacob» en su contexto del pacto. Véase Darrell L. Bock, *Luke Volume 2: 9:51–24:53* [Lucas, Volumen 2: 9:51–24:53], *BECNT* (Grand Rapids: Baker Books, 1996), p. 1624. Cuando trató el tema de la escatología en Mateo 24:15, Jesús prestó atención al término «abominación» tal como se usa en Daniel. Comprendió la situación histórico-redentora de Israel cuando Moisés dio la ley respecto al divorcio en Deuteronomio 24:1-4. También basó su punto de vista de la cruz en las Escrituras, declarando explícitamente que su llegada a Jerusalén marcaba el cumplimiento de lo que fue escrito por los profetas en Lucas 18:31 (τὰ γεγραμμένα διὰ τῶν προηφητῶν).

En conjunto, los defensores de la hermenéutica histórico-redentora han utilizado el uso que el Nuevo Testamento hace del Antiguo para justificar su interpretación de las Escrituras. Sin embargo, la manera en que los apóstoles usaron la Escritura hace lo opuesto. Ellos afirmaban seguir el significado de las Escrituras. Creían que la intención humana y divina funcionaban de forma confluyente. Su uso de la revelación anterior así lo confirma. No extraen implicaciones artificiales o ilegítimas mediante un entendimiento más pleno del significado de un texto. En su lugar, se concentran en las ramificaciones muy particulares de un texto en el que los escritores bíblicos pasados se han enfocado. Esto es verdad incluso en las supuestas «excepciones». Tales deducciones refinadas demuestran aún más cuán estrechamente los apóstoles conocían y entendían el Antiguo Testamento. Además, esta explicación muestra que una mentalidad hermenéutica así no solo se encuentra entre los apóstoles, sino también en Cristo y en los profetas. Ellos también practicaban un enfoque histórico-gramatical, y no veían a Cristo en cada texto, sino que explicaban toda una diversidad de temas. De ahí que la forma en que las Escrituras usan las Escrituras no respalda el método cristológico, sino que en realidad muestra la suficiencia de la hermenéutica histórico-gramatical. Expresándolo de otra forma: los escritores bíblicos, desde los profetas hasta los apóstoles, y hasta Cristo mismo, interpretaban de este modo. No hay ninguna otra hermenéutica justificada por las Escrituras.

Las ramificaciones de la hermenéutica cristocéntrica

Cabría preguntarse si esta explicación es puramente teórica y académica. ¿Qué daño resultaría de una hermenéutica defectuosa? En esencia, el problema se conoce como un «canon dentro de un canon». La frase se refiere a cómo, aunque la totalidad de las Escrituras sea el canon, se puede privilegiar una cierta porción o idea de ellas por encima de las demás. Al centrarse en una sección o tema de las Escrituras es posible excluir otras partes o temas de la Biblia. Como resultado, se crea un nuevo canon dentro del canon de las Escrituras.

Al concentrarse en Cristo como la idea controladora del significado y la importancia de un texto, la hermenéutica cristocéntrica ha creado un «canon dentro del canon». Para que quede claro, centrarse en Cristo y en el evangelio no está mal. Sin embargo, ¿qué es lo que puede excluirse y confundirse a raíz de ese enfoque? Por una parte, se puede confundir y distorsionar la Trinidad. Concentrarse solo en Cristo puede hacer que se descuide explicar al Padre y al Espíritu. Incluso puede conducir a confundir las funciones dentro de la Deidad. Más aún, puede tergiversar el evangelio que el movimiento cristocéntrico desea proclamar. Después de todo, el evangelio es por naturaleza trinitario (cp. Ef. 1:3-14). Los mismos defensores del cristocentrismo reconocen este peligro. Sidney Greidanus advierte contra el cristomonismo, donde el enfoque está «principalmente sobre Jesús, aislado de Dios Padre».[95] El cristocentrismo puede crear un canon que reste énfasis a la Trinidad.

La trinidad no es la única doctrina en riesgo. Dado que el enfoque cristocéntrico suele centrarse en Cristo y en la soteriología, cualquier otra doctrina de la teología sistemática está en peligro. Se puede pasar por alto o restar importancia a temas como la escatología, la teología propia, la eclesiología, Israel, el sufrimiento, la santificación y la vida santa. Además, ciertas doctrinas pueden perder su equilibrio, como ilustra el reciente debate sobre la santificación «basada en la gracia/el evangelio».[96] Una vez más,

---

95. Greidanus, *Preaching Christ from the Old Testament* [La predicación de Cristo a partir del Antiguo Testamento], p. 178.

96. Tullian Tchividjian, *Jesus + Nothing = Everything* [Jesús + Nada = Todo] (Wheaton, IL: Crossway, 2011), pp. 137, 188-192. Si uno tiene una hermenéutica centrada en el evangelio, uno puede excluir los mandamientos de obediencia y de labor personal requeridos en la santificación. Como resultado, la presentación de la santificación pierde su equilibrio. Un canon dentro de un canon

quienes pertenecen al movimiento reconocen estos excesos peligrosos generados por su enfoque interpretativo. De hecho, algunos advierten que los defensores del cristocentrismo no están «lo bastante centrados en Cristo», porque no hablan de Cristo en sus otras funciones fuera de la soteriología.[97] Otros recuerdan que, aunque los «modelos morales» estén mal, sigue siendo necesario predicar los imperativos morales a la luz de Cristo y del evangelio.[98] Tales advertencias indican que el canon dentro del canon puede eliminar la teología de las Escrituras, justo lo contrario de lo que el método cristocéntrico desea hacer.

Consistentemente, un canon dentro de un canon denigra inherentemente las Escrituras. Como Walter C. Kaiser observa con acierto, en su apresuramiento por ver a Cristo, el enfoque histórico-redentor tira por la borda los detalles de ciertos textos.[99] Por consiguiente, un canon así dentro de otro descuida y excluye aquello que Dios ha inspirado. Puede reflejar, de forma inadvertida, una visión inferior de las Escrituras, como bien observa Daniel I. Block.[100] En esta línea, Block declara también los resultados del método cristocéntrico a la hora de exhibir «el genio creativo del predicador en lugar del mensaje divinamente diseñado de los autores bíblicos».[101] En efecto, la hermenéutica cristocéntrica ha pasado del significado basado en el autor al significado basado en el lector, justo lo contrario de lo que era su deseo. Una vez más, el movimiento cristocéntrico reconoce este peligro. Precisamente

---

descarta, básicamente, ciertas verdades respecto a algún tema en particular, y el resultado es una teología sin equilibrio.

97. Greidanus, *Preaching Christ from the Old Testament* [La predicación de Cristo a partir del Antiguo Testamento], pp. 179-181; Murray, «David Murray on Christ-Centered Hermeneutics» [David Murray, acerca de la hermenéutica cristocéntrica], p. 11;

98. Chapell, *La predicación cristocéntrica*, p. 327.

99. Kaiser, «Walt Kaiser on Christ-Centered Hermeneutics» [Walt Kaiser, acerca de la hermenéutica cristocéntrica], p. 15.

100. Block, «Daniel Block on Christ-Centered Hermeneutics» [Daniel Block, acerca de la hermenéutica cristocéntrica], pp. 6-7.

101. *Ibid.*, p. 7.

por esta razón exigen una cuidadosa atención al detalle.[102] Quieren asegurarse de que los pastores no estén saltando directamente a Cristo y descuidando la forma en que un texto amplifica o añade a la teología sobre Cristo.[103] Estas exhortaciones reflejan el peligro de un canon dentro de otro canon: disminuir y devaluar las Escrituras de toda su belleza.

Tal vez lo más irónico de todo sea que la hermenéutica cristocéntrica puede, en realidad, menguar a Cristo. Esto puede suceder por culpa de relaciones defectuosas que pueden sesgar las verdaderas conexiones que exaltan al Salvador. Block observa cuán artificial es la vinculación entre Josué y Jesús. En realidad, impide ver cómo Dios es Aquel que salvó a Israel en la conquista y cómo Jesús es ese Dios, porque Él salvará a su pueblo de sus pecados (Mt. 1:21).[104] De manera similar, aunque Moisés y Cristo comparten ciertas funciones, no se puede permitir que eso obscurezca la forma en que Jesús es el Único que da la ley desde el monte (Mt. 5:1-2), como hizo Dios mismo en el Sinaí (Éx. 20:1).[105] Al realizar conexiones apresuradas se puede dejar de ver ciertas asociaciones que conducen a una alta cristología o desacreditar la manera en que Cristo está legítimamente en las Escrituras.

En esta línea, la falta de énfasis en los asuntos trinitarios, bibliológicos y otros temas doctrinales conducen a vaciar la gloria de Cristo. Dicho de una forma más sencilla, al no exponer la totalidad de las Escrituras, no se puede ver la imagen plena que Cristo completa y, por lo tanto, es menos glorioso. Por ejemplo, enfocarse meramente en su obra soteriológica en la primera venida, deja de

---

102. Chapell, *La predicación cristocéntrica*, pp. 62-77; Greidanus, *Preaching Christ from the Old Testament* [La predicación de Cristo a partir del Antiguo Testamento], pp. 279-285; Johnson, *Him We Proclaim* [Lo proclamamos a Él], pp. 379-403.

103. Goldsworthy, *Cómo predicar de Cristo usando toda la Biblia*, pp. 176-178; Johnson, *Him We Proclaim* [Lo proclamamos a Él], pp. 276-277.

104. Block, «Daniel Block on Christ-Centered Hermeneutics» [Daniel Block, acerca de la hermenéutica cristocéntrica], p. 7.

105. *Ibid.*

ver la gloria escatológica de Cristo. No se contempla su majestad escatológica como Rey (Ap. 19:11-13), que es exaltado como héroe supremo por el cielo y la tierra (Ap. 4-5), ni cómo restaura sus derechos a las naciones (Is. 60:3), a Israel (Is. 2:2-4) y a la creación (Is. 11:1-10). Al no enseñarse escatología u otras doctrinas, se contempla menos de Cristo. Como se ha señalado antes, los defensores de la hermenéutica cristocéntrica han entendido este peligro, porque advierten no estar lo suficientemente «centrados en Cristo». Escriben sobre el peligro de ver a Cristo solo como Salvador, en vez de verlo también como profeta, rey, guerrero, libertador y sumo sacerdote.[106] Sus propias palabras indican que el enfoque hermenéutico cristocéntrico puede acabar produciendo una cristología raquítica, exactamente lo opuesto a lo que desean.

La Escritura es la Palabra de Dios. Por ello posee una articulación perfecta de lo que afirma y de cómo lo hace. Una hermenéutica que restringe este mensaje está abocada a producir resultados desequilibrados. Esto es precisamente lo que demuestra un canon dentro de otro canon. Aunque la hermenéutica cristológica desee enseñar teología cristiana y exaltar a Cristo, lo que sucede es que muchos no aprenden la teología de toda la Biblia y acaban teniendo una visión inferior de su Salvador. La única manera de sobrellevar la vida con todas sus demandas en el vivir cotidiano es conocer todo el consejo de la Palabra de Dios (Hch. 20:27; cp. 2 P. 1:3). Un canon dentro de otro canon no puede producir esto de forma inherente.

ESTABLECIENDO LA SUFICIENCIA DE LA HERMENÉUTICA HISTÓRICO-GRAMATICAL

De modo que, si se desea predicar a Cristo en la plenitud de su gloria, ¿cómo debería hacerse? La respuesta está en el uso

---

106. Clowney, *El misterio revelado*, pp. 87-100; Murray, «David Murray on Christ-Centered Hermeneutics» [David Murray, acerca de la hermenéutica cristocéntrica], p. 11.

de la hermenéutica histórico-gramatical. Es la que prescriben las Escrituras, y la que conduce a una exposición plena del mensaje bíblico que honra a Cristo.

Como se ha observado brevemente, los autores del Antiguo Testamento establecieron implicaciones particulares del texto que preparan para el Nuevo Testamento. En medio de esto, los profetas establecen trayectorias de pensamiento que se enlazan con Cristo. Esto es importante por dos razones. Primero, que los profetas hablen de Cristo demuestra que los autores veterotestamentarios sabían acerca del Mesías y lo explicaron con anterioridad. Esto contrarresta nociones de la alta crítica de que el Mesías fue un concepto tardío en la historia de Israel y, así, los profetas en realidad no tuvieron la intención de hablar de Cristo.[107] En su lugar, el Antiguo Testamento es un documento que explica a Cristo. De modo que uno puede predicar a Cristo basándose en la intención de los profetas. En segundo lugar, que los profetas hablaran de Cristo en formas particulares demuestra que existen sendas establecidas para proclamar a Cristo a partir del Antiguo Testamento. Contrario a la hermenéutica cristocéntrica, no es necesario un nuevo marco para ver las conexiones entre la revelación precedente y el Salvador, sino que basta con ver lo que los autores han establecido. Esto se encuentra en el núcleo central de la hermenéutica histórico-gramatical y, al hacer esto, es posible predicar a Cristo.

En este libro, otros comentan más profundamente sobre la forma en que Cristo se encuentra en el Antiguo Testamento y en cómo proclamarlo. Además, otras obras han explicado este tema más a fondo.[108] No obstante, se pueden señalar al menos tres

---

107. Tremper Longman, «The Messiah: Explorations in the Law and Writings» [El Mesías: Exploraciones en la Ley y los Escritos], en *The Messiah in the Old and New Testaments* [El Mesías en el Antiguo y Nuevo Testamento, ed. por Stanley E. Porter, pp. 13-34 (Grand Rapids: Eerdmans, 2007), pp. 16-23.

108. Véanse James M. Hamilton, *God's Glory in Salvation Through Judgment* [La gloria de Dios en la salvación a través del juicio] (Wheaton, IL: Crossway, 2010); Walter C. Kaiser, *The Messiah in the Old Testament* [El Mesías en el

formas principales en las que el enfoque histórico-gramatical puede hacer aflorar a Cristo en el Antiguo Testamento.

En primer lugar, el Antiguo Testamento profetiza directamente sobre Cristo. Empezando por Génesis 3:15, los profetas han escrito de Cristo (Gn. 49:10; Nm. 24:17; Sal. 72; 110). La conexión del Antiguo Testamento puede ayudar a presentar estos textos como mesiánicos. Si un texto posterior de las Escrituras está vinculado con un texto claramente mesiánico, sin duda esa porción también alude al Mesías. De ahí que, cuando los textos posteriores hablan de un rey escatológico que aplasta la cabeza de sus enemigos como una serpiente (Nm. 24:17; Sal. 68:21; 72:9; 110:5-6; 72:9; 110:5-6; Is. 27:1; Hab. 3:13), los eruditos reconocen que esto tiene que ver con Génesis 3:15 y el Mesías.

Por consiguiente, existen numerosas profecías sobre Cristo en el Antiguo Testamento y no son un mero conjunto de predicciones aleatorias. En su lugar, muestran cómo ciertos conceptos teológicos se cumplirán en Cristo. Por ejemplo, Isaías 53 incorpora el Salmo 22 (Is. 53:3; cp. Sal. 22:6), así como el sistema sacrificial (Is. 53:8-11; cp. Lv. 5:14-19) para explicar el supremo sufrimiento redentor del rey davídico. Daniel 7 se basa en la creación (cp. Gn. 1:26-28) para mostrar cómo uno como el hijo del hombre es el gobernante supremo de todo el mundo. Esto prepara para el propio uso que Cristo hace de «Hijo del Hombre» (cp. Lc. 21:27). Zacarías habla de cómo regresará el Mesías al monte de los Olivos y lo «partirá por en medio» (Zac. 14:4). A la luz de las pasadas derrotas en el monte de los Olivos (cp. 2 S. 15:30), el profeta nos recuerda cómo el Mesías tendrá la victoria escatológica

---

Antiguo Testamento], *SOTBT* (Grand Rapids: Zondervan, 1995); Philip E. Satterthwaite, «David in the Books of Samuel» [David en los Libros de Samuel], en *The Lord's Anointed: Interpretation of Old Testament Messianic Texts* [El Ungido del Señor: Una interpretación de los textos mesiánicos del Antiguo Testamento], ed. por Philip E. Satterthwaite, pp. 41-65 (Grand Rapids: Baker Books, 1995).

final sobre toda derrota. Él es el vencedor final y definitivo. Las profecías veterotestamentarias no son meras predicciones, sino profundamente teológicas. De este modo, las profecías directas contribuyen a una rica cristología.

En segundo lugar, una hermenéutica histórico-gramatical puede rastrear cómo prepara el Antiguo Testamento la llegada de Cristo. En esto consiste el cristotelismo. Como se ha explicado, el Antiguo Testamento se conecta a sí mismo, y esto conecta ciertos pasajes e ideas con Cristo. Esto se produce en dos niveles. En un macronivel, los autores veterotestamentarios interconectan sus escritos para formar una historia o narrativa dominante. Diversos pasajes evidencian esta trama (Dt. 1:3–3:26; Jos. 24:1-12; Sal. 78:1-72; Neh. 9:1-37) que prepara para el Nuevo Testamento (cp. Hch. 7:1-60; 13:13-41).[109] De ahí que se pueda ver cómo se conectan los pasajes y culminan en Cristo mientras contribuyen a esta trama. Cada evento acerca más la historia a Cristo y, de este modo, prepara el camino para Él. Esto no se realiza mediante un acercamiento que fuerza detalles para que se conformen a Cristo, sino alejando el foco y viendo cómo funciona un pasaje a la luz del panorama más amplio.

En un micronivel, los profetas entretejen textos específicos del Antiguo Testamento para que se conecten con Cristo. Se puede ver cómo el sistema sacrificial y su teología se intersecan con la muerte de Cristo en Isaías 53. Hay partes de la vida de David que se recapitularán en el David último que nace en Belén (Mi. 5:2) y debe pasar por el desierto como David (Mi. 1:15; cp. 1 S. 22:1; Mt. 4:1).[110] La teología del pacto davídico se expresa en los

---

109. Paul R. House, «Examining the Narratives of Old Testament Narrative: An Exploration in Biblical Theology» [Examinando las narrativas de la narrativa del Antiguo Testamento: Una exploración en teología Bíblica], *WTJ* 67 (2005), pp. 229-245.

110. Kenneth L. Barker, *Micah, Nahum, Habakkuk, Zephaniah* [Miqueas, Nahúm, Habacuc, Sofonías], *NAC* 20 (Nashville: Broadman & Holman Publishers, 1999), pp. 60, 96.

Salmos (cp. Sal. 22; 69; 72; 109; 110) y, a su vez, tiene una aplicabilidad inherente en Cristo, el rey davídico final (Os. 3:5; Is. 11:1-10; 53:1-11; Mt. 27:24-66; Hch. 1:20).[111] Los mandamientos y las bendiciones otorgadas a Adán (Gn 1:26-28) se diseminan a Noé (Gn. 9:1), a Abraham (Gn. 12:1) y a David (2 S. 7:9-13; Sal. 8:4) que, de nuevo, conduce a Cristo (Ro. 5:14; 1 Co. 15:22; He. 2:6-9).[112] Además, se puede observar cómo el Nuevo Testamento se basa en el Antiguo para mostrar la relevancia teológica de los aspectos de la vida de Cristo. Por ejemplo, la tentación de Jesús alude a Adán e Israel en el desierto (cp. Lc. 4:1-13). Él tiene éxito donde ellos fallan. Su obra en Naín (Lc. 7:11-17) es un paralelo de la obra de Elías y Eliseo, y resalta su ministerio superior y su alcance hacia los gentiles.[113] En consecuencia, comprender mejor a Adán, Israel, Elías y Eliseo tiene implicaciones para entender mejor a Cristo, aun si los pasajes sobre estos hombres no profetizan directamente sobre Él. Todos estos casos de intertextualidad ilustran que algunos textos específicos sí se enlazan con Cristo, y que lo hacen de maneras que no dependen del lector, sino que son reveladas por los autores de las Escrituras. Si se siguen estas conexiones específicas, es posible ver cómo la teología establecida en ciertos pasajes conecta de forma legítima con Cristo.[114]

---

111. Walter C. Kaiser, «Psalm 72: An Historical and Messianic Current Example of Antiochene Hermeneutical Theoria» [Salmo 72: Un ejemplo actual histórico y mesiánico de las teorías hermenéuticas de Antioquía], *JETS* 52 (2009), pp. 257-270; Waltke, *Old Testament Theology* [Teología del Antiguo Testamento], pp. 888-889.

112. Stephen G. Dempster, *Dominion and Dynasty: A Theology of the Hebrew Bible* [Dominio y dinastía: Una teología de la Biblia hebrea], *NSBT* (Downers Grove, IL: InterVarsity Press, 2003), pp. 71-72, 77-78, 147.

113. Darrell L. Bock, *Luke, Volume 1: 1:1–9:50* [Lucas, Volumen 1: 1:1–9:50], *BECNT* (Grand Rapids: Baker Books, 1994), p. 653.

114. En estos casos, las aplicaciones posteriores de los textos no alteran el significado fundamental de la revelación previa. En realidad, los usos posteriores dependen de ese significado original con el fin de conseguir que la teología del texto se aplique a Cristo. Incluso en el ejemplo de Jonás, la afirmación de Lucas *no* es que Jonás sea una profecía de Cristo. En su lugar, los usos posteriores aplican la información ya establecida a Cristo. En este contexto, los ejemplos de arriba muestran cómo las conexiones no son arbitrarias, sino legítimas. No

Una hermenéutica histórico-gramatical ayuda a producir una rica cristología de dos maneras. Primero, y como ya se ha explicado, es sensible a cómo los autores bíblicos establecieron conexiones entre el Antiguo Testamento y Cristo, tanto en un macronivel como en un micronivel. Esto permite conectar los puntos para mostrar que lo que se afirma es lo que las Escrituras precisamente declaran. En segundo lugar, el enfoque histórico-gramatical asegura que se ha estudiado un pasaje con el énfasis correcto que, a su vez, prepara su conexión con otros pasajes y con Cristo. Si el Antiguo Testamento no se comprende en profundidad, entonces, cuando el Nuevo Testamento se base en este para hablar de Cristo, se desconocerá toda la relevancia de lo que está sucediendo. Debido a que la cristología del Nuevo Testamento se nutre del Antiguo Testamento, comprender este último de forma superficial conduce a una cristología superficial. Más aún, sin una conciencia minuciosa y adecuada del Antiguo Testamento se pierden las conexiones más sutiles, aunque legítimas, que el Nuevo Testamento establece con el Antiguo Testamento. Como resultado, se pasa por alto el peso teológico que conduce a la majestad de Cristo. El enfoque histórico-gramatical permite ver la amplitud y la profundidad de la teología del Antiguo Testamento en un micronivel y un macronivel. Esto, a su vez, permite que la gloria de Cristo se despliegue desde una diversidad de ángulos.

Finalmente, Cristo figura en el Antiguo Testamento porque está obrando en la historia. El Antiguo Testamento no se limita a profetizar y preparar su llegada, sino que también describe al Hijo como participante en esa parte de las Escrituras. El Ángel de

---

se producen porque el lector las haya observado, sino porque se explican de forma lógica en las Escrituras mismas. Como se ha declarado antes, la lógica de las conexiones se encuentra textualmente a través de la intertextualidad de las Escrituras. Cuando en ellas se usa un texto una y otra vez, se explica por qué y cómo se aplica, proporcionando la lógica por la que dicha implicación es acertada. Rastrear las conexiones de esta forma funciona bien, porque opera del mismo modo en que operan la intención del autor y la revelación progresiva.

Jehová es un buen ejemplo de esto. Los detalles exegéticos establecen una tensión respecto a este ser. Por un lado, estos detalles sugieren que el Ángel de Jehová es Dios mismo. Él recibe adoración (Éx. 3:2-4) y Dios se identifica a sí mismo como tal (Gn. 22:11-12; Jue. 6:21-22). Por otra parte, otros detalles apuntan a cómo Dios es distinto del Ángel. Dios, presumiblemente en el cielo, mira a la tierra por medio del Ángel en la columna de nube (Éx 14:24). Dios envía al Ángel y pone su nombre sobre él (Éx. 23:20-21). Por tanto, el Ángel de Jehová es Dios mismo, aunque a la vez distinto de sí mismo. Sin embargo, el Antiguo Testamento lo especifica aún más. Dios identifica a Aquel que guía a Israel por el desierto como la Roca (Dt. 32:4), un título que más tarde se atribuye al Mesías (Is. 8:13-14; 26:4; cp. 28:16). Todo esto sugiere que el Ángel es Dios, aun siendo distinto a Él, porque es la segunda persona de la Trinidad, el Hijo. Si este es el caso, la gloria del Hijo se revela en el Antiguo Testamento cuando habla a Abraham, cuando llama a Moisés y cuando guía a Israel fuera de Egipto para llevarlo a la Tierra Prometida. Por consiguiente, una hermenéutica histórico-gramatical puede apuntar a Cristo no solo debido a que el Antiguo Testamento culmina en Él, sino también porque Él es parte de lo que impulsa a los acontecimientos veterotestamentarios. No se lo revela meramente al final, sino que está presente durante el proceso.

Esta lista no es, de ningún modo, exhaustiva ni en categorías ni en textos. No obstante, señala que el Antiguo Testamento habla de Cristo, y lo hace de manera particular, pero variada. En resumidas cuentas, el intérprete explica las Escrituras no las escribe (2 Ti. 4:1-2). El trabajo del intérprete hoy consiste en decir lo que los textos afirman —lo que los escritores bíblicos aseveran—. Para hablar de Cristo hay que basarse en lo que afirmaron los autores bíblicos acerca de Él en contraposición con aquello que no figura en el texto. Por esta razón es tan importante el enfoque histórico-gramatical. Capacita para ver la variedad y los detalles de la teología en el Antiguo Testamento. Permite observar las numerosas formas en que los escritores bíblicos conectan el peso de dicha teología con Cristo. De esta forma permite afirmar de Cristo lo que los escritores bíblicos dijeron de Cristo; es decir, hablar de Él en su completa gloria tal como se ha revelado a lo largo de todas las Escrituras.

Conclusión

¿Cómo se honra a Cristo en el estudio y proclamación de las Escrituras? Se lo debe honrar tanto en los medios como en el fin. No solo se reverencia a Cristo exaltándolo en el púlpito, sino también por medio de la obediencia hermenéutica en el estudio. Después de todo, las Escrituras ordenan que el exégeta busque la intención del autor tal como se comunica por medio de un lenguaje preciso y a la luz de un trasfondo histórico. No justifican las excepciones a este método. Esto también se ve en Cristo mismo, quien confirmó lo que hablaron los profetas y usó las Escrituras para hablar de una diversidad de cuestiones según lo que estaba escrito. No demuestra una hermenéutica cristocéntrica, sino una hermenéutica histórico-gramatical o cristotélica. De esta forma, Dios muestra consistencia tanto en su cuidado por la forma en que se llega a las conclusiones como en las conclusiones mismas.

Existe una buena razón para ello. Una hermenéutica defectuosa puede crear un canon dentro del canon. Esto conduce a formaciones desequilibradas de teología y hasta a una cristología raquítica. De forma inadvertida se puede ignorar la completa gloria de Cristo forzando los textos para que solo hablen de Él o incluso de una faceta específica de su ministerio. El enfoque histórico-gramatical permite que las Escrituras traten todas las cuestiones, algo que no solo produce equilibrio en el ministerio y en la teología, sino en la gloria total del Salvador tal como la revelan las conexiones de las Escrituras.

Por lo tanto, es necesario confiar en que el método prescrito en las Escrituras es suficiente para exhibir la gloria completa de Cristo. También es preciso invertir el tiempo y el esfuerzo requeridos para ver cómo conectaron los escritores bíblicos la Palabra de Dios con el Verbo. Entonces, cuando se exponga todo el consejo de Dios, se podrá glorificar a Cristo en obediencia hermenéutica mientras se lo proclame plenamente.

3

LA HERMENÉUTICA CRISTOTÉLICA EN LA TORÁ

Lucas Alemán

Predicar a Cristo desde el Antiguo Testamento ha sido una cuestión de mucha discusión desde hace ya algunos años; y con razón, porque a Dios le importa cómo su pueblo «usa» su Palabra (2 Ti. 2:15; cp. Neh. 8:8). En un intento de mantener la integridad de la revelación previa y la intención de los autores originales en ella, con el paso del tiempo han surgido diferentes metodologías. Todos tienen un deseo sincero de ver a Cristo exaltado de una manera que honre su Palabra, porque Dios condena la tergiversación de las Escrituras (2 P. 3:16). Después de todo, el Espíritu Santo movió a los hombres a escribir su Palabra de tal manera que sus palabras son el mismo mensaje de Dios (2 P. 1:20-21).

Sin embargo, el ejercicio de la predicación ha probado ser una tarea no fácil. En efecto, es difícil predicar a Cristo desde el Antiguo Testamento, pero no porque este sea de alguna manera deficiente o inadecuado. Esto se debe, más bien, a que es bastante complejo y profundo en su desarrollo teológico. Los autores veterotestamentarios escribieron mejor de lo que a menudo se reconoce. Eran capaces de preparar su mensaje apuntando a Cristo dentro del marco más amplio de la historia de la redención (Neh. 9:1-38; Dn. 9:1-19) de maneras textualmente marcadas.

Este capítulo sostiene que la aplicación de la metodología histórico-gramatical es suficiente para discernir estas marcas de manera legítima. No se necesita ninguna otra metodología para encontrar a Cristo en el Antiguo Testamento. Él está allí y hay una manera de exaltarlo rastreando las marcas que fueron dejadas por los autores originales en el texto mismo. Como ejemplo, se identificarán y examinarán tres marcas en Números 24:1-9 para ver cómo estas avanzan la fidelidad de Dios hacia el Cristo que tanto se anticipa en el Antiguo Testamento bajo la dirección del Espíritu Santo (Ro. 1:1-4).[1]

UNA MARCA SOBRENATURAL

En Números 24:1-9, Balaam pronuncia un tercer oráculo. Desde la cumbre del monte Peor (Nm. 23:28), él «examina»[2] (Nm. 24:2) todo el campamento de Israel (Nm. 24:5) y retrata la futura «exuberancia y abundancia»[3] de la nación mediante el uso de un lenguaje descriptivo. Según él, Israel será como «arroyos» extendiéndose en todas direcciones, prosperando como

---

1. Véase Michael Rydelnik, *The Messianic Hope: Is the Hebrew Bible Really Messianic?* [La esperanza mesiánica: ¿La Biblia hebrea es realmente mesiánica?] *NAC Studies in Bible and Theology* [Estudios en Biblia y teología NAC] (Nashville: Broadman & Holman Publishers, 2010); John H. Sailhamer, «The Messiah and the Hebrew Bible» [El Mesías y la Biblia hebrea], *JETS* 44 (2001), pp. 5-23.

2. La frase «y alzando [Balaam] sus ojos, vio» denota algo más en hebreo que una simple mirada incidental o un breve vistazo. Conlleva, en realidad, la idea de «observar perceptivamente», estar «totalmente enfocado en atención». R. Dennis Cole, *Numbers* [Números], *NAC* 3B (Nashville: Broadman & Holman Publishers, 2000), p. 416.

3. Timothy R. Ashley, *The Book of Numbers* [El libro de Números], *NICOT* (Grand Rapids: Eerdmans, 1993), p. 486.

«huertos», «plantados» firmemente por Jehová «junto a las aguas» (Nm. 24:6). Esta nación será próspera «en muchas aguas», creciendo inevitablemente hasta el punto de convertirse en un reino bajo un gran «rey» (Nm. 24:7). Solo en virtud de la persona de Dios, Israel «devorará», «desmenuzará» y «traspasará» a las naciones hostiles que la «maldijeren» (Nm. 24:8-9).

Sin embargo, antes de que Balaam pronuncie este oráculo, algo inusual sucede en la narrativa. Mientras que en los dos oráculos anteriores, él va «en busca de agüero», es decir, recurre a «rituales de adivinación»[4] (Nm. 23:3, 15), aquí no lo hace (Nm. 24:1). En el tercer oráculo, Balaam recibe, o más bien, «se convierte en el vehículo de»[5] la revelación divina mediante el «Espíritu de Dios» que viene directamente «sobre él» (Nm. 24:2). Aunque es imposible determinar la naturaleza exacta[6] de esta «experiencia poderosa»,[7] no es única en el Antiguo Testamento. Sucede varias veces en distintos contextos y siempre conlleva la idea de un empoderamiento «temporal para una tarea específica».[8]

Por lo general, el «Espíritu de Dios» viene «sobre» líderes y profetas en el Antiguo Testamento. Este acto de empoderamiento califica a estos hombres escogidos[9] y los distingue del resto de la

---

4. Philip J. Budd, *Numbers* [Números], *WBC*, vol. 5 (Waco, TX: Word Books, 1984), p. 268; Cole, *Numbers* [Números], p. 416.

5. George Buchanan Gray, *A Critical and Exegetical Commentary on Numbers* [Un comentario crítico y exegético de Números], *ICC* (Edimburgo, Escocia: T&T Clark, 1986), p. 359.

6. El consenso general es que Balaam entró en algún tipo de «estado de éxtasis», o al menos, en un «estado visionario». Ashley, *The Book of Numbers* [El libro de Números], p. 487; Cole, *Numbers* [Números], p. 416; Gray, *A Critical and Exegetical Commentary on Numbers* [Un comentario crítico y exegético de Números], p. 360. Esto se ajusta a la descripción de que Balaam estaba «caído» (נֹפֵל) en un estado muy particular tanto en este oráculo como en el siguiente (Nm. 24:4, 16). De hecho, los traductores de la versión griega del Antiguo Testamento interpretan este estado con la frase «en un sueño» (ἐν ὕπνῳ).

7. Ashley, *The Book of Numbers* [El libro de Números], p. 487.

8. Budd, *Numbers* [Números], p. 268.

9. Cabe destacar que en el Antiguo Testamento no hay mención alguna de mujeres «sobre» las cuales viene el «Espíritu de Dios». Aunque en los días de los jueces, Débora es descrita como líder y profetisa de Israel (Jue. 4:4), el autor no

nación para el servicio.[10] En Números 11, por ejemplo, Moisés clama a Dios porque ya no puede «soportar» la carga de Israel él solo (Nm. 11:10-15). En respuesta al pedido de Moisés, Jehová le dice que reúna a «setenta varones de los ancianos» (Nm. 11:16) a quienes se les imparte «su Espíritu» (Nm. 11:17, 29) para que lleven «la carga» con él (Nm. 11:17). Una vez que el «Espíritu de Dios» viene sobre ellos, los ancianos profetizan (Nm. 11:25) como una marca de validación divina de su liderazgo sobre toda la nación.[11] Dios pone «su Espíritu» en algunos solamente, no en todo Israel. Esto queda claro en la respuesta de Moisés en el versículo 29. Moisés no tendría la necesidad de decir algo así si el Espíritu Santo hubiera residido en todos los creyentes del Antiguo Testamento por igual y de manera permanente.

De forma parecida, el «Espíritu de Dios» viene «sobre» Saúl «con poder» y profetiza entre una «compañía de profetas» cuando Samuel lo unge como rey de Israel (1 S. 10:10). Sin embargo, este pasaje agrega que Dios muda «su corazón» (1 S. 10:9). Esto no implica necesariamente la conversión de Saúl, sino más bien el empoderamiento del Espíritu Santo que viene sobre él para liderar a la nación de Israel (1 S. 11:1-11).[12] Él es «mudado en

---

registra este acto de empoderamiento «sobre» ella (Jue. 4–5). En claro contraste a esto, por ejemplo, se menciona que el «Espíritu de Jehová» viene sobre Otoniel (Jue. 3:10) y Jefté (Jue. 11:29), y que se «manifiesta» (Jue. 13:25) con gran poder sobre Sansón (Jue. 14:6, 19; 15:14).

10. Daniel I. Block, «Empowered by the Spirit of God: The Holy Spirit in the Historiographic Writings of the Old Testament» [Revestidos de poder por el Espírtu de Dios: el Espíritu Santo en los escritos historiográficos del Antiguo Testamento], *SBJT* 1 (1997), p. 45; W. J. Dumbrell, «Spirit and Kingdom of God in the Old Testament» [El Espíritu y el reino de Dios en el Antiguo Testamento], *RTR* 33 (1974), p. 1; I. F. Wood, *The Spirit of God in Biblical Literature* [El Espíritu de Dios en la literatura bíblica] (Nueva York, NY: Armstrong, 1904), p. 25.

11. Ronald B. Allen, *Numbers* [Números], *EBC* 2 (Grand Rapids: Zondervan, 1990), p. 794; Budd, *Numbers* [Números], p. 128; Z. Weisman, «The Personal Spirit as Imparting Authority» [El Espíritu personal como autoridad otorgadora], *ZAW* 93 (1981), pp. 255-234.

12. James Hamilton, *God's Indwelling Presence: The Holy Spirit in the Old and New Testaments* [La presencia residente de Dios: El Espíritu Santo en el Antiguo

otro hombre» (1 S. 10:6) en el sentido que de ahora en adelante será rey y cumplirá como tal una tarea específica (cp. 1 S. 16:13-14).[13] Pero tan pronto Saúl se aparta de Dios en desobediencia (1 S. 15:11, 23, 26), pierde dicho empoderamiento y un espíritu maligno lo atormenta (1 S. 16:23; 18:10).

Números 11:17, 25, 29; 24:2; 1 Samuel 10:10

RVR-60	BHS
11:17 Y yo descenderé y hablaré allí contigo, y tomaré del espíritu que está en ti, y pondré en ellos; y llevarán contigo la carga del pueblo, y no la llevarás tú solo.	וְיָרַדְתִּי וְדִבַּרְתִּי עִמְּךָ שָׁם וְאָצַלְתִּי מִן־הָרוּחַ אֲשֶׁר עָלֶיךָ וְשַׂמְתִּי עֲלֵיהֶם וְנָשְׂאוּ אִתְּךָ בְּמַשָּׂא הָעָם וְלֹא־תִשָּׂא אַתָּה לְבַדֶּךָ׃
11:25 Entonces Jehová descendió en la nube, y le habló; y tomó del espíritu que estaba en él, y lo puso en los setenta varones ancianos; y cuando posó sobre ellos el espíritu, profetizaron, y no cesaron.	וַיֵּרֶד יְהוָה בֶּעָנָן וַיְדַבֵּר אֵלָיו וַיָּאצֶל מִן־הָרוּחַ אֲשֶׁר עָלָיו וַיִּתֵּן עַל־שִׁבְעִים אִישׁ הַזְּקֵנִים וַיְהִי כְּנוֹחַ עֲלֵיהֶם הָרוּחַ וַיִּתְנַבְּאוּ וְלֹא יָסָפוּ׃
11:29 Y Moisés le respondió: ¿Tienes tú celos por mí? Ojalá todo el pueblo de Jehová fuese profeta, y que Jehová pusiera su espíritu sobre ellos.	וַיֹּאמֶר לוֹ מֹשֶׁה הַמְקַנֵּא אַתָּה לִי וּמִי יִתֵּן כָּל־עַם יְהוָה נְבִיאִים כִּי־יִתֵּן יְהוָה אֶת־רוּחוֹ עֲלֵיהֶם׃
24:2 Y alzando sus ojos, vio a Israel alojado por sus tribus; y el Espíritu de Dios vino sobre él.	וַיִּשָּׂא בִלְעָם אֶת־עֵינָיו וַיַּרְא אֶת־יִשְׂרָאֵל שֹׁכֵן לִשְׁבָטָיו וַתְּהִי עָלָיו רוּחַ אֱלֹהִים׃

y Nuevo Testamento], *NAC Studies in Bible and Theology* [Estudios en Biblia y teología NAC] (Nashville: Broadman & Holman Publishers, 2006), p. 31.

13. Ralph W. Klein, *1 Samuel*, WBC 10 (Waco, TX: Word Books, 1983), p. 94.

^{10:10} Y cuando llegaron allá al collado, he aquí la compañía de los profetas que venía a encontrarse con él; y el Espíritu de Dios vino sobre él con poder, y profetizó entre ellos.

וַיָּבֹאוּ שָׁם הַגִּבְעָתָה וְהִנֵּה חֶבֶל־נְבִאִים
לִקְרָאתוֹ וַתִּצְלַח עָלָיו רוּחַ אֱלֹהִים
וַיִּתְנַבֵּא בְּתוֹכָם׃

Este tipo de «lenguaje inesperado»[14] en Números 24:1-9 señala algo importante en la narrativa. A diferencia de los dos oráculos anteriores, el tercer oráculo de Balaam está textualmente marcado por la presencia del «Espíritu de Dios» (Nm. 24:2). Esta es la primera vez que se menciona dicho acto de empoderamiento en la narrativa,[15] indicando su importancia profética en la trayectoria de la revelación divina.[16] Además, el enfoque de este oráculo es totalmente distinto a los anteriores. Aquí se enfatiza el futuro específico de Israel en vez de su elección pasada por parte de Dios.[17] Esto es significativo porque indica que lo que Balaam está haciendo en este pasaje es de naturaleza singular. Él está especialmente empoderado de «revelación divina»[18] para entregar un oráculo profético «en términos muy claros».[19] La revelación divina, literalmente, llega a él a nivel personal. Él

---

14. Allen, *Numbers* [Números], p. 904.

15. Budd, *Numbers* [Números], p. 268.

16. La palabra en hebreo para «oráculo» aparece 376 veces en el Antiguo Testamento. Sin embargo, solo se usa ocho veces en el Pentateuco y seis de esas ocho veces ocurren nada menos que en Números 24 (Gn. 22:16; Nm. 14:28; 24:3-4, 15-16). *HALOT*, p. 657 (נְאֻם).

17. Ashley, *The Book of Numbers* [El libro de Números], p. 487.

18. Cole, *Numbers* [Números], p. 416.

19. Seth D. Postell, «Numbers 24:5-9: The Distant Star» [Números 24:5-9: La estrella distante], en *The Moody Handbook of Messianic Prophecy: Studies and Expositions of the Messiah in the Old Testament* [El manual Moody de profecía mesiánica: Estudios y exposiciones del Mesías en el Antiguo Testamento], ed. por Michael Rydelnik y Edwin Blum, pp. 285-308 (Chicago: Moody, 2019), p. 292.

recibe «una revelación proposicional»[20] del Espíritu Santo que le da una percepción detallada de la fidelidad futura de Dios hacia Israel, a pesar de no ser un verdadero creyente como tampoco lo fue Saúl.[21]

El hecho de que Dios abra los ojos de Balaam y hable en sus oídos, quizá, por primera vez,[22] para decir estas palabras (Nm. 24:3-4) arroja luz no solo sobre el significado de este pasaje sino también sobre la naturaleza de la revelación en el Antiguo Testamento. Dios se revela a sí mismo progresivamente y no todo a la vez. Él despliega su historia de redención de lo general a lo específico, dando a conocer una nueva revelación que se basa en lo que ya se ha dicho hasta ese momento. Como se demostrará más adelante, hay una progresión por la cual la implicación de la revelación previa se vuelve más particular. Ya sea que Balaam lo sepa o no,[23] él está desarrollando aún más la trayectoria de la revelación bajo «la inspiración de Dios».[24] Su oráculo está fuertemente marcado como una «revelación elevada»,[25] lo que indica

---

20. Walter C. Kaiser, *The Messiah in the Old Testament* [El Mesías en el Antiguo Testamento], *SOTBT* (Grand Rapids: Zondervan, 1995), p. 54.

21. Hamilton acertadamente nota: «El Espíritu vino sobre Balaam y, por consiguiente, Balaam pronunció afirmaciones verdaderas. El Espíritu aparentemente no se quedó con Balaam indefinidamente, ni tampoco produjo el Espíritu su conversión, ya que Balaam murió combatiendo al pueblo de Dios (Nm. 31:8) y el Nuevo Testamento lo condena (Jud. 11)». Hamilton, *God's Indwelling Presence*, p. 33.

22. Eugene H. Merrill, «Numbers» [Números], en *The Bible Knowledge Commentary: Old Testament* [El comentario del conocimiento bíblico: Antiguo Testamento], ed. por John F. Walvoord y Roy B. Zuck, pp. 215-258 (Wheaton, IL: Victor Books, 1985), p. 244.

23. James Coakley, «Numbers» [Números], en *The Moody Bible Commentary: A One-Volume Commentary of the Whole Bible by the Faculty of Moody Bible Institute* [El comentario bíblico Moody: Un comentario en un solo volumen de la totalidad de la Biblia escrito por la facultad del Instituto Bíblico Moody], ed. por Michael Rydelnik y Michael Vanlaningham, pp. 215-262 (Chicago: Moody, 2014), p. 249.

24. Kaiser, *The Messiah in the Old Testament* [El Mesías en el Antiguo Testamento], p. 54.

25. Allen, *Numbers* [Números], p. 904.

que el «Espíritu de Dios» está a punto de hacer avanzar la «visión mesiánica que ya está presente»[26] en escritos anteriores.

Una marca sintáctica

En este tercer oráculo marcado sobrenaturalmente, Balaam repite mucho de lo ya mencionado en su segundo oráculo (Nm. 23:21-24). Sin embargo, hay una diferencia muy sutil.[27] Mientras que antes Balaam usa un pronombre plural en tercera persona en referencia al pasado de la nación, aquí él cambia a un pronombre singular en tercera persona al predecir el futuro de Israel. Es decir, hay una marca sintáctica en el texto mismo. Esto queda claro en el versículo 8. La única diferencia entre la primera parte de este versículo con la primera parte del versículo 22 del capítulo anterior es el cambio de pronombres.

Números 23:22a; 24:8a	
RVR–60	BHS
[22] Dios los ha sacado de Egipto.	אֵל מוֹצִיאָם מִמִּצְרָיִם
[8] Dios lo sacó de Egipto.	אֵל מוֹצִיאוֹ מִמִּצְרָיִם

A primera vista, este cambio en los pronombres puede parecer insignificante. En hebreo, los términos paralelos «Jacob» e «Israel» son sustantivos singulares que conllevan una idea colectiva.[28] En otras palabras, ambos pueden referirse a un grupo de personas como un todo en sus formas singulares. Es por eso que en Números 23:21 *todos* los pronombres utilizados para referirse a la nación entera son singulares, tal como se indica en la siguiente tabla.

---

26. Sailhamer, «The Messiah and the Hebrew Bible» [El Mesías y la Biblia hebrea], p. 22.

27. Coakley, «Numbers» [Números], p. 249.

28. *CP*, p. 3 (§1.1.1b); *IBHS*, p. 113; *Joüon*, pp. 529-531.

Números 23:21	
RVR–60	**BHS**
No ha notado iniquidad en Jacob,	לֹא־הִבִּיט אָוֶן בְּיַעֲקֹב
Ni ha visto perversidad en Israel.	וְלֹא־רָאָה עָמָל בְּיִשְׂרָאֵל
Jehová su Dios está con él,	יְהוָה אֱלֹהָיו עִמּוֹ
Y júbilo de rey en él.	וּתְרוּעַת מֶלֶךְ בּוֹ׃

Según la estructura literaria[29] del versículo, cada uno de los pronombres singulares, «su Dios», «con él» y «en él», tienen a «Jacob» e «Israel» como referentes. En el resto del segundo oráculo, se hace referencia a la nación entera por medio de sustantivos singulares, pero colectivos (Nm. 23:23). Incluso en el versículo final, Balaam usa verbos singulares para modificar un sustantivo singular que conlleva una idea colectiva (Nm. 23:24). Los cinco verbos en este versículo se refieren colectivamente a toda la nación en su conjunto con «pueblo» como su antecedente singular.

Números 23:24	
RVR–60	**BHS**
He aquí el pueblo que como león se levantará,	הֶן־עָם כְּלָבִיא יָקוּם
Y como león se erguirá;	וְכַאֲרִי יִתְנַשָּׂא
No se echará hasta que devore la presa,	לֹא יִשְׁכַּב עַד־יֹאכַל טֶרֶף
Y beba la sangre de los muertos.	וְדַם־חֲלָלִים יִשְׁתֶּה׃

La *única* referencia a Israel en un pronombre plural en tercera persona está en la primera parte del versículo 22[30] y esto es *intencional*. Balaam distingue cuidadosamente a «Jacob» e «Israel»,

---

29. Los acentos disyuntivos principales en hebreo ayudan a identificar la estructura literaria básica de cada versículo. Véase William R. Scott, *Guía para el uso de la BHS: Aparato crítico, masora, acentos, letras poco comunes y otros signos*, trad. por Edesio Sánchez (Vallejo, CA: Bibal Press, 1993), pp. 23-32.

30. Ashley, *The Book of Numbers* [El libro de Números], p. 480.

a los que se puede hacer referencia en pronombres singulares o plurales, del «rey» mencionado en la última parte del versículo 21. De hecho, en la segunda parte de Números 23:22, Balaam vuelve a utilizar un pronombre singular en tercera persona para referirse a toda la nación, algo que no se logra apreciar por completo en la versión RVR–60.[31] Por lo tanto, la última línea en español de la siguiente tabla refleja la traducción del autor (en cursiva).

Números 23:22	
RVR–60	**BHS**
Dios los ha sacado de Egipto; *Como cuernos de un búfalo es para él.*	אֵל מוֹצִיאָם מִמִּצְרָיִם כְּתוֹעֲפֹת רְאֵם לוֹ׃

Dios sacó a *toda* la nación —no al rey— de Egipto.[32] En consecuencia directa a lo que él hizo por ellos en el pasado, Balaam afirma que Israel *como pueblo* es tan irresistible como un buey salvaje (cp. Nm. 22:4-5).[33] Es decir, el enfoque del segundo oráculo está en la nación en su conjunto.

El tercer oráculo también incluye los términos paralelos «Jacob» e «Israel» (Nm. 24:5; cp. Nm. 23:21, 23). Ambos sustantivos singulares conllevan la *misma* idea colectiva aquí. Números 24:2 ilustra esto claramente. El término «Israel» está calificado por la frase «alojado por sus tribus» que denota no solo conformidad con las normas establecidas por Jehová en Números 2,[34] sino

---

31. Cp. Robert Alter, *The Hebrew Bible: A Translation with Commentary* [La Biblia hebrea: Una traducción con comentario], vol. 1 (Nueva York, NY: W. W. Norton & Company, 2019), pp. 564-565.

32. Postell, «Numbers 24:5-9: The Distant Star» [Números 24:5-9: La estrella distante], p. 295.

33. Gray, *A Critical and Exegetical Commentary on Numbers* [Un comentario crítico y exegético de Números], p. 354.

34. Ashley, *The Book of Numbers* [El libro de Números], p. 487.

que también indica la presencia de la nación entera.[35] En otras palabras, los términos paralelos «Jacob» e «Israel» (Nm. 24:5) se refieren a un grupo colectivo de «tribus» (Nm. 24:2) que consiste de *varias* personas.

Este enfoque nacional, sin embargo, es llevado a un segundo plano en el tercer oráculo. Como se señaló en la tabla anterior, la única diferencia entre la primera línea de Números 23:22 y 24:8 es el cambio de pronombres. Mientras que en el segundo oráculo Balaam cambia a un pronombre plural en tercera persona para hacer una distinción *explícita* entre la nación y el rey mencionando uno al lado del otro en el versículo 21, aquí no lo hace. En cambio, Balaam sigue pronunciando el oráculo en el versículo 8 sin alterar el pronombre en tercera persona del singular. Al igual que en la tabla anterior, hay dos líneas en cursiva que reflejan la traducción del autor.

Números 24:7-8	
RVR–60	**BHS**
7 De sus manos destilarán aguas,	יִזַּל־מַיִם מִדָּלְיָו
Y su descendencia será en muchas aguas;	וְזַרְעוֹ בְּמַיִם רַבִּים
Enaltecerá su rey más que Agag,	וְיָרֹם מֵאֲגַג מַלְכּוֹ
Y su reino será engrandecido.	וְתִנַּשֵּׂא מַלְכֻתוֹ׃
8 Dios lo sacó de Egipto;	אֵל מוֹצִיאוֹ מִמִּצְרַיִם
Como cuernos de un búfalo es para él.	כְּתוֹעֲפֹת רְאֵם לוֹ
Devorará a las naciones, *a sus adversarios,*	יֹאכַל גּוֹיִם צָרָיו
Desmenuzará sus huesos,	וְעַצְמֹתֵיהֶם יְגָרֵם
Y las traspasará con sus saetas.	וְחִצָּיו יִמְחָץ׃

Balaam no hace ningún esfuerzo por distinguir a los referentes de los pronombres en tercera persona del singular. No están

---

35. Cabe señalar que en los dos oráculos anteriores, Balaam solo ve *parte* de la nación de Israel (Nm. 22:41; 23:13). Quizá, Balac tenía miedo de mostrarle a Balaam «todo el panorama del campamento israelita». Coakley, «Numbers» [Números], p. 248.

marcados de ninguna manera particular en el texto hebreo. Sin embargo, es precisamente esta falta de marcas que ayuda a identificar los antecedentes *a la luz de* los cambios en los pronombres en el segundo oráculo. Los antecedentes de los pronombres se basan en la *proximidad* sintáctica. En este caso, los primeros tres pronombres singulares en tercera persona de Números 24:7 tienen los términos paralelos «Jacob» e «Israel» como referentes más inmediatos (Nm. 24:5). El versículo 6 funciona como un puente entre ellos mediante el cual, con un «crescendo»[36] de frases comparativas, se ilustra vívidamente el futuro de la nación.

Sin embargo, el último pronombre singular de tercera persona de Números 24:7 tiene un referente diferente. El «rey» de Israel es el antecedente más inmediato de «su reino». En consecuencia, Balaam no cambia a un pronombre plural de tercera persona en Números 24:8 porque el antecedente sigue siendo el mismo que el de la línea anterior, es decir, el «rey». La falta de esta marca en el texto indica que el enfoque del tercer oráculo ha cambiado. Balaam ya no enfatiza a la nación en su conjunto como lo hace en el oráculo anterior. Aunque ese concepto nacional todavía está presente (Nm. 24:5-7c), el enfoque ahora está en el rey *individual* (Nm. 24:7d-9)[37] que le dará la victoria a Israel en cumplimiento con la fidelidad prometida de Dios.

Una marca solidaria

La diferencia sutil en pronombres y verbos entre el segundo y el tercer oráculo no solo es significativa porque refleja un nuevo enfoque, sino también porque insinúa el concepto de solidaridad

---

36. Cole, *Numbers* [Números], p. 419.
37. Postell, «Numbers 24:5-9: The Distant Star» [Números 24:5-9: La estrella distante], p. 296.

corporativa.[38] Este concepto se refiere a «la oscilación o relación recíproca»[39] entre el individuo y el grupo. En otras palabras, el acto de un individuo no es simplemente un acto individual. A menudo es un representante del grupo y viceversa. Tanto el individuo que representa al todo como el grupo que está representado son «igualmente parte del mismo significado único de la intención del autor».[40] Esta es la «base»[41] para la comprensión de Pablo de la expiación sustitutiva en 2 Corintios 5:14 donde «uno murió por todos, por consiguiente, todos murieron».

Por lo general, estos dos elementos «fusionados»[42] se «incorporan en un sustantivo colectivo singular»[43] donde el sustantivo es el mismo. Por ejemplo, el término «siervo»[44] es un sustantivo singular que conlleva una idea colectiva. Se usa en referencia a la nación de Israel (Is. 44:1), pero también puede referirse al remanente (Is. 49:5) y a un individuo específico (Is. 52:13–53:12).[45] Todo depende del significado pretendido por el autor para ese

---

38. Véanse Richard N. Longenecker, *Biblical Exegesis in the Apostolic Creed* [Exégesis bíblica en el credo apostólico] (Grand Rapids: Eerdmans, 1975), pp. 93-94; Henry W. Robinson, *Corporate Personality in Ancient Israel* [La personalidad colectiva en el Israel antiguo] (Filadelfia: Fortress, 1980), p. 10; Russell Philip Shedd, *Man in Community: A Study of St. Paul's Application of Old Testament and Early Jewish Conceptions of Human Solidarity* [El hombre en comunidad: Un estudio de la aplicación de San Pablo del Antiguo Testamento y de las concepciones judías primitivas de la solidaridad humana] (Grand Rapids: Eerdmans, 1964), p. 4.

39. Klyne Snodgrass, «The Use of the Old Testament in the New» [El uso del Antiguo Testamento en el Nuevo], en *The Right Doctrine from the Wrong Texts? Essays on the Use of the Old Testament in the New* [¿Doctrina correcta a partir de textos incorrectos? Ensayos sobre el uso del Antiguo Testamento en el Nuevo], ed. por G. K. Beale, pp. 29-51 (Grand Rapids: Baker Books, 1994), p. 37.

40. Kaiser, *The Messiah in the Old Testament* [El Mesías en el Antiguo Testamento], p. 25.

41. Snodgrass, «The Use of the Old Testament in the New», p. 37.

42. Robinson, *Corporate Personality in Ancient Israel* [La personalidad colectiva en el Israel antiguo], p. 10.

43. Kaiser, *The Messiah in the Old Testament* [El Mesías en el Antiguo Testamento], p. 25.

44. *HALOT*, pp. 774-775 (עֶבֶד).

45. Snodgrass, «The Use of the Old Testament in the New» [El uso del Antiguo Testamento en el Nuevo], p. 37.

término y de cómo desarrolla posiblemente los usos anteriores de ese término en sus propios escritos.[46] Esto es en parte lo que Walter C. Kaiser considera como «teología antecedente».[47] El contexto no puede limitarse solo a los versículos inmediatos de un pasaje dado, sino que también debe contener toda la revelación previa del Antiguo Testamento.[48] Es muy posible que los términos anteriores sigan teniendo el mismo significado de su uso anterior en un pasaje dado por un autor posterior. Sin embargo, ese mismo autor puede construir sobre el significado original de un texto o textos múltiples y desarrollar temas teológicos más grandes en sus escritos que reflejen su implicación.[49] Tal «uso»[50] de la revelación

---

46. Craig C. Broyles, «Traditions, Intertextuality, and Canon» [Tradiciones, intertextualidad y el canon], en *Interpreting the Old Testament: A Guide for Exegesis* [Interpretando el Antiguo Testamento: Una guía para la exégesis], ed. por Craig C. Broyles, pp. 157-176 (Grand Rapids: Baker Books, 2001), p. 167; Abner Chou, *La hermenéutica de los escritores bíblicos: Los profetas y los apóstoles nos enseñan a interpretar las Escrituras* (Grand Rapids: Portavoz, 2019), pp. 20-22, 48-50; Michael Fishbane, *Biblical Interpretation in Ancient Israel* [Interpretación bíblica en el Israel antiguo] (Oxford: Clarendon Press, 1985), pp. 7-14.

47. Walter C. Kaiser, *Toward an Exegetical Theology: Biblical Exegesis for Preaching and Teaching* [Hacia una teología exegética: Exégesis bíblica para la predicación y la enseñanza] (Grand Rapids: Baker Books, 1998), pp. 79-83.

48. G. K. Beale, «Positive Answer to the Question Did Jesus and His Followers Preach the Right Doctrine from the Wrong Text?», en *The Right Doctrine from the Wrong Texts? Essays on the Use of the Old Testament in the New* [¿Doctrina correcta a partir de textos incorrectos? Ensayos sobre el uso del Antiguo Testamento en el Nuevo], ed. por G. K. Beale, pp. 387-404 (Grand Rapids: Baker Books, 1994), pp. 390-391.

49. Es imprescindible comprender la diferencia entre *significado* e *implicación*. «Lo primero alude a las ideas particulares del autor original en el texto (p. ej., Pablo escribió a Timoteo o Tito). Lo segundo denota las diversas repercusiones válidas, las inferencias [...] que surgen del significado del autor. La [implicación] puede incluir (aunque no se limita a ello) las ramificaciones del significado de un texto en nuestras vidas hoy o su influencia en un tema teológico [...] que deriva de lo que el autor afirmó, las deducciones lógicas de esas ideas y las suposiciones necesarias para que esas ideas funcionen». Chou, *La hermenéutica de los escritores bíblicos*, p. 32. Véase Kevin J. Vanhoozer, *Is There a Meaning in This Text? The Bible, the Reader, and the Morality of Literary Knowledge* [¿Hay algún significado en este texto? La Biblia, el lector y la moralidad del conocimiento literario] (Grand Rapids: Zondervan, 1998), pp. 261-262.

50. *Uso* puede referirse «a cómo interpreta un autor el significado de un texto, así como a su forma de aplicar su [implicación] en una diversidad de formas». Chou, *La hermenéutica de los escritores bíblicos*, p. 34.

previa no provoca ningún cambio a lo que se dijo originalmente. Simplemente aplica la intención original del autor a su «patrón deseado de significado».[51]

En el tercer oráculo, Balaam usa un sustantivo singular que vincula sus escritos con la revelación que lo antecede (Nm. 24:7). El término es «descendiente», o más específicamente, «simiente», y nunca ocurre en forma plural en el Antiguo Testamento.[52] En consecuencia, se usa regularmente como sustantivo colectivo en forma singular para denotar tanto una semilla individual como un grupo de semillas.[53] Cuando el referente es la humanidad, puede designar a «toda la línea de descendientes como una unidad, sin embargo, es lo suficientemente flexible como para denotar a una persona que personifica a todo el grupo [...] o a las muchas personas en esa línea de descendientes naturales y/o espirituales».[54] Este parece ser el caso en Génesis 3:15, uno de los textos antecedentes a los que Balaam hace referencia en Números 24:7 bajo la dirección del Espíritu Santo.

Génesis 3:15	
RVR–60	**BHS**
Y pondré enemistad entre ti y la mujer, y entre tu simiente y la simiente suya; él te herirá en la cabeza, y tú le herirás en el calcañar.	וְאֵיבָה׀ אָשִׁית בֵּינְךָ֙ וּבֵין הָאִשָּׁ֔ה וּבֵין זַרְעֲךָ וּבֵין זַרְעָהּ ה֚וּא יְשׁוּפְךָ֣ רֹ֔אשׁ וְאַתָּה תְּשׁוּפֶנּוּ עָקֵב׃

Algunos estudios sugieren que cuando «descendiente» o «simiente» se refieren a un individuo, «aparecen con inflexiones

---

51. Robert H. Stein, *A Basic Guide to Interpreting the Bible: Playing by the Rules* [Una guía básica para interpretar la Biblia: De acuerdo a las reglas del juego] (Grand Rapids: Baker Book, 2011), p. 44.

52. Walter C. Kaiser, «זֶרַע», en *TWOT*, vol. 1, p. 253.

53. James Hamilton, «The Skull Crushing Seed of the Woman: Inner-Biblical Interpretation of Genesis 3:15» [La simiente de la mujer que aplasta cráneos: Interpretación bíblica interna de Génesis 3:15], *SBJT* 10 (2006), p. 32.

54. Kaiser, «זֶרַע», p. 253.

verbales, adjetivos y pronombres singulares».[55] Por lo tanto, se concluye que «a nivel sintáctico, el pronombre singular [él] en Génesis 3:15 es bastante consistente con el patrón de que un individuo singular está a la vista».[56] En otras palabras, este texto no solo habla de toda la línea de descendientes como una unidad, sino de un «descendiente masculino que finalmente obtendrá una aplastante victoria sobre Satanás mismo».[57] Dicho esto, la oscilación entre el individuo y el grupo no siempre es tan fácil de distinguir en un contexto dado por medio de la sintaxis sola. Por ejemplo, Pablo enfatiza el elemento individual de este texto en Gálatas 3:16 y lo aplica colectivamente al pueblo de Dios en Romanos 16:20.[58] Por lo tanto, hay un nivel útil de «ambigüedad»[59] inherente al concepto de solidaridad corporativa por el cual el *significado* único de un autor original establece por *implicación* un marco para temas teológicos más grandes.

Génesis 22:17-18 explota la ambigüedad[60] del término «simiente» con ideas consistentes con las de Génesis 3:15. Aunque el significado pretendido por el autor original *no sufre cambios*, su implicación se desarrolla agregando más detalles a lo que se declaró originalmente. En este caso, el *mismo* autor deriva implicaciones o ramificaciones legítimas al usar y probar el *mismo* concepto de solidaridad corporativa.

---

55. Jack Collins, «A Syntactical Note (Gn. 3:15): Is the Woman's Seed Singular or Plural?» [Una nota sintáctica (Gn. 3:15): ¿La simiente de la mujer es singular o plural?], *TynBul* 48 (1997), p. 144. Véase T. Desmond Alexander, «Further Observations on the Term "Seed" in Genesis» [Observaciones adicionales del término "simiente" en Génesis], *TynBul* 48 (1997), pp. 363-367.

56. Collins, «A Syntactical Note (Gn. 3:15)», p. 145.

57. Kaiser, «זֶרַע», p. 253.

58. Véase Max Wilcox, «The Promise of the "Seed" in the New Testament and the Targumim» [La promesa de la «simiente» en el Nuevo Testamento y los Targumim], *JSNT* 5 (1979), pp. 2-3.

59. Hamilton, «The Skull Crushing Seed of the Woman» [La simiente de la mujer que aplasta cráneos], p. 33.

60. K. A. Mathews, *Genesis 11:27–50:26* [Génesis 11:27–50:26], *NAC* 1B (Nashville: Broadman & Holman Publishers, 2005), p. 299.

Génesis 22:17-18	
RVR–60	**BHS**
[17] De cierto te bendeciré, y multiplicaré tu simiente como las estrellas del cielo y como la arena que está a la orilla del mar; y tu simiente poseerá las puertas de sus enemigos.	כִּי־בָרֵךְ אֲבָרֶכְךָ וְהַרְבָּה אַרְבֶּה אֶת־זַרְעֲךָ כְּכוֹכְבֵי הַשָּׁמַיִם וְכַחוֹל אֲשֶׁר עַל־שְׂפַת הַיָּם וְיִרַשׁ זַרְעֲךָ אֵת שַׁעַר אֹיְבָיו׃
[18] En tu simiente serán benditas todas las naciones de la tierra, por cuanto obedeciste a mi voz.	וְהִתְבָּרֲכוּ בְזַרְעֲךָ כֹּל גּוֹיֵי הָאָרֶץ עֵקֶב אֲשֶׁר שָׁמַעְתָּ בְּקֹלִי׃

En este pasaje, Dios reafirma su pacto a la luz de la fe de Abraham (Gn. 12:1-3; 15:4-5; 17:4-8). Esta bendición está ahora claramente asociada[61] con su «simiente» por la cual la reversión de la maldición está programada a suceder.[62] Tal reversión coincide «en concepto»[63] con el significado previsto en Génesis 3:15. En la primera parte del versículo 17, el nombre colectivo se refiere a todo el linaje de descendientes como una unidad, ya que serán tan numerosos «como las estrellas del cielo y como la arena que está a la orilla del mar». Sin embargo, el referente de los próximos dos usos del término «simiente» puede denotar un descendiente individual (Gn. 22:17b-18). A nivel sintáctico, esto es evidente ya que el pronombre que se refiere a «tu simiente» en la última parte del versículo 17 es singular: «sus enemigos». Por lo tanto, un nuevo antecedente individual del pronombre singular en tercera

---

61. Gordon J. Wenham, *Genesis 16–50* [Génesis 16–50], *WBC* 2 (Waco, TX: Word Books, 1994), p. 111.

62. Allen P. Ross, *Creation and Blessing: A Guide to the Study and Exposition of Genesis* [Creación y bendición: Una guía al estudio y exposición de Génesis] (Grand Rapids: Baker Books, 1997), pp. 65-69.

63. Chou, *La hermenéutica de los escritores bíblicos*, p. 86.

persona podría estar en juego aquí,[64] elaborando aún más la promesa de Génesis 3:15 en detalle.

Esta interpretación del pasaje sugiere que la bendición de «todas las naciones de la tierra» (Gn. 22:18) podría estar asociada con un descendiente individual de Abraham, en lugar de con toda su descendencia. No hay nada en el texto hebreo que sugiera un cambio de referente en el versículo 18.[65] Entonces, si la referencia previa más inmediata de «simiente» denota a un individuo (Gn. 22:17b), este también debe ser el caso para el uso que le sigue (Gn. 22:18). El término «simiente» tiene suficiente «flexibilidad semántica»[66] para denotar un descendiente individual de Abraham que gobernará sobre sus enemigos y bendecirá al mundo (cp. Gn. 24:60; 28:14).

El uso de Balaam del término «descendiente» o «simiente» en Números 24:7 no es intrascendente entonces. En realidad, está allí para enmarcar intencionalmente su oráculo dentro del «patrón deseado de significado»[67] adoptado en una revelación previa que habla de un posible descendiente individual que traerá bendición al mundo entero.[68] Esto queda inequívocamente claro por el siguiente uso de «rey» en el mismo versículo y la referencia casi literal a Génesis 49:9 dos versículos más tarde (Nm. 24:9; cp. Gn. 27:29).

---

64. Hamilton, «The Skull Crushing Seed of the Woman» [La simiente de la mujer que aplasta cráneos], p. 32.

65. Alexander, «Further Observations on the Term "Seed" in Genesis» [Observaciones adicionales del término "simiente" en Génesis], p. 365.

66. Mathews, *Genesis 11:27–50:26* [Génesis 11:27–50:26], p. 299. Véase Kaiser, «זֶרַע», p. 253.

67. Stein, *A Basic Guide to Interpreting the Bible* [Una guía básica para interpretar la Biblia], p. 44.

68. «En el centro de la narrativa de Balaam yace el desarrollo del plan de Dios para bendecir a las naciones a través de Abraham y su simiente; un plan que ya se puso en marcha desde el mandato de la creación, con su triple tema de bendición, simiente y tierra (Gn. 1:28)». Postell, «Numbers 24:5-9: The Distant Star» [Números 24:5-9: La estrella distante], p. 287.

Como se demostró antes, el enfoque del tercer oráculo está en el rey individual, no en la nación como un todo. Él tratará con sus enemigos al igual que la «simiente» en Génesis 3:15 y 22:17-18 (Nm. 24:8). Esto no es nada nuevo dadas las connotaciones reales utilizadas hasta este momento en referencia a la «simiente» en la revelación previa.[69] Todo el libro de Génesis, por ejemplo, enfatiza «la existencia de un linaje único de descendientes masculinos que eventualmente dará lugar a una dinastía real».[70] Adán está destinado a gobernar (Gn. 1:26-28) y por eso se describe a Abraham como rey (Gn. 14:1-4; 17-24) y se le promete ser el padre de reyes (Gn. 17:6).[71] Entonces, hacia al final del Génesis, se confirma la expectativa que el linaje principal[72] de descendientes dará lugar a una dinastía real que vencerá el mal de una vez por todas (Gn. 49:8-12).[73] Esta es la idea misma que se discute en Números 24. Aquí, sin embargo, Balaam refina el significado de «simiente» a través del término no colectivo «rey». Esto se vuelve particularmente claro cuando se hace una comparación entre Números 23:24 y 24:9.

---

69. Véanse T. Desmond Alexander, «Royal Expectations in Genesis to Kings: Their Importance for Biblical Theology» [Expectativas de realeza desde Génesis hasta Reyes: Su importancia para la teología bíblica], *TynBul* 49 (1998), pp. 191-212; Stephen G. Dempster, *Dominion and Dynasty: A Theology of the Hebrew Bible* [Dominio y dinastía: Una teología de la Biblia hebrea], *NSBT* (Downers Grove, IL: InterVarsity Press, 2003), pp. 68-77.

70. Alexander, «Further Observations on the Term "Seed" in Genesis» [Observaciones adicionales del término "simiente" en Génesis], p. 366.

71. Chou, *La hermenéutica de los escritores bíblicos*, p. 87; Dempster, *Dominion and Dynasty* [Dominio y dinastía], p. 79.

72. «Es significativo que estos pasajes forman parte de una imagen mucho más grande en Génesis, que se centra en una línea única de descendientes. El libro de Génesis no solo da a entender que este linaje eventualmente dará lugar a una dinastía real, sino que también anticipa que un futuro miembro de esta línea conquistará a sus enemigos y mediará la bendición de Dios para las naciones de la tierra». Alexander, «Further Observations on the Term "Seed" in Genesis» [Observaciones adicionales del término "simiente" en Génesis], p. 367.

73. Chou, *La hermenéutica de los escritores bíblicos*, p. 87; Dempster, *Dominion and Dynasty* [Dominio y dinastía], p. 91; Wenham, *Genesis 16–50*, p. 478.

Números 23:24; 24:9

RVR–60	BHS
24 He aquí el pueblo que como león se levantará, Y como león se erguirá; No se echará hasta que devore la presa, Y beba la sangre de los muertos.	הֶן־עָם֙ כְּלָבִ֣יא יָק֔וּם וְכַאֲרִ֖י יִתְנַשָּׂ֑א לֹ֤א יִשְׁכַּב֙ עַד־יֹ֣אכַל טֶ֔רֶף וְדַם־חֲלָלִ֖ים יִשְׁתֶּֽה׃
9 Se encorvará para echarse como león, Y como leona; ¿quién lo despertará? Benditos los que te bendijeren, Y malditos los que te maldijeren.	כָּרַ֨ע שָׁכַ֧ב כַּאֲרִ֛י וּכְלָבִ֖יא מִ֣י יְקִימֶ֑נּוּ מְבָרֲכֶ֣יךָ בָר֔וּךְ וְאֹרְרֶ֖יךָ אָרֽוּר׃

Ambos versículos aluden a Génesis 49:9. Sin embargo, el tercer oráculo carece de una referencia a «pueblo». El enfoque, como se mencionó anteriormente, ya no está en la nación como un grupo completo de personas, sino en un rey individual que los representará en el futuro.[74] Como tal, la predicción «clave»[75] de Balaam prevé un «rey» último que saldrá de la «simiente» real para conquistar a sus enemigos y mediar la fidelidad prometida —en representación de toda la nación—.

Este oráculo encuentra su cumplimiento inicial en el establecimiento de la monarquía de Israel (Nm. 24:7b) después de la conquista de la tierra de Canaán (Nm. 24:5-7a, 8-9). El surgimiento del «rey» implicaba la desaparición de «Agag»,[76] el rey de

---

74. El «reinado del futuro rey [se describe] en términos similares a los grandes actos de salvación de Dios en el pasado [...] Lo que Dios hizo por Israel en el pasado se ve como un tipo de lo que hará por ellos en el futuro cuando envíe su rey prometido». John H. Sailhamer, *The Pentateuch as Narrative: A Biblical-Theological Commentary* [El Pentateuco como narrativa: Un comentario bíblico teológico] (Grand Rapids: Zondervan, 1992), p. 408.

75. Kaiser, *The Messiah in the Old Testament* [El Mesías en el Antiguo Testamento], p. 54.

76. Por falta de espacio, no se puede discutir la identidad de este rey. Véanse Postell, «Numbers 24:5-9: The Distant Star» [Números 24:5-9: La estrella distante], pp. 298-300; Sailhamer, «The Messiah and the Hebrew Bible» [El Mesías y la Biblia hebrea], p. 21.

Amalec,[77] cuya vida perdonó Saúl (1 S. 15:2-8; 18-20) en desobediencia a Dios (1 S. 28:18). El hecho de que Saúl no obedeciera a Dios resultó en la transferencia de su trono a un descendiente individual de la «simiente» real, David (2 S. 7:12; 1 Cr. 17:11), quien llevó este oráculo profético[78] a un cumplimiento parcial (1 S. 30:18; 2 S. 1:1; 8:12; 8:12; 1 Cr. 18:11). Sin embargo, este cumplimiento histórico no «agotó la profecía»,[79] ya que prevé una victoria última del rey supremo de su «pueblo» sobre todos sus enemigos (Nm. 24:7-8, 17-19, 20). Solo el «postrer Adán» (1 Co. 15:45), el que es «antes que Abraham fuese» (Jn. 8:58), el «segundo» David (Os. 3:5; Mt. 1:1) asegurará eventualmente la victoria sobre todas las naciones hostiles según el patrón[80] de Amalec.

CONCLUSIÓN

Este capítulo sostiene que Números 24:1-9 tiene un componente intrínsecamente mesiánico. No es necesario añadir metodologías para hacer una asociación más directa con Cristo, como sugieren los defensores de la hermenéutica cristocéntrica.[81] La

---

77. «La opresión experimentada por los israelitas a manos de los amalecitas es antigua. Los amalecitas fueron uno de los muchos descendientes de Esaú (Gn. 36). De hecho, Amalec era el nieto de Esaú (Gn. 36:11, 12; cp. 1 Cr. 1:36). Aunque vinculados con la tierra de Edom (Gn. 36:16), eran personas nómadas o seminómadas que deambulaban por las regiones del Sinaí y Negev (Nm. 13:29; 1 S. 15:7). El conflicto entre los amalecitas y los israelitas se observa por primera vez en Éxodo 17:8-13, pero continúa durante todo el período de los jueces (Jue. 3:13; 5:14; 6:3, 33; 7:12; 10:12)». Gordon H. Johnston, «Messianic Trajectories in Genesis and Numbers» [Trayectorias mesiánicas en Génesis y Números], en *Jesus the Messiah: Tracing the Promises, Expectations, and Coming of Israel's King* [Jesús el Mesías: Rastreando las promesas, expectativas y la venida del Rey de Israel], ed. por Herbert W. Bateman IV, Darrell L. Bock y Gordon H. Johnston, pp. 37-58 (Grand Rapids: Kregel, 2012), p. 52.

78. Allen, *Numbers* [Números], p. 906; Wenham, Gordon J, *Numbers: An Introduction and Commentary* [Números. Una introducción y comentario], TOTC (Downers Grove, IL: InterVarsity Press, 1981), p. 178.

79. Johnston, «Messianic Trajectories in Genesis and Numbers» [Trayectorias mesiánicas en Génesis y Números], p. 52.

80. El mayor enemigo de Israel, Amalec, «puede representar el reino de la humanidad oponiéndose al reino de Dios». Kaiser, *The Messiah in the Old Testament* [El Mesías en el Antiguo Testamento], p. 56.

81. Véase el capítulo anterior.

metodología histórico-gramatical es suficiente para predicar a Cristo como progresivamente se presenta en el Antiguo Testamento. Sin embargo, antes de leer hacia adelante hay que leer hacia atrás. Los autores originales del Antiguo Testamento dejaron marcas en el texto mismo que anticipan al Mesías que el Nuevo Testamento identifica como Jesucristo, el rey. La hermenéutica cristotélica sigue y respeta precisamente esa dirección que el Espíritu de Dios provee en su fidelidad para bendecir al mundo (Ro. 1:1-4).

4

LA HERMENÉUTICA CRISTOTÉLICA EN LOS PROFETAS

Josiah Grauman

Cuando se habla de hermenéutica, la pregunta que debe hacerse es, ¿cómo desea Dios que su Palabra sea interpretada? El planteamiento es sumamente importante, ya que Dios exige el buen uso de su Palabra (2 Ti. 2:15), y es la pregunta que este capítulo buscará contestar, dando un énfasis particular a los profetas del Antiguo Testamento y su relación con Cristo. El capítulo se dividirá en cuatro secciones. Primero, se probará que la autoría dual de la Biblia comunica un sentido singular. Segundo, se establecerá que los profetas, al igual que los otros autores bíblicos, interpretaron, y desearon ser interpretados, de acuerdo con el sentido usual de las palabras en su contexto. Tercero, se analizarán algunas profecías del Antiguo Testamento para mostrar la realidad que la profecía normalmente se cumplía en su sentido esperado. Y finalmente, se examinará un texto difícil para evidenciar que los profetas hablaron explícitamente del Mesías más de lo que muchos creen.

109

EL SENTIDO SINGULAR

En el deseo de predicar a Cristo desde toda la Biblia ha surgido un avivamiento, un tipo de predicación y modelo teológico mejor conocido como cristocéntrico.[1] Esto debe ser un motivo de gozo para todo cristiano, ya que Cristo crucificado es el gran tema de la predicación neotestamentaria (1 Co. 1:23). Además, Cristo explica claramente que el Antiguo Testamento habla de Él de manera explícita (Lc. 24:44) y que las Escrituras dan testimonio de Él (Jn. 5:39).[2] De hecho, Cristo reprende a dos discípulos debido a que su interpretación errónea del Antiguo Testamento les impidió verlo allí (Lc. 24:25-27).

No obstante, ante la aceptación y auge del modelo cristocéntrico, es necesario preguntarse cómo se debe encontrar a Cristo en el Antiguo Testamento. ¿Es Cristo el tema explícito de cada texto veterotestamentario? ¿Era la intención del autor original referirse a Cristo en todo texto que escribió? Es evidente que, desde la perspectiva del autor bíblico, la respuesta tiene que ser negativa, porque muchos pasajes no hablan explícitamente de Cristo, y los profetas no entendieron todo acerca de Cristo (1 P. 1:10-11). Además, si cada texto veterotestamentario se refiere directamente a Cristo, se esperaría una cantidad mayor de citas del Antiguo Testamento en el Nuevo Testamento. Richard L. Mayhue comenta lo siguiente al respecto:

---

1. Dennis E. Johnson, un autor cristocéntrico, comenta retóricamente: «¿Podemos llegar a conclusiones confiables sobre la aplicación de un texto, ya sea narrativo, imperativo, un poema o un proverbio, antes de haber considerado el lugar y el papel del texto en todo el testimonio que las Escrituras dan de Cristo?». Dennis E. Johnson, «Review of Getting the Message: A Plan For Interpreting and Applying the Bible» [Reseña de *Recibiendo el mensaje: Un plan para interpretar y aplicar la Biblia*], *Presbyterion* 26 (2000), p. 126.

2. Gordon Fee y Douglas Stuart dicen: «Así que cuando Jesús enseñó que las Escrituras "dan testimonio en mi favor" (Jn. 5:39), hablaba del nivel último, superior, del relato, en el cual su sacrificio era el acto central, y la sujeción a él de toda la creación es el clímax de la trama. Claro, *no* hablaba sobre cada breve pasaje del Antiguo Testamento». Por supuesto, esto no significa que no haya textos que explícitamente hablen de Cristo. Gordon Fee y Douglas Stuart, *Lectura eficaz de la Biblia* (Miami, FL: Vida, 2007), pp. 89-90.

Es impresionante cuán pocas citas, si es que las hay, provienen de 32 de los 39 de libros del Antiguo Testamento. Si Cristo debe ser predicado de cada texto/ pasaje del Antiguo Testamento, uno esperaría una cantidad significativamente mayor de citas del Antiguo Testamento en el Nuevo Testamento, donde Cristo es mencionado.[3]

Ya que algunos textos, interpretados de acuerdo con el sentido usual de las palabras, no hablan explícitamente de Cristo, algunos optan por buscar un sentido más profundo en el texto. Parten del sentido literal, para luego pasar por el espiritual y finalmente llegar al sentido «pleno».[4] Puesto que la Biblia presenta dos autores en cada texto, el autor humano y el Espíritu Santo como autor divino (2 P. 1:21; 2 Ti. 3:16), se dice que hay un sentido normal, el sentido que el autor humano quiso comunicar, y un sentido mayor (*sensus plenior*), que Dios verdaderamente quiso revelar. Como Dan G. McCartney y Charles Clayton afirman: «Si Dios es el autor de toda la Biblia, y si esa Biblia es una comunicación coherente de Dios, entonces sus declaraciones anteriores tendrán alguna relación con sus declaraciones posteriores, y por lo tanto significarán más de lo que los autores humanos de aquellas declaraciones anteriores hubieran percibido».[5]

Sidney Griedanus explica lo siguiente respecto al *sensus plenior*: «Sea cual fuere el nombre que utilicemos, el punto importante es que un pasaje entendido en el contexto de toda la Biblia y la historia de la redención puede revelar mayor significado

---

3. Richard L. Mayhue, «Christ-Centered Preaching: An Overview» [Predicación cristocéntrica: Un panorama], *MSJ* 27 (2016), p. 155.

4. William S. LaSor, «Prophecy, Inspiration, and Sensus Plenior» [Profecía, inspiración y *sensus plenior*], *TynBul* 29 (1978), pp. 52-53.

5. Dan G. McCartney y Charles Clayton, *Let the Reader Understand: A Guide to Interpreting and Applying the Bible* [Que el lector entienda: Una guía para interpretar y aplicar la Biblia], 2.ª ed. (Phillipsburg, NJ: P&R, 2002), p. 159.

de aquel que el autor originalmente pretendió».[6] Sin embargo, ¿es justo permitir que los misterios revelados en el Nuevo Testamento reinterpreten el significado original del Antiguo Testamento, o es mejor entender que los misterios del Nuevo Testamento simplemente agregan nueva revelación al Antiguo Testamento? Esta es una de las preguntas que serán contestadas más adelante.

La búsqueda por un sentido mayor en el texto veterotestamentario se remonta a la escuela de interpretación alejandrina del primer siglo,[7] que afirmaba la necesidad de un sentido alegórico debido a que el significado verdadero del texto yace secretamente detrás de la lectura natural de la Biblia. Aunque parecía noble buscar un sentido espiritual más profundo, la idea derivó del intento sincretista de conciliar la filosofía platónica, que enseñaba que lo material era solo un reflejo vano del mundo espiritual, con la verdad de la Escritura.[8] Uno de los principales defensores del sentido alegórico, Orígenes de Alejandría (185–254 d. C.), enseñó que la dificultad de entender completamente el significado de la Palabra de Dios se debe a que su significado más profundo, esencial y espiritual se encuentra bajo la expresión literal que lo cubre, y lo viste como un velo.[9]

El *sensus plenior* se desarrolló posteriormente en el contexto de la teología católica romana,[10] sosteniendo que existen al menos

---

6. Sidney Greidanus, *Preaching Christ from the Old Testament* [La predicación de Cristo a partir del Antiguo Testamento] (Grand Rapids: Eerdmans, 1999), p. 233.

7. Alan J. Hauser y Duane F. Watson, eds., *A History of Biblical Interpretation: The Ancient Period* [Una historia de la interpretación bíblica: El período antiguo], vol. 1 (Grand Rapids: Eerdmans, 2008), p. 37.

8. Richard N. Longenecker, *Biblical Exegesis in the Apostolic Period* [Exégesis bíblica en el período apostólico] (Grand Rapids: Baker Books, 1999), p. 16.

9. Manlio Simonetti, *Biblical Interpretation in the Early Church: An Historical Introduction to Patristic Exegesis* [Interpretación bíblica en la Iglesia primitiva: Una introducción histórica a la exégesis patrística, ed. por Anders Bergquist y Markus Bockmuehl, trad. por John A. Hughes (Edimburgo, Escocia: T&T Clark, 1994), p. 42.

10. Douglas J. Moo, «The Problem of Sensus Plenior» [El problema del *Sensus Plenior*], en *Hermeneutics, Authority, and Canon* [Hermenéutica, Autoridad

dos significados para una porción de las Escrituras. Es necesario diferenciar entre el sentido principal y literal, y el sentido secundario y espiritual. En otras palabras, el significado de un texto está determinado por la comprensión subjetiva de los términos, en lugar de la interpretación objetiva.[11] Por lo tanto, cuando se afirma un sentido escondido o espiritual que revela a Cristo cuando el texto explícitamente no lo hace, se está siguiendo la misma lógica que la escuela alejandrina y el *sensus plenior*. Como se mencionó anteriormente, predicar a Cristo no es el punto de inflexión, lo es su enfoque hermenéutico del Antiguo Testamento, que desea encontrar un sentido diferente al sentido que el autor original quiso comunicar, el cual conlleva peligros interpretativos. A continuación, se presentan diversos peligros implicados en la premisa de un sentido mayor en la revelación bíblica.

En primer lugar, la Biblia jamás instruye a los creyentes a buscar un sentido adicional al sentido obvio del texto. De hecho, cuando Dios habla del sentido del texto, nunca presenta su intención como algo distinto o adicional a la intención del autor humano, sino que intercambiablemente habla de lo que Él dijo (2 Co. 6:16), lo que Él dijo por medio del profeta (Mt. 1:22), lo que el profeta dijo (Mt. 4:14), y lo que las Escrituras dicen (Stg. 4:5).[12] Esto demuestra que cada texto presenta un solo sentido, el sentido que tanto Dios como el autor original quisieron darle al texto.[13]

---

y Canon], ed. por D. A. Carson y John D. Woodbridge, pp. 175-211 (Grand Rapids: Zondervan, 1986), p. 201.

11. Rudolph Bierberg, «Does Sacred Scripture have a Sensus Plenior?» [¿La Sagrada Escritura tiene un *sensus plenior*], *CBQ* 10 (1948), pp. 182-186.

12. Nótese que Dios se refiere a lo que Él dice y lo que el profeta dice de forma intercambiable (Dt. 18:15-19) y es su propia Palabra la que se verifica mediante su cumplimiento.

13. Hay ocasiones cuando el profeta escribe de su propio deseo de escribir algo (como una epístola paulina). En este caso, el pasaje presenta el sentido singular que Dios quiso comunicar por medio del profeta. También, hubo momentos cuando Dios dictó un mensaje al profeta (como los diez mandamientos), y en ese caso, también hay un solo sentido: el sentido que Dios comunicó y Moisés escribió.

Debido a que el texto tiene un solo sentido, este debe ser determinado por lo que el autor original quiso comunicar, no por lo que el lector actual quiere entender. La búsqueda de un sentido adicional se reduce a una cuestión de autoridad. ¿Es el autor original el que determinará el significado del texto o el lector lo manipulará a su gusto para hacer que este diga algo que no dice? El autor señorea sobre el lector, no viceversa, por lo tanto, debe ser interpretado según el sentido único que Dios comunicó mediante el autor humano.[14]

En segundo lugar, la búsqueda de un sentido adicional lleva a una interpretación subjetiva. La intención del autor humano se ve en las palabras escritas. Pero el sentido de la intención divina, supuestamente se encuentra por medio de simbolismos, tipos y antitipos, alegorías, u otros métodos subjetivos de interpretación.[15]

El carácter autoritativo de las Escrituras implica consecuencias mayores. Debido a que la autoridad de las Escrituras está en su autor divino, el intérprete puede acomodar, mediante el principio del *sensus plenior*, el significado de la Biblia a su gusto y enfatizarlo como autoritativo. El tinte postmodernista se hace evidente cuando cualquier interpretación subjetiva puede afirmarse como autoridad.[16] El problema se incrementa cuando cada intérprete llega a conclusiones diferentes en cuanto a lo que el texto simboliza, ya que el texto no lo dice de manera explícita. Gracias a un *sensus plenior* desconocido y oscuramente revelado, la espiral de interpretaciones subjetivas es imparable. Más aún, en

---

14. Robert H. Stein, «The Benefits of an Author-Oriented Approach to Hermeneutics» [Los beneficios de un enfoque hermenéutico orientado al autor], *JETS* 44 (2001), pp. 462-463.

15. Bierberg, «Does Sacred Scripture have a Sensus Plenior?» [¿La Sagrada Escritura tiene un *sensus plenior*], p. 187.

16. Millard Erickson, *Truth or Consequences: The Promise and Perils of Postmodernism* [Verdad o consecuencias: La promesa y los peligros del posmodernismo] (Downers Grove, IL: InterVarsity Press, 2001), pp. 73-74.

caso de que las Escrituras tuvieran una segunda intención distinta y escondida, ¿quién está capacitado y calificado para determinarla? ¿Realmente puede ser conocida aquella intención? Estos problemas reiteran la necesidad de entender que el texto bíblico comunica un sentido singular.

En tercer lugar, afirmar el *sensus plenior* afrenta la capacidad reveladora de Dios. Si hay un sentido que Dios hubiese querido comunicar, pero fue incapaz de hacerlo a través de la intención, entendimiento, contexto y gramática del autor humano, entonces la omnipotente capacidad reveladora de Dios y su soberana providencia estarían atadas de manos, porque el Autor no logró revelar mediante el escritor lo que realmente hubiera querido comunicar.[17] La Biblia afirma que los autores humanos no limitaron a Dios en su comunicación, sino que Él mismo habló lo que quiso por medio de ellos (2 P. 1:21). Por consiguiente, afirmar significados escondidos que conllevan a una interpretación subjetiva milita contra la perspicuidad de la Escritura, la cual, según Callahan es una «convicción directa, inequívoca y alentadora sobre cómo los cristianos leen y consideran la Biblia».[18]

Ahora bien, si se afirma que hay un sentido singular en el texto, es decir, el sentido que Dios comunicó por medio del profeta, entonces, un texto no habla de Jesús si no lo hace explícitamente. Para aclarar, esto incluye las muchas instancias donde el profeta habló de Jesús, pero sin saber su nombre. Las Escrituras hablan de Jesús sin usar su nombre, como la simiente de la mujer (Gn. 3:15), el Ángel de Jehová cuyo nombre es YO SOY EL QUE SOY (Éx. 3:2-14), o el hijo de hombre (Dn. 7:13). Pero si no hay nada en el texto que indique que sus autores hablaban de Cristo, el intérprete no debe insertarlo allí. No es necesario seguir los

---

17. Charles Hodge, *Teología sistemática*, vol. 1 (Barcelona, España: Clie, 1991), p. 141.

18. John Callahan, *The Clarity of Scripture* [La claridad de la Escritura] (Downers Grove, IL: InterVarsity Press, 2001), p. 9.

principios del *sensus plenior* para introducir la persona de Cristo en un texto donde no está.[19]

Pero, regresando a la pregunta inicial, ¿acaso es esta la manera que Dios quiere que su Palabra sea interpretada? ¿No hay muchos pasajes de la Biblia que interpretan otros pasajes de una manera que contradice la intención original? La respuesta es negativa si los textos se interpretan correctamente.

Cuando Dios interpreta su Palabra, no lo hace de manera subjetiva, sino que interpreta sus palabras en su sentido usual. Por ejemplo, cuando Dios da los diez mandamientos (Éx. 20:8-11), interpreta los siete días de la creación en Génesis 1. Él no los interpreta como épocas largas, ni simbólicamente, sino que los ve como días de 24 horas, de la misma manera que se presentan en Génesis 1. Así es como Dios habla por medio de los profetas del Antiguo Testamento.

El sentido usual

Dios espera que su audiencia lo interprete de acuerdo con el sentido usual de las palabras y frases que usa. En otras palabras, el entendimiento de las Escrituras en su sentido natural[20] exige el uso de la hermenéutica histórico-gramatical. El término «histórico» se refiere a que el texto debe ser interpretado de acuerdo con la situación histórica en la que fue escrito, mientras que «gramatical» expresa la idea de algo literal. Milton S. Terry lo describe

---

19. El uso de tipos y antitipos en la literatura veterotestamentaria no respalda la tesis del *sensus plenior*. *Respecto al uso tipológico*, Walter C. Kaiser dice: «A menos que el tipo sea el propósito del escritor del Antiguo Testamento y sea discernible con la práctica normal de la gramática, la sintaxis y sus modos relacionados de discernir el significado, el resto de lo que se clasifica en la tipología debe categorizarse como una forma de aplicar y mostrar relevancia para algunos de los patrones en la actividad salvífica de Dios a lo largo de los siglos». Walter C. Kaiser, *The Uses of the Old Testament in the New* [Los usos del Antiguo Testamento en el Nuevo] (Chicago: Moody, 1985), p. 106.

20. Bernard Ramm, *Protestant Biblical Interpretation: A Textbook of Hermeneutics* [Interpretación bíblica protestante: Un manual de hermenéutica] (Grand Rapids: Baker Books, 1970), p. 2.

de esta manera: «El sentido histórico-gramatical de un escritor es una interpretación de su lenguaje, tal como las leyes de la gramática y los hechos de la historia lo exigen».[21]

Existe debate con relación a la interpretación literal. Algunos dicen que las Escrituras no pueden ser interpretadas de manera literal, ya que una multitud de pasajes emplean figuras de lenguaje; por ejemplo, el profeta Isaías afirma: «Levantarán alas como las águilas» (Is. 40:31). ¿Debe este texto ser interpretado de forma literal? Por supuesto, lo que se debe entender cuando se habla de la interpretación literal es el sentido usual de las palabras en su contexto literario. En otras palabras, ¿cuál es la manera usual que la audiencia de Isaías hubiera entendido la metáfora? De esa misma manera es que el texto debe entenderse. Si solamente se trata de la palabra «alas» sin el contexto, la palabra normalmente se refiere a alas físicas. Pero el contexto de Isaías muestra que la manera normal en que la audiencia hubiera entendido la frase, ya que habla de tener fuerza, correr y no fatigarse, hubiera sido el concepto de moverse rápidamente. No se debe buscar el sentido literal de las palabras individuales fuera de su contexto,[22] sino el sentido usual de las palabras en su contexto. La interpretación literal afirma que el contexto literario del texto proyecta el sentido usual —el sentido que el autor le quiso dar a su escrito—.

¿Desea Dios que su Palabra se interprete así, según el sentido usual de las palabras en su contexto? Sí; y no solamente lo desea, sino que certifica su carácter como el único Dios verdadero mediante el cumplimiento del sentido usual de sus palabras. Es decir, debido a que Dios espera que sus palabras sean interpretadas

---

21. Milton S. Terry, *Hermenéutica: La ciencia de la interpretación bíblica* (Tampa, FL: Doulos, 2012), p. 21.
22. Esto resultaría en la lectura de la primera definición del campo semántico de cada palabra y daría por sentado que este es su significado en cualquier contexto.

de forma literal, entonces declara mediante su vocero profecías precisas y específicas de las cuales los oyentes hubieran esperado un cumplimiento literal, y es mediante este cumplimiento literal que Jehová reitera su excepcionalidad como Dios.

En Isaías 42–44 se observa un ejemplo de esta realidad. En esta porción de las Escrituras, Jehová muestra de manera magistral que Él es el único Dios verdadero y que todos los demás llamados dioses son ídolos no dignos de adoración. El principal argumento que Jehová utiliza para mostrar su divinidad, anclada en sus distintos atributos revelados en el texto, es su capacidad de predecir el futuro debido a que Él mismo gobierna la historia.

> Así dice Jehová Rey de Israel, y su Redentor, Jehová de los ejércitos: Yo soy el primero, y yo soy el postrero, y fuera de mí no hay Dios. ¿Y quién proclamará lo venidero, lo declarará, y lo pondrá en orden delante de mí, como hago yo desde que establecí el pueblo antiguo? Anúncienles lo que viene, y lo que está por venir. No temáis, ni os amedrentéis; ¿no te lo hice oír desde la antigüedad, y te lo dije? Luego vosotros sois mis testigos. No hay Dios sino yo. No hay Fuerte; no conozco ninguno (Is. 44:6-8).[23]

En contraste, los dioses de los pueblos son ciegos y sordos. Isaías 44:9 dice: «Los formadores de imágenes de talla, todos ellos son vanidad, y lo más precioso de ellos para nada es útil; y ellos mismos son testigos para su confusión, de que los ídolos no ven ni entienden». De hecho, Jehová argumenta que todo el que adora un ídolo ciego, es ciego también (Is. 44:18). Por lo tanto, hace una clara distinción de sí mismo y los dioses falsos: Jehová ve todo, aun el futuro, y los dioses son ciegos. Jehová mostrará que Él es el gran YO SOY EL QUE SOY, el soberano Creador, el

---

23. Véase también Isaías 42:8-9; 43:10.

Dios eterno y transgeneracional de Abraham, Isaac y Jacob que puede prometer algo en una generación, y luego cumplirlo a su debido tiempo. Él es Dios cuya palabra permanece para siempre (Is. 40:7).

Por lo tanto, surge la pregunta, ¿qué es lo que Dios promete en Isaías 44 cuyo su cumplimiento probaría su divinidad? En Isaías 44:28 Jehová promete que al final del exilio en Babilonia, un hombre llamado Ciro daría el decreto para que Israel regresara a su tierra y reconstruya el templo. Jehová utilizaría a Ciro como su agente para llevar a cabo sus propósitos.[24] De hecho, más tarde, Jeremías agrega que el exilio duraría 70 años. Si Jehová esperaba una interpretación subjetiva o la profecía tenía un sentido escondido, ¿entonces para qué ser tan específico? La precisión profética no tiene sentido si Jehová esperaba una interpretación simbólica de su revelación. Esdras 1:1-4 narra que Ciro decretó el regreso en cumplimiento de la palabra de Jehová. Dios mostró su carácter fiel y, como soberano gobernador del universo, usó incluso a un rey pagano para llevar a cabo sus propósitos. Seguramente todo cristiano dice: «Amén. Dios es fiel y cumple su palabra». Sin embargo, es necesario pensar en las implicaciones hermenéuticas de dicho suceso.

La clave del pasaje es que la prueba que Jehová usa para demostrar su divinidad solamente funciona si la audiencia original hubiese utilizado una interpretación literal de la predicción. Si la predicción hubiera podido cumplirse de manera alegórica, o simbólica, Jehová no sería mejor que el dios cuyo hacedor busca madera que no se apolille para tallar una imagen que no se mueva (Is. 40:20). De manera que Dios no está revelando su profecía con un *sensus plenior*, a lo que solamente los más espirituales tendrían acceso, ni tampoco tiene una intención distinta a la de Isaías en revelar tan certera profecía. Muy por el contrario, Dios espera una

---

24. J. Goldingay y D. Payne, *A Critical and Exegetical Commentary on Isaiah 40–55* [Un comentario crítico y exegético de Isaías 40–55], *ICC* (Londres: T&T Clark, 2006), p. 215.

interpretación literal del sentido único de su profecía para que el lector contemplara tangiblemente la diferencia entre los ídolos y el Dios verdadero.[25]

¿A qué conclusión debía llegar el judío, si después de 70 años en el exilio Ciro hubiera declarado que los judíos podrían regresar espiritualmente a Jerusalén, o si el decreto hubiese sido emitido 80 años después del exilio? ¿Debía el judío pensar que 70 probablemente simbolizaba un tiempo completo, y, al final de cuentas, la Jerusalén celestial sería mejor? ¿O habría levantado el puño al cielo y blasfemado el nombre de Jehová por ser un dios incapaz de cumplir su propia predicción en la manera obvia en que la presentó? Si la predicción no se cumplía exactamente en la forma en que la audiencia original lo entendía, Jehová, por su propia definición, sería un ídolo no digno de la adoración. No cumplir la profecía literalmente sería reprobar su propio examen de credibilidad.

En resumen, por medio del profeta Isaías, Dios demuestra que Él desea que su Palabra se interprete en su sentido usual de acuerdo con su contexto, y no insertando temas que no pertenecen allí. Dios es un excelente comunicador. Si Él quiso predecir algo acerca de Cristo, lo hizo sin dificultad, y lo cumplió sin tener que recurrir al simbolismo.

EL SENTIDO ESPERADO

Si bien existen algunas profecías difíciles de interpretar, la mayoría de las profecías mesiánicas se cumplieron de la manera esperada.[26] Estos textos no son controversiales, pues hablan de

---

25. «¿Cómo es que el Dios verdadero se distingue de los dioses falsos? […] Es mediante el principio de omnisciencia manifestada en el conocimiento del futuro contingente, lo que prueba que Dios es verdadero y los otros dioses falsos». Bernard Ramm, *Protestant Christian Evidences* [Evidencias cristianas protestantes] (Chicago: Moody, 1953), p. 84.

26. Charles P. M'ilvaine define la profecía como «una declaración de eventos futuros, como ninguna sabiduría o pronóstico humanos son suficientes para hacer —dependiente del conocimiento de las innumerables contingencias de los asuntos humanos— lo cual pertenece únicamente a la omnisciencia de Dios;

Cristo y se cumplieron en Cristo. Lo importante es recalcar que el cumplimiento de estas profecías muestra la manera normal en que las profecías se cumplen en la gran mayoría de los casos.

Profecías mesiánicas en el Antiguo Testamento

Cristo nacería de una virgen (Is. 7:14)

Cristo resplandecería luz sobre Galilea de los gentiles (Is. 9:1-2)

Cristo sería Dios (Is. 9:6)

Cristo salvaría a los gentiles (Is. 11:10)

Cristo sanaría a los enfermos (Is. 35:5-6)

Cristo sería precedido por un precursor (Is. 40:3-5)

Dios se complacería de Cristo (Is. 42:1-7)

Cristo salvaría a todo el mundo (Is. 49:6)

Cristo moriría y resucitaría (Is. 53:1-12)

Cristo predicaría el evangelio (Is. 61:1)

Cristo moriría 483 años después del decreto
de Artajerjes (Dn. 9:29)

Cristo nacería en Belén (Mi. 5:2)

Cristo entraría en Jerusalén cabalgando sobre un asno (Zac. 9:9)

Cristo sería traspasado (Zac. 12:10)

Cristo sería precedido por un mensajero (Mal. 3:1)

Esta lista no es exhaustiva, ni siquiera abarca todo el Antiguo Testamento.[27] Pero al pensar en cómo se cumplieron esas profecías, se observa que se cumplieron exactamente en la manera

---

de manera que por su propia naturaleza la profecía debe ser revelación divina». Charles P. M'ilvaine, *Evidences of Christianity* [Evidencias del cristianismo], 7.ª ed. (Filadelfia: Daniels & Smith, 1852), p. 185.

27. «Por ejemplo, de acuerdo con los cálculos rabínicos existen unos 456 pasajes del Antiguo Testamento que se refieren directamente al Mesías o a los tiempos mesiánicos. Aunque este número sea exagerado de acuerdo a los patrones de erudición utilizados en algunas comunidades, lo que permanece cuando la lista es reducida sigue siendo sumamente impresionante». Walter C. Kaiser, *Predicación y enseñanza desde el Antiguo Testamento* (El Paso, TX: Mundo Hispano, 2010), p. 21.

que la audiencia original debía haber esperado. ¡Por eso Jesús pudo reprender a sus discípulos por no ver lo que debía ser obvio! La evidencia de Cristo como Mesías es expuesta gracias al cumplimiento de estas profecías en su sentido esperado. Si estas profecías debían interpretarse de forma alegórica o tenían un sentido escondido, la demanda de Cristo a que lo reconocieran como el Mesías que cumplía dichas profecías no tiene sentido. Cualquiera pudo apelar a un sentido escondido y autonombrarse Mesías, pero no Jesús. Él apeló al sentido esperado y confirmó su naturaleza mesiánica.

Muchas veces los cristianos piensan que todos los judíos de todas las épocas entendieron el Antiguo Testamento como los fariseos en los tiempos de Jesucristo. Pero no es así. Los fariseos, en su mayoría, eran incrédulos. En contraste, los creyentes del Antiguo Testamento entendieron el mensaje acerca del Mesías con mayor claridad. De hecho, mil años antes, ¡David creyó que Cristo iba a morir y resucitar (Hch. 2:31)! Entonces, es necesario reconocer que el Nuevo Testamento no reinterpreta el Antiguo, sino que el Antiguo Testamento puede ser interpretado por sí mismo.[28]

Pero, ¿qué de los textos donde parece que el Nuevo Testamento inserta a Cristo donde no pertenecía? Una primera opción, sería apelar a la revelación progresiva. Es decir, hay momentos cuando Dios reveló nueva información a un autor del Nuevo Testamento, sin que dicha información fuese revelada en el Antiguo

---

28. «Él [Jesús] no los reprendió [a sus discípulos] por tener una interpretación "literal" del Antiguo Testamento o por no conectar cada pasaje del Antiguo Testamento con su persona y su trabajo. El hecho mismo de que Jesús esperara que estos discípulos entendieran la profecía mesiánica del Antiguo Testamento y se lo relatara sin la ayuda de ninguna Escritura del Nuevo Testamento parece ir en contra de la visión cristocéntrica, que propone que las Escrituras del Antiguo Testamento no pueden sostenerse por sí mismas, sino que deben ser reinterpretadas a la luz de la revelación de Nuevo Testamento». John P. Scarborough, «Christocentric or Theocentric?: Evaluating Two Contemporary Evangelical Approaches to Old Testament Narrative» [¿Cristocéntrico o teocéntrico?: Evaluación de dos enfoques evangélicos contemporáneos a la narrativa del Antiguo Testamento] (Tesis de maestría en teología, The Master's Seminary, 2014), p. 33.

Testamento (cp. Ef. 3:5). En esas ocasiones, no hay ninguna necesidad de imaginar un segundo o más pleno significado de textos relacionados del Antiguo Testamento, ya que Dios declara que no fue revelado antes. La reinterpretación del Antiguo Testamento no es la solución. La solución es ver que el Nuevo Testamento está haciendo avanzar a la narrativa con nueva información.[29]

Sin embargo, en la mayoría de los casos, cuando un autor del Nuevo Testamento «inserta» a Cristo en un pasaje del Antiguo donde no se percibe, el problema es simplemente que el lector no ha estudiado el contexto del Antiguo Testamento lo suficiente como para ver que Cristo sí está explícitamente presente.

EL SENTIDO EXPLÍCITO

Si el Antiguo Testamento debe ser interpretado de acuerdo con su sentido singular, usual y esperado, entonces cada vez que el Nuevo Testamento dice que un texto del Antiguo Testamento habla de Cristo, una interpretación contextual del pasaje debe hablar explícitamente de Cristo. Si este es el caso, entonces los autores del Antiguo Testamento entendían más de Cristo de lo que muchas veces se imagina.

Colocar un sentido adicional en el texto del Antiguo Testamento, normalmente se debe al desconocimiento del contexto histórico, literal y gramatical en que este se desarrolló. En un sentido, el problema de desconocer, por no decir menospreciar, el Antiguo Testamento, ha impactado la correcta interpretación del Nuevo Testamento.

> El gran volumen de citas y alusiones del Antiguo Testamento dentro del Nuevo demuestra que no puede entenderse de manera adecuada o precisa sin un conocimiento profundo del Antiguo Testamento. Para comprender la

---

29. Robert L. Thomas, «The Principle of Single Meaning» [El principio del significado único], *MSJ* 29 (2018), p. 14.

revelación del Nuevo Testamento, es necesaria una comprensión profunda del Antiguo Testamento.[30]

Un excelente ejemplo de esta verdad se encuentra en Salmos 16:10. Cuando un cristiano lee que David dice «Porque no dejarás mi alma en el Seol, ni permitirás que tu santo vea corrupción» (Sal. 16:10), normalmente piensa que David no supo que lo que escribió en primera persona «mi», en verdad hablaba de Cristo, su hijo. Sin embargo, Pedro afirma que David lo entendió (Hch. 2:31). Entonces, en vez de alegorizar o simbolizar un pasaje del Antiguo Testamento, se debe indagar cómo es que el profeta entendió algo que no parece tan obvio.

Ya que el espacio no permite un análisis de todos los textos controversiales, solo se examinará el texto que más comúnmente se usa para probar que el Nuevo Testamento inserta a Cristo en el Antiguo: Mateo 2:15.[31] Cuando José y María llevan a Jesús a Egipto para escaparse de Herodes, Mateo dice que se cumplió lo que dijo el Señor por medio del profeta: «De Egipto llamé a mi hijo» (Mt. 2:15). Parece un claro ejemplo. Se supone que la frase «De Egipto llamé a mi hijo» habla del pueblo de Dios en el éxodo, y Mateo lo espiritualiza, diciendo que habla de Jesús. Pero, ¿eso es lo que en verdad está pasando o el texto que Mateo cita verdaderamente hablaba de Cristo de alguna manera?

Es necesario partir de la base que el Espíritu Santo, quien inspiró a Mateo, jamás lo guiaría a interpretar el Antiguo Testamento

---

30. Abner Chou, «The Hermeneutical Implications of Old Testament Intertextuality on Redemptive History» [Las implicaciones hermenéuticas de la intertextualidad del Antiguo Testamento en la historia de la Redención] (Tesis de maestría en divinidad, The Master's Seminary, 2005), p. 15.

31. G.K. Beale cita a Peter Enns de la siguiente manera: «Un comentarista ha dicho que este pasaje es "un ejemplo notorio de la manera en que el Nuevo Testamento usa al Antiguo Testamento", especialmente en no estar "interesado en reproducir el significado" de los textos completos del Antiguo Testamento, sino en leer en el Antiguo Testamento presuposiciones cristológicas ajenas». G.K. Beale, «The Use of Hosea 11:1 in Matthew 2:15: One More Time» [El uso de Oseas 11:1 en Mateo 2:15: Una vez más], *JETS* 55 (2012), p. 697.

fuera de su contexto, ya que es el mismo Espíritu quien escribió el pasaje del Antiguo Testamento. Por lo tanto, aunque algunos dan por sentado que la frase «De Egipto llamé a mi hijo» solo se trata del éxodo, es de vital importancia ir al pasaje mismo y estudiar su contexto. La pregunta debe ser: «¿Por qué el autor del Antiguo Testamento escribió la frase, "De Egipto llamé a mi hijo"?».

Lo primero que se observa es que Mateo no está citando el libro de Éxodo. Si quisiera hablar del pasado éxodo, hubiera sido más fácil citar un pasaje como Éxodo 4:22-23, donde Jehová le dice a Faraón que debe dejar ir a Israel su hijo. Pero Mateo no lo hace, sino que cita al profeta Oseas[32] (un libro que no se encuentra al inicio del canon hebreo, como Éxodo, sino al final). ¿Cuál es entonces el punto de Oseas?

Oseas predicó a las 10 tribus del norte durante el reinado de Jeroboam, quien había alejado completamente a la nación de Jehová, construyendo becerros de oro y guiando a la nación a la idolatría (2 R. 17:21-22). El mensaje de Oseas es devastador, pues Jehová dice a Israel por medio del profeta que «vosotros no sois mi pueblo, ni yo seré vuestro Dios» (Os. 1:9). Sin embargo, como Dios hace con tanta frecuencia, después de dar las malas noticias, promete bendición. Después de que el pueblo abunda en pecado, Dios promete traer consecuencias sobre el pecado para, posteriormente, restaurarlos con su gracia.[33] De hecho, en el siguiente versículo Dios promete multiplicarlos como la arena

---

32. W. D. Davies y Dale C. Allison, *A Critical and Exegetical Commentary on Matthew 1–7* [Un comentario crítico y exegético de Mateo 1–7], *ICC* (Londres: T&T Clark, 1998), p. 262.

33. Walter Kaiser explica: «Cabe destacar que después de cada sección de condenación, hay una profecía teñida de rosa de un día mejor en la misericordia y gracia de Dios (Os. 6:1-3; 11:1-11; 14:1-9). No es de extrañar que algunos hayan llamado al libro de Oseas "el corazón y la santidad de Dios" o "el evangelio de Juan en el Antiguo Testamento"». Walter C. Kaiser, *The Promise-Plan of God: A Biblical Theology of the Old and New Testaments* [El plan-promesa de Dios: Una teología bíblica del Antiguo y Nuevo Testamento] (Grand Rapids: Zondervan, 2008), p. 167.

del mar (debido al pacto abrahámico, no su propia justicia), y llamarlos hijos del Dios viviente (Os. 1:10).

Lo importante es observar el medio que Dios usaría para sacar al pueblo de su exilio y hacerlos de nuevo su pueblo. Dice que será por medio de «un solo jefe» (Os. 1:11). ¿Quién es ese jefe? El profeta lo nombra en Oseas 3:5. Después de estar en el exilio, la profecía dice que habrá un segundo éxodo, cuando «volverán los hijos de Israel, y buscarán a Jehová su Dios, y a David su rey» en los últimos tiempos (Os. 3:5). Por consiguiente, el contexto de Oseas es una condenación severa, ya que Dios enviará a Israel al exilio en Asiria por su fornicación espiritual. Sin embargo, debido a su fidelidad, Dios promete sacar a Israel de la cautividad en un segundo éxodo, guiado por el Rey davídico prometido.

En el capítulo 11 de Oseas, versículo 1, Oseas menciona el éxodo. Esto es seguro. Pero hay que recordar que no existían capítulos y versículos en el siglo i. Entonces, cuando Mateo cita una frase, está citando el pasaje y el contexto que lo rodea. Afirmar que el evangelista no entendió lo que el profeta dijo en su contexto, simplemente ataca la inspiración de Mateo, e inclusive, a Oseas mismo. Por lo tanto, la pregunta no es si Oseas menciona o no el éxodo. Lo hace. La pregunta es: «¿Por qué Oseas menciona el éxodo?». La respuesta a esta pregunta es lo que Mateo considera como cumplimiento. En otras palabras, aquello que Oseas está refiriéndose como éxodo es la profecía que Mateo afirma como consumada.

Oseas 11:5 profetiza que, para los israelitas en la cautividad, «el asirio mismo será su rey». No obstante, esa cautividad lo lleva a anunciar un segundo éxodo. Dice un poco más adelante: «Como ave acudirán velozmente de Egipto, y de la tierra de Asiria como paloma; y los haré habitar en sus casas» (Os. 11:11). Es decir, la mención del éxodo de Egipto no mira hacia el pasado, sino que se menciona para prometer algo futuro: que en la misma manera que Dios sacó a su pueblo de Egipto en el éxodo (1446 a. C.), sacará a su pueblo de Asiria en el segundo éxodo (cp. Zac. 14:1-4). ¿Pero dónde está Cristo? ¿Por qué Mateo menciona un cumplimiento de esta profecía? En primer lugar, Oseas ya ha establecido en el libro que el personaje que guía el segundo éxodo es David (Os. 3:5), así que ni siquiera es necesario hacer una mención explícita. Pero la intertextualidad puede ayudar.[34]

Oseas indica que lo que inaugurará el segundo éxodo es que Dios «rugirá como león; rugirá, y los hijos vendrán temblando» (Os. 11:10). Desde Génesis 49:9-10, el rugir del león presentaba connotaciones mesiánicas, ya que fue prometido que el cetro no iba a ser quitado de Judá —quien es un león—. Dada esta verdad es que más tarde Cristo es llamado el león de la tribu de Judá (Ap. 5:5). Por lo tanto, afirmar que Mateo sacó el Antiguo Testamento de su contexto porque la frase «de Egipto llamé a mi hijo» se refiere al éxodo en el pasado, erróneamente da por sentado que Mateo ignora el contexto de Oseas. Esto es imposible, y se hace aún más claro cuando se observa que Mateo cita Oseas 11:1 no cuando Jesús regresa de Egipto sino cuando va allí (Mt. 2:15). Lo hace así porque espera un futuro regreso a la tierra, igual que Oseas. G. K. Beale lo explica de la siguiente manera:

> Si uno le hubiera preguntado a Oseas si creía que Dios era soberano sobre la historia y que Dios había diseñado que el primer éxodo de Egipto era un patrón histórico que presagiaba un segundo éxodo de Egipto, ¿no habría respondido «sí»? Al menos, esta parece ser la forma en que Mateo entendió a Oseas, especialmente al usar el lenguaje del primer éxodo de Oseas 11:1 a la luz del contexto más amplio y particularmente inmediato, especialmente de Oseas 11, donde se predice un «regreso a Egipto» (Os. 11:5), y cuyo punto principal

---

34. La «intertextualidad» se refiere a la realidad de que los autores bíblicos hablan e interactúan con la revelación previa.

y el objetivo es el éxodo del tiempo del fin de Egipto (Os. 11:11).[35]

Un último argumento a favor de ver que Mateo no está tergiversando el contexto de Oseas es que, a veces, Mateo ve al Hijo de Dios (Jesús) de manera intercambiable con el hijo de Dios (Israel), exactamente como Oseas y otros autores del Antiguo Testamento hacen. En Éxodo 4:22, por ejemplo, Dios llama a Israel su hijo primogénito, pero el salmista entiende que el Mesías es el hijo primogénito de Dios (Sal. 2:7; 89:27). Oseas era un estudiante de las Escrituras. Él esperaba la venida del Mesías y entendía más de su Mesías de lo que muchas veces se cree.

CONCLUSIÓN

¿Cómo quiere Dios que se interprete su Palabra? ¿Habla de Cristo cada texto del Antiguo Testamento? No directamente y, si lo hace, se determina explícitamente por la intención única del autor original, no subjetivamente por el lector. ¿Es necesario conectar cada texto a Cristo en cada sermón? No, no lo es. Se debe ejercitar cautela en predicar cada texto sin violar el sentido original del texto. Si el predicador minimiza u oculta lo que el texto revela del Padre (Jn. 16:26-27), del Espíritu (Jn. 16:13), del pecado o de la ley, por su afán de predicar a Cristo, ha rehusado anunciar todo el consejo de Dios, algo que la Biblia no aprueba (Hch. 20:27). Si el predicador presenta la cruz como el clímax de cada texto, lamentable y necesariamente minimizará el punto principal del texto. Se demanda del predicador que sea fiel en ser enfático en donde el texto lo es, no donde sus convicciones teológicas le dictan.

---

35. Beale, «The Use of Hosea 11:1 in Matthew 2:15» [El uso de Oseas 11:1 en Mateo 2:15], p. 705.

5

LA HERMENÉUTICA CRISTOTÉLICA EN LOS ESCRITOS

Herald Gandi

Cristo une y divide a la erudición evangélica. Hay un acuerdo significativo sobre su deidad, obra, vida, muerte y resurrección. Pero muchos están en desacuerdo e incluso se dividen sobre si se debe tratar de encontrar a Cristo en cada página de las Escrituras, especialmente en el Antiguo Testamento. Mientras aquellos que se aferran a la hermenéutica cristocéntrica lo hacen con nobles intenciones, este capítulo argumentará que el Antiguo Testamento proporciona una revelación más que suficiente sobre Cristo, haciendo que sea innecesario —e ilegítimo— leerlo en pasajes que tienen poco que ver con Él.

Evidentemente, no se puede probar plenamente el argumento mencionado anteriormente en un breve capítulo como este. Sin embargo, este capítulo considerará uno de los salmos más citados en el Nuevo Testamento,[1] el Salmo 110, para ver si la hermenéutica cristocéntrica puede resistir la prueba del uso que el Nuevo Testamento hace del Antiguo Testamento.[2] Se demostrará que una exégesis del salmo para determinar la intención del autor es suficiente para los autores del Nuevo Testamento. Si ese es el caso, también debería ser cierto para los intérpretes de hoy. A continuación, se hará un estudio del Salmo 110 en su contexto original y su implicación cristológica sin importar un nuevo significado a la intención del autor del salmo.

Salmos 110:1

Que David compuso este salmo queda claro tanto por la inscripción «Salmo de David» como por el testimonio mismo de Jesús en Mateo 22:43-45.[3] En el Salmo 110, David anticipa el cumplimiento escatológico del pacto davídico en el Hijo davídico último, que también es el Señor de David.[4] Él aplastará a sus enemigos (Sal. 110:5) y restaurará el mundo (Sal. 110:6) al cumplir el oficio único de un rey-sacerdote (Sal. 110:4). Esta era una realidad

---

1. Hengel cuenta veintiún pasajes en el Nuevo Testamento que citan el Salmo 110. Martin Hengel, *Studies in Early Christology* [Estudios en Cristología primitiva] (Londres: T&T Clark, 2004), p. 133.

2. Abner Chou resume, en el capítulo 2 de este libro, lo que la hermenéutica cristocéntrica propone. El punto de disputa con la hermenéutica cristocéntrica viene de su afirmación de que uno necesita ir más allá de la hermenéutica histórico-gramatical, a un método teológico, para predicar a Cristo desde el Antiguo Testamento. En otras palabras, la intención de los autores del Antiguo Testamento no es suficiente. Graeme Goldsworthy, *Christ-Centered Biblical Theology: Hermeneutical Foundations and Principles* [Teología bíblica cristocéntrica: Fundamentos y principios hermenéuticos] (Downers Grove, IL: InterVarsity Press, 2012), pp. 24-30.

3. A pesar de ello, la mayoría de los eruditos no afirman la autoría davídica de este salmo porque es difícil visualizar un evento en la vida de David que explique su trasfondo. Para una descripción breve de varias posiciones acerca de la autoría, véase Allen P. Ross, *A Commentary on the Psalms (90–150)* [Un comentario a los Salmos (90-150)], *KEL* (Grand Rapids: Kregel, 2016), pp. 340-343.

4. El juramento divino en Salmos 110:4 tiene conexiones con el Salmo 89 (89:4, 36, 50), el cual habla del juramento de Dios a David en el pacto davídico. Frank-Lothar Hossfeld y Erich Zenger, *Psalms 3: A Commentary on Psalms 101–150* [Salmos 3: Un comentario de los Salmos 101–150], ed. Klaus Baltzer, trad. por Linda M. Maloney, Hermeneia (Mineápolis: Fortress, 2011), p. 146.

futura para David, como se evidencia en la fórmula profética «Jehová dijo» (Sal. 110:1).[5] Dado que ni David ni Salomón se sentaron a la diestra de Jehová, aplastaron a todos sus enemigos y actuaron como reyes-sacerdotes, un hijo mayor que David debe estar en vista. Hasta este punto, la falta de un referente histórico en David o Salomón hace que la interpretación mesiánica sea más verosímil. En consecuencia, hay espacio para que el referente de «mi Señor» (Sal. 110:1) sea el Mesías.[6] En otras palabras, Salmos 110:1 visualiza un diálogo entre Jehová y su Mesías, el hijo mayor de David.[7] Al mismo tiempo, este hijo de David se presenta como algo más que humano: un participante en el gobierno divino de Jehová.

Sentarse a la diestra de Jehová significa un «grado excepcional de intimidad entre Dios y el nuevo monarca».[8] En esencia, Jehová invita al Mesías a participar en su gobierno sobre el mundo (Sal. 45:6).[9] Tal intimidad era desconocida entre los reyes humanos y Jehová. Barry C. Davis resume de manera excelente las cuatro

---

5. Ross, *A Commentary on the Psalms (90–150)* [Un comentario a los Salmos (90-150)], p. 345.

6. Bateman menciona cinco opciones (Saúl, Aquis, David, Salomón, o el Mesías) como el referente de «mi Señor» (לַאדֹנִי) y descarta correctamente las primeras tres, pero argumenta a favor de Salomón como el referente basado en 1 Crónicas 29:23. Herbert W. Bateman, «Psalm 110:1 and the New Testament» [Salmos 110:1 y el Nuevo Testamento], *BSac* 149 (1992), pp. 445-452. Mientras que Salomón podría ser el referente, la evidencia se ajusta mejor al Mesías, tal como se mostrará a través del resto del Salmo.

7. En contra de la propuesta de que el Mesías es «mi Señor» está el argumento que insiste que este título (אֲדֹנִי) nunca fue usado en el Antiguo Testamento para referirse al ser divino. Bateman, «Psalm 110:1 and the New Testament» [Salmos 110:1 y el Nuevo Testamento], p. 448. Sin embargo, por lo menos en dos instancias, Josué 5:14 y Jueces 6:13, אֲדֹנִי se usa en referencia a Jehová mismo, haciendo la interpretación mesiánica más probable que Salomón como el Señor de David. Barry C. Davis, «Is Psalm 110 a Messianic Psalm?» [¿El salmo 110 es un salmo mesiánico?], *BSac* 157 (2000), pp. 162-163.

8. Samuel L. Terrien, *The Psalms: Strophic Structure and Theological Commentary* [Los Salmos: Estructura estrófica y comentario teológico] (Grand Rapids: Eerdmans, 2003), p. 752.

9. John Eaton, *The Psalms: A Historical and Spiritual Commentary with an Introduction and New Translation* [Los Salmos: Un comentario histórico y espiritual con una introducción y una nueva traducción] (Nueva York, NY: Continuum, 2005), p. 386.

instancias en el Antiguo Testamento cuando se dice que alguien se sienta a la derecha de otra persona.

> Las Escrituras hebreas vinculan יָשַׁב (cuando se define como «sentarse», no «habitar») y יָמִין («diestra») en solo cuatro ocasiones (1 R. 2:19; 22:19; 2 Cr. 18:18; Sal. 110:1). En dos de las cuatro ocasiones (1 R. 22:19 y 2 Cr. 18:18), יהוה («Jehová») es quien se representa sentado. Los que se mencionan a su lado derecho son los ángeles, que se describen de pie. En los dos pasajes restantes, en los cuales alguien que no sea יהוה se identifica como sentado (Betsabé en 1 R. 2:19 y אֲדֹנִי en el Sal. 110:1) es una persona vista como muy importante, de hecho, como realeza.[10]

Jehová promete a su igual que hará que sus enemigos sean el estrado de sus pies, que se usa en otras partes para referirse al estrado de los pies de Dios (1 Cr. 28:2; Sal. 99:5; 132:7; Is. 66:1; Lm. 2:1).[11] La relación sin precedentes entre Jehová y el hijo de David afirma que la persona a la vista en Salmos 110:1 no es solo el hijo de David sino el Hijo divino de Dios (Sal. 2:7). De hecho, el argumento anterior es el mismo que usa Jesús en Mateo 22:42-45 concerniente a sí mismo.[12] Jesús no necesitaba insertar un nuevo significado cristológico a Salmos 110:1. Más bien, simplemente les mostró a los fariseos, con base en Salmos 110:1, que la afirmación del Mesías davídico es que Él también es el Hijo de Dios.

Además, la frase «hasta que ponga a tus enemigos» recuerda un tanto la redacción de Génesis 3:15 donde Dios promete

---

10. Davis, «Is Psalm 110 a Messianic Psalm?» [¿El salmo 110 es un salmo mesiánico?], p. 164.

11. *Ibid.*

12. Craig L. Blomberg, «Matthew» [Mateo], en *Commentary on the New Testament Use of the Old Testament* [Comentario del uso del Antiguo Testamento en el Nuevo Testamento], ed. por G. K. Beale y D. A. Carson, pp. 1-110 (Grand Rapids: Baker Books, 2007), p. 83.

poner enemistad entre la serpiente y la mujer, es decir, entre sus simientes.[13] A través de esta alusión, David visualiza a su hijo no solo como el Hijo de Dios, sino también como la simiente de la mujer, Hijo de Hombre, que debe deshacer los efectos de la caída y mediar el gobierno celestial de Dios en la tierra (cp. Sal. 2:2).[14] De hecho, Daniel hace esta conexión en Daniel 7:13-14, donde el que es «como un hijo de hombre» viene al Anciano de días para recibir autoridad, honor y soberanía. El hijo de hombre de Daniel es el Mesías (Dn. 9:24-26, cp. Is. 55:4)[15] y el nuevo Adán (Gn. 3:15).[16]

No es sorprendente que Jesús combine Salmos 110:1 y Daniel 7:13 («veréis al Hijo del Hombre sentado a la diestra del poder de Dios, y viniendo en las nubes del cielo» [Mt. 26:64]), en respuesta a la pregunta: «Te conjuro por el Dios viviente que nos digas si tú eres el Cristo, el Hijo de Dios» (Mt. 26:63).[17] Al hacerlo, Jesús se identifica a sí mismo como el Mesías, el Hijo de Dios y el Hijo del Hombre tal como el Salmo 110 y Daniel 7 ya profetizan. Los apóstoles hicieron lo mismo al demostrar que Jesús es el Mesías apuntando a la intención del autor de Salmos 110:1 en Hechos 2:34 («pero él mismo [David] dice») y no hacia una apelación especial por el *sensus plenior*.[18] El apóstol Pablo también conectó Salmos 110:1 con Génesis 3:15 (a través de Sal. 8:4-6) en 1 Corintios 15:25, 27 (cp. He. 10:13) donde argumenta

---

13. Ross, *A Commentary on the Psalms (90–150)* [Un comentario a los Salmos (90-150)], p. 347.

14. Eaton, *The Psalms* [Los Salmos], p. 386.

15. Abner Chou, *I Saw the Lord: A Biblical Theology of Vision* [Vi al Señor: Una teología bíblica de la visión] (Eugene, OR: Wipf & Stock, 2013), pp. 137-139.

16. André Lacocque, «Allusions to Creation in Daniel 7» [Alusiones a la creación en Daniel 7], en *The Book of Daniel: Composition and Reception* [El libro de Daniel: Composición y recepción], vol. 1, ed. por John J. Collins y Peter W. Flint, pp. 114-131, *VTSupp* 83 (Leiden, Holanda: Brill, 2002), p. 123.

17. D. A. Carson, *Matthew* [Mateo], *EBC* 9 (Grand Rapids: Zondervan, 2010), p. 621.

18. Véase el capítulo anterior para una explicación más detallada de *sensus plenior*.

que Jesús es el segundo Adán a través del cual será revertida la muerte adánica en la resurrección.[19] El autor de Hebreos usa Salmos 110:1 Para demostrar que Jesús es superior a los ángeles, porque el Hijo de Dios se sienta a su diestra mientras los ángeles son «espíritus ministradores» (He. 1:13-14). Tan significativo fue Salmos 110:1 Para el autor de Hebreos que usa este versículo en puntos estructurales claves en la epístola (He. 1:3; 13; 8:1; 10:12; 12:2).[20] En ninguno de los casos donde el autor de Hebreos usa Salmos 110:1 es cambiado o mal utilizado su significado original.

Salmos 110:2

La «vara» o «cetro» de poder podría ser una insignia de poder real dada al rey recién instalado a la diestra de Dios.[21] Aunque se usa una palabra diferente para «cetro» en pasajes mesiánicos anteriores (Gn. 49:10; Nm. 24:17; Sal. 2:9, etc.), Salmos 110:2 recuerda las promesas hechas con anterioridad y las afirma. El Rey de Judá vendrá y aplastará a todos sus enemigos. La mención de Sión junto con el cetro se remonta a Salmos 2:6 y fortalece el vínculo mencionado en el versículo anterior de que el hijo de David también es el Hijo de Dios (cp. Sal. 2:7). Además, Jehová es el que extiende el cetro de su Mesías en Salmos 110:2, al mismo tiempo que le ordena al Mesías que «domine». Esta corregencia apunta a su unidad y resalta la divinidad del Mesías.[22]

El término «dominio» aparece por primera vez en Génesis

---

19. Margaret Daly-Denton, «Early Christian Writers as Jewish Readers: The New Testament Reception of the Psalms» [Los autores cristianos primitivos como lectores judíos: La recepción de los Salmos en el Nuevo Testamento], *RRJ* 11 (2008), pp. 194-196.

20. Harold W. Attridge, «The Psalms in Hebrews» [Los Salmos en Hebreos], en *The Psalms in the New Testament* [Los Salmos en el Nuevo Testamento], ed. Steve Moyise y Maarten J. J. Menken, pp. 197-212, *NTSI* (Londres: T&T Clark, 2004), pp. 197-198.

21. Hossfeld y Zenger, *Psalms 3* [Salmos 3], p. 148.

22. Derek Kidner, *Psalms 73–150: An Introduction and Commentary* [Salmos 73–150: Una introducción y comentario], *TOTC* 16 (Downers Grove, IL: InterVarsity Press, 1975), p. 428.

1:26 y 28 hablando del dominio de Adán sobre la tierra. Ya en el Pentateuco y los Salmos se esperaba que el Mesías restaurara el dominio de Adán en su reino (Nm. 24:19; Sal. 72:8). En Salmos 110:2 no solo se le da al Mesías el asiento divino, sino también el poder de tener dominio sobre sus enemigos. Esta es exactamente la visión del resto de la Biblia, especialmente en el Nuevo Testamento. Allen P. Ross resume bien la evidencia de la siguiente manera.

> El Mesías establecerá su gobierno destruyendo a sus enemigos al comienzo de su reinado (Mt. 25:31-46) y castigará a cualquier enemigo que se levante contra Él (Sal. 2:9; Zac. 14:17-18), hasta que Él entrega el reino al Padre (1 Co. 15:24-26), cuando solo los justos tendrán participación en el mismo.[23]

Salmos 110:3

En reconocimiento y servicio a su Rey, su pueblo se ofrecerá a Él como ofrenda voluntaria (Dt. 20:1-9; Jue. 5:2, 9) en «la hermosura de la santidad», una referencia a las vestiduras sacerdotales (cp. 2 Cr. 20:21).[24] En hebreo son dos términos que se utilizan en conjunto un total de cuatro veces en el Antiguo Testamento (Sal. 29:2; 96:9; 1 Cr. 16:29; 2 Cr. 20:21), y en cada una de estas instancias describe la adoración de Jehová. Nuevamente, la deidad del Mesías se afirma en esta visión del futuro cuando el pueblo del Mesías lo adorará libremente como sacerdotes. Solo los sacerdotes aarónicos llevaban vestimentas sacerdotales bajo la ley mosaica (Éx. 28:1-4). Sin embargo, bajo el reinado del nuevo Rey, todo su pueblo usará vestiduras sacerdotales. Esto será tan presumible porque el Rey los consagrará como sacerdotes de acuerdo con el

---

23. Ross, *A Commentary on the Psalms (90–150)* [Un Comentario a los Salmos (90-150)], p. 350.
24. *Ibid.*, p. 353.

diseño original (Éx. 19:6; cp. Ap. 19:14). Pero, ¿cómo será esto posible? El siguiente versículo (Sal. 110:4) resuelve esta tensión al agregar otro oficio al de rey, es decir, el de sacerdote.

La idea de que el pueblo del Mesías se acerque a Él y lo adoren como sacerdotes se repite en todo el Nuevo Testamento. Pedro llama a la Iglesia un «real sacerdocio» (1 P. 2:9). Juan afirma esto en Apocalipsis 5:10. Por lo tanto, argumenta Hebreos, ahora cada creyente puede acercarse al trono de la gracia con confianza, ya que antes solo el sumo sacerdote tenía el privilegio de hacerlo una vez al año (He. 4:16). Los creyentes también pueden ofrecer sacrificios a Dios a través de Jesús (He. 13:15-16). Esto es interesante a la luz de la gran dependencia de Hebreos del Salmo 110.[25] Este sacerdocio actual espera el momento en que todos serán sacerdotes en la nueva Jerusalén, donde tendrán libre acceso a Dios (Ap. 22:3-4). Si bien la universalidad del sacerdocio puede sonar como una invención del Nuevo Testamento, tiene raíces en el Antiguo Testamento.

Es cierto que Salmos 110:3b es difícil de interpretar. Sin embargo, la frase «tienes tú el rocío de tu juventud» podría ayudar a dilucidar el sentido del versículo entero. Tanto el rocío como la juventud representan comienzos, uno de un día y el otro de una vida, proporcionando la virilidad necesaria para cada uno. Además, Salmos 89:46-47 lamenta que Jehová había interrumpido la juventud del rey davídico. Como respuesta a ese lamento, Salmos 110:3 profetiza que el Rey davídico último siempre tendrá la fuerza y la renovación para reinar sobre su pueblo (cp. Sal. 72:6; 2 S. 23:4), porque a Él le pertenece el rocío de la juventud desde el vientre de la madrugada, que fue despertada por el salmista en Salmos 108:2.[26]

Si bien esta parte del versículo no encuentra una contraparte

---

25. Attridge, «The Psalms in Hebrews» [Los Salmos en Hebreos], pp. 197-198.

26. Hossfeld y Zenger, *Psalms 3* [Salmos 3], p. 149.

en el Nuevo Testamento, la verdad general permanece: Jesús es el rey fuerte que está sentado a la diestra de Dios hasta que sus enemigos sean puestos por estrado de sus pies. Sus días de juventud nunca se verán truncados (Sal. 89:46-47), porque Él reinará sobre su reino con fuerza y vigor para siempre (Ap. 22:3-5).

SALMOS 110:4

La segunda estrofa del salmo comienza en este punto, lo que también hace que este versículo sea el punto medio; es decir, es el punto central del salmo. En el versículo 4, Jehová jura a su rey que será sacerdote para siempre según el orden de Melquisedec. El nombre divino «Jehová» aparece 3 veces en este salmo (Sal. 110:1, 2, 4), lo que significa que el juramento divino se sella tres veces con su nombre personal. En otras palabras, Jehová está jurando por su propio nombre que la profecía contenida en este salmo sucederá tan seguramente como la existencia misma de Jehová.[27] La idea de hacer un juramento se remonta a Salmos 89:3, 34-35 donde el salmista recuerda el juramento de Dios a David.[28] En el flujo narrativo del salterio, Salmos 110:4 responde a la pregunta del Salmo 89, «¿ha abandonado Dios el pacto davídico?», con el juramento al hijo último de David de que Él también será sacerdote para siempre según el orden de Melquisedec. Además, este juramento actúa como la prueba culminante del pacto de amor de Jehová en un contexto cercano, ya que los Salmos 108–110 están unidos por el tema «pruebas del amor de Jehová».[29]

---

27. Ross, *A Commentary on the Psalms (90–150)* [Un comentario a los Salmos (90-150)], p. 354.

28. Geoffrey Grogan, *Psalms* [Salmos], *THOTC* (Grand Rapids: Eerdmans, 2008), p. 145. Este lenguaje de juramento está conectado con la promesa de tierra y simiente en el Pentateuco (Gn. 26:3; Éx. 13:5; 32:13; Nm. 11:12; Dt. 1:8). Nancy L. DeClaissé-Walford, Rolf A. Jacobson y Beth LaNeel Tanner, *The Book of Psalms* [El libro de Salmos], *NICOT* (Grand Rapids: Eerdmans, 2014), p. 836.

29. Hossfeld y Zenger hacen esta observación y atribuyen Salmos 110:4 a un redactor. Claramente, la idea de un redactor no tiene evidencia alguna y debe ser rechazada. Hossfeld y Zenger, *Psalms 3* [Salmos 3], p. 146.

El amor de Jehová se demuestra en que los dos oficios de sacerdote y rey convergerán en una sola persona: el Hijo de Dios. Esto no era posible en el orden levítico, porque su sacerdocio estaba limitado a su tribu y al linaje de Aarón. El Antiguo Testamento tenía una separación estricta de los oficios de rey y sacerdote (1 S. 2:35; Sal. 99:4-6). Se le promete la fusión de los dos oficios al rey davídico escatológico en los profetas (Ez. 21:26-27; Is. 11:1; Jer. 23:6; Zac. 6:12-13), y Salmos 110:4 explica exactamente cómo es eso posible. Este versículo también explica cómo el Señor de David puede convertir a su pueblo en sacerdotes que usan vestimentas santas (Sal. 110:3, en donde RVR-60 traduce como «hermosura de la santidad»).

A partir del relato narrativo de Génesis 14:17-24, el salmista registra la promesa de Jehová al rey davídico último de que Él será sacerdote según el orden de Melquisedec.[30] Como Konrad Schaefer comenta útilmente: «En las tradiciones monárquicas observadas en Canaán, el gobernante era el principal mediador entre Dios y la gente. Melquisedec, el predecesor cananeo del soberano davídico en la Jerusalén preisraelita, era precisamente un rey sacerdote (Gn. 14:18)».[31] Melquisedec («rey de justicia») era un rey y un sacerdote.[32] Él bendijo a Abram después de una batalla exitosa, como lo haría un sacerdote más tarde (Nm. 6:23), y recibió diezmos de él. Esto fue para legitimar la conquista de

---

30. El Nuevo Testamento no solo usa el Antiguo Testamento contextualmente, sino que el Antiguo Testamento se usa a sí mismo en contexto también. La alusión a Génesis 14 en el Salmo 110 está colocada a la mitad del Salmo (versículo 4) rodeada de imágenes de guerra y realeza. De igual manera, el encuentro de Abraham con Melquisedec es colocado en medio de su regreso de la guerra como rey. Aran J.E. Persaud, «Yahweh's "Lord" and Unrestrained Evil: An Exegesis of Psalm 110» [«El Señor» de Yahweh y el mal descontrolado: Una exégesis del Salmo 110], *In die Skriflig* 49 (2015), p. 2.

31. Konrad Schaefer, *Psalms* [Salmos], ed. David W. Cotter, Jerome T. Walsh, y Chris Franke, Berit Olam Studies en Hebrew Narrative and Poetry (Collegeville, MN: The Liturgical Press, 2001), pp. 273-274.

32. Hebreos 7:1-3 explica el significado de «Melquisedec» como «Rey de Salem» (Salem significa «paz») y «Rey de justicia». A esto tampoco le falta precedente en el Antiguo Testamento, ya que en Salmos 72:7 el Rey es asociado con justicia y paz.

Canaán por parte de Abraham, así como el juramento de Jehová al Mesías en este salmo legitima su derecho a conquistar y gobernar a sus enemigos.[33]

Además, se lo llama «sacerdote del Dios Altísimo» (Gn. 14:18-20). Su aparición en el libro de genealogías (Génesis), sin una genealogía, deliberadamente oculta su origen y lo convierte en un mediador sobrenatural entre Dios y su pueblo.[34] Esta interpretación en Hebreos 7:3 no es imaginativa ni cristocéntrica, ya que se basa en el principio *quod non in thora non in mundo*: lo que la Torá omite no existe (al menos literariamente).[35] Sobre la base de este principio, Fred L. Horton argumentó que el relato del Génesis muestra a Melquisedec como el primer sacerdote en la Biblia.[36] Por lo tanto, no tener genealogía se refiere a la genealogía sacerdotal. El punto de contacto entre Melquisedec y Jesús es que, siendo reyes y sacerdotes, ambos carecían de una genealogía sacerdotal. Salmos 110:4 va más allá y agrega que el Mesías será un rey-sacerdote «para siempre». No solo será un rey-sacerdote como Melquisedec, sino que extenderá su sacerdocio para siempre, a

---

33. Persaud, «Yahweh's "Lord" and Unrestrained Evil» [«El Señor» de Yahweh y el mal descontrolado], pp. 2-3.

34. Varias posiciones han sido postuladas para la identidad de Melquisedec. Para un resumen de las posiciones y el análisis, véase Louis D. Allen, *Hebrews* [Hebreos], *NAC* 35 (Nashville: Broadman & Holman Publishers, 2010), pp. 409-410.

35. Mientras que este principio puede ser abusado y exagerado, tiene un mérito exegético obvio, por lo menos en este caso. Deborah W. Rooke, «Jesus as Royal Priest: Reflections on the Interpretation of the Melchizedek Tradition in Heb 7» [Jesús como real sacerdote: Reflexiones acerca de la interpretación de la tradición de Melquisedec en Hebreos 7], *Bib* 81 (2000), p. 85; Brooke Foss Westcott, *The Epistle to the Hebrews: The Greek Text with Notes and Essays* [La epístola a los Hebreos: El texto griego con notas y ensayos], (Nueva York, NY: Macmillan, 1893), p. 172.

36. Este es un punto válido, ya que si uno toma literalmente que no tenía genealogía, a Jesús se le dio una genealogía literal más adelante en Hebreos 7:14. Así que 7:3 se debe estar refiriendo a un tipo diferente de genealogía. Fred L. Horton, *The Melchizedek Tradition: A Critical Examination of the Sources to the Fifth Century A.D. and in the Epistle to the Hebrews* [La tradición de Melquisedec: Un análisis crítico de las fuentes del siglo V y en la epístola a los Hebreos], *SNTSMS* 30 (Cambridge: Cambridge University Press, 1976), pp. 156-160.

diferencia de Melquisedec, que no era más que un simple mortal. La implicación es que el Señor de David, el Hijo de Dios, de alguna manera será inmune a los efectos de la muerte que acortan la vida. El autor de Hebreos interpreta que esto significa el poder de resurrección de Jesús (He. 7:16). Es decir, no agrega significado a Salmos 110:4, sino que simplemente muestra cómo Jesús logra el sacerdocio «para siempre» del Mesías.

El uso de Salmos 110:4 en Hebreos es incluso más justificado teológica y contextualmente cuando uno considera la distinción entre el sacerdocio levítico y el sacerdocio mesiánico en el Antiguo Testamento. Tal como Deborah Rooke señala, el primero es un sacerdocio funcional, mientras que el último es un sacerdocio ontológico. Al rey le es dado el sacerdocio ontológico como el Hijo de Dios (Sal. 89:26-27), mientras que los levitas funcionaban únicamente como sacerdotes sin una relación con Dios, como sí la tiene el rey mesiánico.[37] Ya que Salmos 110:4 juega un rol principal en el libro de Hebreos (5:6, 10; 6:20; 7:1, 10, 11, 15, 17), se debería notar que el autor de Hebreos no extrae una implicación más cristológica de Salmos 110:4 de la que ya está presente. Por lo tanto, Hebreos argumenta a favor de la filiación ontológica de Jesús (He. 1:1-13; 5:5-6).

Salmos 110:5

Después de la exaltación del rey davídico y del juramento de un sacerdocio eterno según el orden de Melquisedec, el rey-sacerdote, el siguiente versículo profetiza el día venidero de la ira del Señor.[38] La ambigüedad en la persona de Dios en el versículo

---

37. Rooke, «Jesus as Royal Priest» [Jesús como real sacerdote], pp. 81-82.

38. Hossfeld y Zenger acertadamente resumen lo que significa la ira del día del Señor: «La "ira" de Jehová en el lenguaje del Antiguo Testamento no es una categoría emocional, sino filosófica, que señala la acción de Jehová en defender y llevar a cabo el orden mundial que Él ha establecido, sobre todo en contra de reyes y gobernantes que incumplen este orden de justicia universal». Hossfeld y Zenger, *Psalms 3* [Salmos 3], p. 150.

5 es intencional. Tanto Dios el Padre como el Hijo están involucrados en esta batalla con los reyes. Tal distinción y unidad en las personas de la trinidad pueden parecer impuestas en el texto a primera vista, pero Salmos 110:5-6 tiene ecos de Salmos 2:2 y 2:5a donde hay evidencia clara de que Jehová es el Padre de su Mesías, el Hijo (Sal. 2:6-7).[39]

En Salmos 110:1 se le pide al rey que se siente a la diestra de Jehová, pero en el versículo 5 dice que Jehová está a la diestra del rey. David visualiza esta verdad en Salmos 16:8 donde dice: «A Jehová he puesto siempre delante de mí; porque está a mi diestra, no seré conmovido». En el día final de la ira de Dios, Él peleará por y con su Mesías y la victoria sobre los reyes rebeldes es tan certera que el salmista usa un tiempo verbal perfecto para la palabra que se traduce como «quebrantará». En otras palabras, Dios ya ha quebrantado a los reyes en el día de su ira en el futuro.[40] El Rey davídico último es Dios mismo en su Mesías.

Salmos 110:6

El versículo 6 amplía la idea del versículo 5 al repetir la palabra «quebrantará». Este versículo añade otra dimensión al día de la ira del Señor: Él «juzgará». Mientras que los reyes serán destrozados ese día, según el versículo 5, Dios ejecutará el juicio entre las naciones en el versículo 6 y además las llenará de «cadáveres». Estas imágenes no dan una idea de una pelea entre Dios y los reyes. El salmista únicamente describe el resultado del juicio en la abundancia de cadáveres. Dios abrumará a las naciones y a sus reyes rebeldes y hará justicia completa. Esta idea se lleva más allá en Isaías 66:24, donde se dice que los santos miran los cadáveres que se encuentran fuera de la Nueva Jerusalén. Tan severo será

---

39. Hans-Joachim Kraus, *Psalms 60–150* [Salmos 60–150], CC (Mineápolis: Fortress, 1993), p. 352.

40. Este verbo es un perfecto profético. Ross, *A Commentary on the Psalms (90–150)* [Un comentario a los Salmos (90-150)], p. 355.

el juicio que tomará siete meses para que Israel entierre los cadáveres para limpiarla (Ez. 39:12). El Nuevo Testamento no necesitaba reinterpretar esta imagen ni encontrar un nuevo significado en este pasaje. Las imágenes en Apocalipsis 18:21 y 19:17-18, donde la ciudad escatológica de Babilonia yace en escombros con cadáveres que son devorados por las aves, se asemejan mucho a Salmos 110:5-6 a través de Ezequiel 39:17.

Una vez más, la noción de ejecutar el juicio a las naciones no solo es obra de Jehová, sino que en otros lugares también está relacionada con la obra del Mesías. 1 Samuel 2:10 menciona al mismo tiempo el juicio de Dios sobre las naciones y a Dios dando fuerza a su Mesías: «Delante de Jehová serán quebrantados sus adversarios [...] Jehová juzgará los confines de la tierra, dará poder a su Rey, y exaltará el poderío de su Ungido». Ejecutar juicio entre las naciones se muestra como la obra del Mesías en Isaías 42:1-4 (cp. Is. 11:4; Zac. 14). Mateo 25:31-46 también conecta las dos ideas y profetiza acerca del juicio por venir sobre las naciones a través del Mesías. Aún más, la frase «quebrantará las cabezas» transmite una tarea claramente mesiánica, ya que es similar a la frase «él te herirá en la cabeza» en Génesis 3:15. Otros pasajes como Números 24:17, Habacuc 3:13 y Salmos 68:21 usan un lenguaje similar para referirse a Génesis 3:15.[41] El Mesías es visto cumpliendo la tarea de aplastar la cabeza de la serpiente en este salmo.[42] Mientras que el mismo lenguaje no aparece en el Nuevo Testamento, no faltan las alusiones a Génesis 3:15. Jesús ve a Satanás caer del cielo y le da a sus discípulos autoridad para pisar

---

41. Kraus, *Psalms 60–150* [Salmos 60–150], p. 352. Ross, *A Commentary on the Psalms (90–150)* [Un comentario a los Salmos (90-150)], p. 357.

42. Mientras puede parecer que los reyes enemigos del Mesías en este salmo son meramente humanos, Waltke y Houston ven un elemento demoníaco en su rebelión contra el Mesías basado en paralelos en Salmos 2:1-2 y Efesios 6:10-20. Bruce K. Waltke, J. M. Houston y Erika Moore, *The Psalms as Christian Worship: A Historical Commentary* [Los salmos como adoración cristiana: Un comentario histórico] (Grand Rapids: Eerdmans, 2010), p. 510.

serpientes y escorpiones (Lc. 10:18-19); Romanos 16:20 dice que Dios «aplastará en breve a Satanás bajo» los pies de los creyentes.[43] Considerando la estrecha conexión entre el Mesías y su pueblo en Salmos 110:3, la aplicación del Nuevo Testamento de esta promesa a todos los creyentes no es ilegítima.

Salmos 110:7

Este versículo presenta muchas dificultades para el intérprete. Debido a que Jehová parece ser el sujeto en los versículos 5-6, el cambio aparente de sujeto en el versículo 7 es difícil de interpretar.[44] Jehová no se ve en ninguna parte bebiendo de un río. Así que esto debe referirse al Señor de David del versículo 1, quien está instalado como sacerdote para siempre en el versículo 4. La imagen de una batalla culminante continúa del versículo 5, donde se dice que Jehová está «quebrantando» a reyes. Pero, como se demostró anteriormente, en los últimos dos versículos de este salmo, el Mesías también está «quebrantando las cabezas». Por consiguiente, tanto Jehová como su Mesías están luchando contra sus enemigos y haciendo justicia a las naciones. No es de sorprender entonces que se describa al Mesías en el versículo 7 bebiendo de un «arroyo» después de una batalla escatológica victoriosa. Esto enfatiza que el Hijo de Dios, el Señor de David, no solo es divino, sino que también es humano.[45]

Otra dificultad surge en la interpretación del Mesías bebiendo del arroyo en el camino. ¿Por qué la imagen repentina de un guerrero refrescándose con agua? Hay dos implicaciones de esta

---

43. Hamilton brinda muchos otros ejemplos de Génesis 3:15 en el Nuevo Testamento. James Hamilton, «The Skull Crushing Seed of the Woman: Inner-Biblical Interpretation of Genesis 3:15» [La simiente de la mujer que aplasta cráneos: Interpretación bíblica interna de Génesis 3:15], *SBJT* 10 (2006), p. 42.

44. Hossfeld y Zenger, *Psalms 3* [Salmos 3], pp. 150-151; Willem VanGemeren, *Psalms* [Salmos], *EBC* 5 (Grand Rapids: Zondervan, 2008), p. 817.

45. Ross, *A Commentary on the Psalms (90–150)* [Un comentario a los Salmos (90-150)], p. 357.

imagen. Primero, el Mesías luchará tan vigorosamente en su juventud eterna (Sal. 110:3b) que no acampará como los ejércitos lo hacían en la antigüedad. Él se refrescará mientras persigue a sus enemigos para destruirlos (cp. Jue 7:4-6).[46] Segundo, la presencia de agua en tiempo de guerra sugiere que «Dios defenderá al rey y al pueblo de manera tal que el agua que da vida no sea cortada de Jerusalén».[47]

Con la alusión a Génesis 3:15 en el versículo previo, una especulación legítima surge respecto del daño que la serpiente infligió sobre el Mesías. Después de todo, el pasaje predice que la serpiente heriría su calcañar. Mientras que la cabeza del enemigo es destrozada, la cabeza del Mesías es «levantada» en victoria (Sal. 110:7). Esto también es obra de Dios (Sal. 3:4), porque están unidos tanto en naturaleza como en propósito. A lo largo del salmo, hay recordatorios constantes e indicios de que el Mesías y Jehová son uno. El Evangelio de Juan expande acerca de esta unidad de Jesús y el Padre (cp. Jn. 10:30) sin necesidad de inventar una nueva teología del Mesías que es uno con Dios.

CONCLUSIÓN

Una rica imagen cristológica emerge al final de una exégesis fiel del Salmo 110. No es de extrañar que los escritores del Nuevo Testamento usaran este salmo una y otra vez para arrojar luz sobre el mesianismo y la divinidad de Jesús. Este salmo muestra que no se necesita forzar a Cristo en el Antiguo Testamento. Solo basta con extraer las riquezas de Cristo que ya fueron profetizadas en los pozos del Antiguo Testamento mediante el uso de la hermenéutica histórico-gramatical.

---

46. Hossfeld y Zenger, *Psalms 3* [Salmos 3], p. 152. Eaton, *The Psalms* [Los Salmos], p. 386.

47. DeClaissé-Walford, Jacobson y Tanner, *The Book of Psalms* [El libro de Salmos], p. 387.

6

LA HISTORIA DE LA HERMENÉUTICA Y LA PREDICACIÓN CRISTOCÉNTRICA

NATHAN BUSENITZ

La predicación sana comienza por una hermenéutica sana. Antes de que Pablo le ordenara a Timoteo que predique la Palabra (2 Ti. 4:2), le dio primero instrucciones para que fuera diligente, como un obrero aprobado «que usa bien la palabra de verdad» (2 Ti. 2:15). Los predicadores que enseñan las Escrituras con fidelidad y eficiencia son merecedores de doble honor (1 Ti. 5:17). Sin embargo, quienes manejan mal el texto tendrán que someterse a la «mayor condenación» señalada en la advertencia de Santiago 3:1.

Los malos sermones tienden a pegarse a la memoria. Algunos son obviamente malos porque propagan una teología incorrecta. Otros lo son por razones más sutiles. Hacen afirmaciones que, en general, son ciertas, pero se basan en textos malinterpretados y en una hermenéutica ilegítima. Un ejemplo clásico rodea las palabras de Jesús en Mateo 18:20: «Porque donde están dos o tres congregados en mi nombre, allí estoy yo en medio de ellos». Los predicadores bienintencionados podrían sentirse tentados a exponer, a partir de este versículo, sobre la permanente presencia de Cristo con su pueblo cuando este se reúne para adorar, tener comunión u orar. Aunque es verdad que el Señor Jesús está espiritualmente presente con su pueblo, esa verdad debe establecerse en base a otros textos, como Mateo 28:20 o Hebreos 13:5. Pero esta no es la idea de Mateo 18:20, que habla de la autoridad divina en el ejercicio de la disciplina de la Iglesia. Predicar cualquier otra cosa basándose en Mateo 18:20 sería manejar mal la Palabra de Dios y pasar por alto la idea del texto.

Se podría citar otros muchos ejemplos. Recuerdo haber oído un sermón sobre 2 Reyes 6:1-7, respecto al hombre que cortaba leña cuando el hierro de su hacha cayó en el río Jordán. En un acto de misericordia y, a la vez, milagroso, el profeta Eliseo hizo flotar el hacha para que el hombre pudiera recuperarla. El predicador se sirvió de este pasaje para transmitir un mensaje sobre «qué hacer cuando se ha perdido lo innovador en el ministerio». El hombre de la historia había perdido literalmente la parte cortante (la cabeza del hacha), pero la recuperó con la ayuda de Eliseo. Convirtiendo lo literal en pura metáfora, el predicador explicó lo que debería hacer alguien al sentir que su agudeza en el ministerio había empezado a decaer. Los principios que compartió en su mensaje no eran herejías, pero la hermenéutica alegórica que usó para derivarlas de dicho texto era completamente espuria. Su mensaje no tenía conexión auténtica alguna con la intención del autor, con el contexto bíblico, con el entorno histórico ni con la estructura gramatical de 2 Reyes 6.

Un sermón de ese estilo implica una distorsión obvia de las Escrituras, y resulta en una alegorización injustificada del texto. Pero, ¿y si el predicador hubiera centrado su sermón en Jesús?

¿Qué si hubiera entendido que Eliseo era un tipo de Cristo en esta historia, y que el leñador representaba a la humanidad caída? ¿Habría sido este un enfoque hermenéutico más legítimo? Estas preguntas no son del todo hipotéticas, porque es precisamente la forma en que algunos interpretaron este relato bíblico en la historia de la Iglesia. Por ejemplo, Cesáreo de Arlés (468–542 d. C.), un líder de la Iglesia del siglo vi, en la Francia actual, predicaba el evangelio basándose en este texto. Según él, Eliseo es un tipo de Cristo como también lo es el hombre que perdió el hacha. La herramienta misma es la humanidad caída que saltó de la mano de su amo con el fin de ahogarse en las profundidades del pecado y de los placeres pasajeros de este mundo. Sin embargo, por medio del madero de la cruz, Cristo hizo que el hacha flotara para que pudiera regresar a su utilidad en las manos de su amo.[1] Cesáreo no fue el único en dar esta interpretación. Otros como Justino Mártir, Tertuliano y Efrén de Siria consideraron este pasaje de manera similar: como una historia que describe la salvación de los pecadores por medio de la obra de Cristo en la cruz.[2]

Por motivos de claridad, los principios soteriológicos que estos padres de la Iglesia derivaron de 2 Reyes 6 no son malos. Es cierto que Adán se rebeló contra Dios y ahogó a toda la raza humana en las profundidades del pecado. Es igualmente verdad que, a través de la cruz, Jesucristo levanta a los pecadores de la muerte espiritual y los restaura a la utilidad en las manos del Señor. Por lo tanto, el error no es teológico. Aquí hay un mal uso de la hermenéutica. Esto ilustra uno de los peligros claves de un enfoque cristocéntrico que busca interpretar y predicar a Cristo en y desde el Antiguo Testamento.

---

1. Marco Conti, ed., *1–2 Kings, 1–2 Chronicles, Ezra, Nehemiah, Esther* [1–2 Reyes, 1–2 Crónicas, Esdras, Nehemías, Ester], *ACCS* 5 (Downers Grove, IL: InterVarsity Press, 2008), p. 171.

2. *Ibid.*, p. 172.

Los peligros de un enfoque cristocéntrico

Daniel I. Block destaca tres peligros potenciales de la predicación cristocéntrica. Estos riesgos podrían resumirse de la siguiente manera. En primer lugar, la predicación cristocéntrica tiende a utilizar una hermenéutica alegórica en la que los detalles de los pasajes veterotestamentarios se alegorizan en un esfuerzo por hacer que todo texto gire en torno a Cristo. Block escribe: «La predicación cristocéntrica suele transformarse en una hermenéutica cristocéntrica que nos exige encontrar a Cristo en cada texto [...] A primera vista podría parecer espiritualmente edificante, pero, en cuanto a exégesis, resulta fraudulento intentar extraer en cada porción bíblica alguna verdad sobre Él».[3] El ejemplo de Cesáreo observado más arriba proporciona una ilustración de esta idea.

En segundo lugar, Block explica que «la predicación centrada en Cristo puede oscurecer la intención del autor original y, al hacerlo, podría reflejar en realidad una visión inferior de las Escrituras».[4] Lucas 24:27 lee: «Y comenzando desde Moisés, y siguiendo por todos los profetas, [Cristo] les declaraba en todas las Escrituras lo que de él decían». Como observa Block, Jesús no repasó cada texto del Antiguo Testamento; más bien seleccionó aquellos pasajes que hablaban específicamente de Él. Si Él mismo no hizo que cada texto veterotestamentario tratara sobre Él, ¿por qué los predicadores contemporáneos se sentirían obligados a hacerlo?

En tercer lugar, Block indica que, por su tendencia a la alegoría, la predicación cristocéntrica suele resaltar más la creatividad del predicador que el significado auténtico del pasaje. Él nota lo siguiente: «En lugar de aclarar muchos textos del Primer Testamento, la predicación centrada en Cristo puede robarles tanto su

---

3. Daniel I. Block, «Daniel Block on Christ-Centered Hermeneutics» [Daniel Block, acerca de la hermenéutica cristocéntrica], en *Christ-Centered Preaching and Teaching* [La predicación y enseñanza cristocéntricas], ed. por Ed Stetzer, pp. 5-8 (Nashville: LifeWay, 2013), p. 6.

4. *Ibid.*

calidad literaria como su fuerza espiritual».[5] Como heraldos de la verdad bíblica, la tarea del predicador no consiste en imponer un significado externo a ningún texto, sino más bien explicar la verdad de cada pasaje de acuerdo con la intención del autor bíblico. Los sermones que usan una hermenéutica alegórica —inclusive con una buena intención— inevitablemente resaltan más la ingenuidad del predicador que el contenido real del texto bíblico. A tales sermones se les roba su fuerza espiritual, porque el verdadero poder de la predicación no se encuentra en la inteligencia humana, sino en la fiel proclamación de la Palabra de Dios (He. 4:12).

Las tres advertencias de Block representan preocupaciones válidas y una cuidadosa atención justificada. El propósito de este capítulo consiste en demostrar precisamente la relación histórica que ha existido con frecuencia entre la predicación cristocéntrica y la hermenéutica alegórica. Un método para predicar el Antiguo Testamento que exige que se encuentre a Cristo en cada texto conduce de manera inevitable a un tipo de alegorización que tergiversa el verdadero significado de las Escrituras. El testimonio de la historia de la Iglesia así lo confirma. Aunque el deseo de centrarse en Cristo es ciertamente noble, los ejemplos tomados de la historia ilustran que las buenas motivaciones no pueden excusar los métodos ilegítimos de la interpretación bíblica. No se honra a Cristo cuando se distorsiona el significado de su Palabra. No se sirve bien a su pueblo con sermones que no captan la idea del texto, aunque no sean herejes en cuanto a los principios doctrinales y los preceptos morales que aseveran.

LA HERMENÉUTICA ALEGÓRICA Y LA PREDICACIÓN CRISTOCÉNTRICA EN LA HISTORIA

El método alegórico de interpretación comenzó con el paganismo griego, cuando los filósofos grecorromanos buscaron

---

5. *Ibid.*, p. 7.

formas de justificar el desenfreno y la violencia que caracterizaba al panteón de dioses paganos. Posteriormente fue adoptado por los eruditos judíos alejandrinos (como Filón) y se aplicó al Antiguo Testamento.[6] Este enfoque rabínico tuvo un importante impacto sobre la Iglesia.[7] Aunque la hermenéutica alegórica se puede ver en los escritos de Bernabé de Alejandría (quien escribió en torno al 130 d. C.), el primer partidario relevante del enfoque alegórico fue Clemente de Alejandría (150–215 d. C.). Esto se debió, en parte, al afecto de Clemente por el platonismo con su visión dual del mundo, en la que se valoraba lo espiritual por encima de lo físico o, en el caso de la hermenéutica, el significado espiritual que primaba sobre el sentido literal.

Orígenes de Alejandría

Pupilo de Clemente, Orígenes de Alejandría (185–254 d. C.) tomó las enseñanzas de su maestro y las llevó mucho más lejos. Por eso se lo suele considerar como el padre de la hermenéutica alegórica.[8] Orígenes vio tres niveles de significado en cada texto, y los identificó con el cuerpo, el alma y el espíritu. El significado corporal era el sentido literal, que se consideraba el menos importante. El significado del alma aludía al entendimiento moral del texto en términos de su aplicación en la experiencia humana. Y el significado espiritual aludía a la comprensión alegórica del texto.

Este sentido alegórico señalaba a menudo a Cristo, como se puede ver en la interpretación que Orígenes hace del relato de

---

6. Rick Bowman y Russel L. Penney, «Amillennialism» [Amilenialismo], en *Dictionary of Premillennial Theology* [Diccionario de Teología Premilenialista], ed. por Mal Couch, pp. 37-39 (Grand Rapids: Kregel, 1996), p. 37.

7. Roger E. Olson, *The Story of Christian Theology: Twenty Centuries of Tradition & Reform* [La historia de la teología cristiana: Veinte siglos de tradición y reforma] (Downers Grove, IL: InterVarsity Press, 1999), p. 202.

8. Joseph W. Trigg, «Allegory» [Alegoría], en *Encyclopedia of Early Christianity* [Enciclopedia del cristianismo primitivo], ed. por Everett Ferguson, pp. 34-37 (Nueva York, NY: Routledge, 2010), p. 36.

Josué y la batalla de Jericó. Arthur Wainwright describe esta interpretación de la siguiente manera:

> [Según Orígenes] Josué representa a Jesús, y Jericó a este mundo. Los siete sacerdotes que llevaban trompetas simbolizan a Mateo, Marcos, Lucas, Juan, Santiago, Judas y Pedro. Rahab, la prostituta, retrata a la Iglesia, que está formada por pecadores; y el cordón de grana que ella colgó para salvarse ella misma y su familia de la masacre es la sangre redentora de Cristo.[9]

De hecho, fue su motivación cristocéntrica la que alimentó el enfoque alegórico de Orígenes. David S. Dockery lo explica así:

> El enfoque alegórico era una extensión de la interpretación cristológica de la Iglesia, ya que el significado más profundo que Orígenes buscaba era cristocéntrico. Para él, Cristo era el centro de la historia y la clave para entender el Antiguo Testamento. Cristo había sustituido las leyes y las ceremonias del Antiguo Testamento, y el enfoque literal respecto a su significado tenía que alterarse.[10]

La hermenéutica alegórica de Orígenes y otros padres de la Iglesia primitiva surgió de su deseo de encontrar a Cristo en cada pasaje.[11] Sidney Greidanus observa que «el uso que los padres de la Iglesia hicieron de la interpretación alegórica fue un intento genuino de predicar a Cristo a partir del Antiguo

---

9. Arthur Wainwright, *Beyond Biblical Criticism: Encountering Jesus in Scripture* [Más allá de la crítica bíblica: El encuentro con Jesús en la Escritura] (Louisville, KY: John Knox Press, 1982), p. 87.

10. David S. Dockery, *Biblical Interpretation Then and Now: Contemporary Hermeneutics in the Light of the Early Church* (Grand Rapids: Baker Books, 2000), pp. 93-94.

11. Bryan Litfin, *Getting to Know the Church Fathers: An Evangelical Introduction* [Conociendo a los Padres de la Iglesia: Una introducción evangélica] (Grand Rapids: Baker Books, 2007), pp. 150-151.

Testamento».[12] Aunque sus motivaciones cristocéntricas podían
ser nobles, su metodología alegórica era inherentemente proble-
mática. Como resalta Greidanus:

> Dado que la interpretación alegórica no está guiada por
> la intención del autor inspirado, su uso deja a los pre-
> dicadores completamente vulnerables ante el abismo
> de las interpretaciones arbitrarias y subjetivas [...] En
> lugar de que los predicadores sean ministros (siervos)
> de la Palabra, se convierten en sus amos. A pesar de
> su larga tradición, la interpretación alegórica debe ser
> rechazada como método viable para predicar a Cristo
> a partir del Antiguo Testamento.[13]

A pesar de sus defectos, este tipo de enfoque alegórico no
acabó con Orígenes. Seguiría caracterizando a la escuela de Alejandría de hermenéutica, incluyendo a líderes de la Iglesia del
siglo iv como Ambrosio y Agustín de Hipona.

Agustín de Hipona

La historia de la conversión de Agustín es uno de los testimonios personales más convincentes narrados en las páginas de
la historia de la Iglesia. Un aspecto de su testimonio se centra en
sus visiones del Antiguo Testamento. Para el Agustín inconverso,
el Antiguo Testamento parecía primitivo y filosóficamente poco
sofisticado. No solo eso, sino que contenía pasajes difíciles que
al corazón no regenerado de Agustín le resultaban difíciles de
aceptar. La piedra de tropiezo fue ampliamente eliminada de la
mente de Agustín cuando descubrió la hermenéutica alegórica,

---

12. Sidney Greidanus, *Preaching Christ from the Old Testament: A Contemporary Hermeneutical Method* [La predicación de Cristo a partir del Antiguo
Testamento: Un método hermenéutico contemporáneo] (Grand Rapids: Eerdmans, 1999), p. 87.
13. *Ibid.*, p. 90.

que le fue presentada mediante la predicación de Ambrosio. De repente, las porciones difíciles podían espiritualizarse y justificarse. Él mismo lo explica de la siguiente manera.

> Y grande era mi contento cuando oía frecuentemente a Ambrosio decir con énfasis y reiteración en sus sermones al pueblo que «la letra mata, mas el espíritu vivifica» (2 Co. 3:6). Así, descorriendo espiritualmente el velo místico, explicaba algunos pasajes de la Escritura que, entendidos en forma literal estricta, suenan a error; y al explicarlo de esta manera nada decía que pudiera molestarme aun cuando dijese cosas de cuya verdad no me constaba todavía.[14]

Agustín usaba la alegoría para defender el cristianismo contra los ataques de los escépticos, que podrían intentar usar los pasajes difíciles del Antiguo Testamento para desacreditar la fe cristiana. Insistía en que «cualquier cosa en la Biblia, llevada a cabo por Dios o por sus santos, que pareciera vergonzosa, debía interpretarse de un modo figurado, eliminando el sentido literal como la cáscara de la nuez espiritual».[15]

Al mismo tiempo, procuró limitar el alcance de una hermenéutica alegórica para minimizar la posibilidad del abuso. Por lo tanto, las interpretaciones alegóricas eran aceptables siempre y cuando no pretendieran nada contrario a la norma de fe revelada en las Escrituras.[16] Una vez más, existe un conflicto entre las buenas motivaciones y los malos métodos. Agustín quería defender la fe cristiana del ataque escéptico. También reconocía que la hermenéutica alegórica podía conducir a interpretaciones fantasiosas, y él buscaba limitar tales abusos. Sin embargo, ni siquiera esas motivaciones justifican su metodología alegórica.

---

14. *Confesiones*, 6.4.2 (énfasis añadido).
15. Trigg, «Allegory» [Alegoría], p. 37.
16. *Sobre la doctrina cristiana*, 3.27.38.

Al igual que Orígenes, Agustín usó la hermenéutica alegórica para predicar a Cristo desde el Antiguo Testamento.

> También pueden entenderse en la Iglesia estas realidades [del paraíso] [...] así, el paraíso sería la misma Iglesia [...] los cuatro ríos del paraíso, los cuatro Evangelios; los árboles fructíferos, los santos; sus frutos, las obras de estos; el árbol de la vida, el Santo de los santos: Cristo; el árbol de la ciencia del bien y del mal, el propio albedrío de la voluntad.[17]

Mientras que Orígenes veía tres niveles de significado en cada texto, Agustín empleó una cuadrícula interpretativa cuádruple. Según él, todas las Escrituras del Antiguo Testamento tienen un sentido cuádruple: histórico, etiológico, analógico y alegórico.[18] Los cuatro sentidos de cada texto se sistematizaron con posterioridad, con la ayuda de Juan Casiano (360–435 d. C.), siguiendo estas líneas: (1) sentido literal o histórico, (2) sentido alegórico, (3) sentido tropológico o moral, y (4) sentido anagógico o escatológico. Al explicar estos cuatro niveles de significado, Casiano usó la ciudad de Jerusalén como ejemplo. Literalmente, era una ciudad real de Israel; alegóricamente, representaba a la Iglesia; moralmente era símbolo del alma humana y escatológicamente apuntaba a la morada celestial de Dios.[19] Caracterizada por este cuádruple enfoque, la hermenéutica alegórica dominó la Edad Media, y con frecuencia fue caracterizada por un enfoque cristocéntrico.

Bernardo de Claraval

Quizá no exista, en la historia de la Iglesia, una mejor ilustra-

---

17. *Ciudad de Dios*, 13.21.

18. *De la utilidad de creer*, 3.5.

19. Greidanus, *Preaching Christ from the Old Testament* [La predicación de Cristo a partir del Antiguo Testamento], p. 104.

ción de la conexión entre la predicación cristocéntrica y la hermenéutica alegórica que la forma en que se interpretaba a menudo el Cantar de los Cantares. Bernardo de Claraval (1090–1153 d. C.) fue uno de los principales defensores de la alegoría cristocéntrica. Predicó ochenta y seis sermones —nada más y nada menos— sobre los dos primeros capítulos de Cantares, interpretando el libro de forma alegórica como la imagen de Cristo y la Iglesia. Este es un ejemplo de dicho enfoque.

> ¿Qué quiso dar a entender la esposa cuando dijo: Soy «como las cortinas de Salomón?». Algo magnífico y admirable, creo yo, si nos fijamos no en este Salomón, sino en el que se menciona con estas palabras: «He aquí más que Salomón en este lugar». Porque este Salomón mío es de tal manera Salomón, que no solo significa Pacífico, sino que se llama Paz, cuando Pablo nos muestra que «Él es nuestra paz». Y en este segundo Salomón podremos encontrar sin duda eso que no vacilaría en compararlo con la hermosura de la esposa.[20]

A lo largo de su comentario, en algunos lugares Bernardo expresa profundas verdades soteriológicas. Por ejemplo, proporciona una de las declaraciones medievales más claras sobre la justificación solo por la fe y la justicia imputada de Cristo. Dicha enseñanza influiría de forma relevante en los reformadores protestantes cinco siglos después. Esto queda claro en la siguiente cita.

> Pero el perfume de tu justicia se difunde por todas partes con tales aromas; no solo eres justo, sino la justicia misma —la justicia que hace justos—. Y eres tan poderoso para justificar como rico para perdonar. Por

---

20. *Sermones sobre el Cantar de los Cantares*, 27.2.

> esta razón, todo el que, compungido por sus pecados, sienta hambre y sed de justificación, haga un acto de fe en ti, que justificas al impío, y justificado por esa fe estará en paz con Dios.[21]

La verdad soteriológica expresada aquí es profunda. El único problema es que procede de un sermón sobre Cantar de los Cantares, un texto que claramente no tiene nada que ver con la justificación ni con la justicia imputada. Como en el caso de Orígenes y Agustín, el enfoque de Bernardo al texto bíblico resalta la tensión entre la motivación y la metodología. Aunque en estos sermones Bernardo manifiesta un profundo amor por el Señor Jesús, su motivación cristocéntrica no justifica su enfoque alegórico sobre el texto del Antiguo Testamento.

Martín Lutero

A diferencia de la abierta alegorización de muchos teólogos medievales, el reformador protestante Martín Lutero (1483–1546 d. C.) habló firmemente contra la hermenéutica alegórica. Refiriéndose a su apartamiento de la mentalidad medieval, afirmó: «Me resultó sumamente difícil romper con mi habitual celo por la alegoría. Y, aun así, era consciente de que las alegorías eran especulaciones y trivialidades vacías, por así decirlo, de las Sagradas Escrituras. El sentido histórico es el único que proporciona la doctrina verdadera y sana».[22] No obstante, a pesar de su denuncia de la alegoría, Lutero no siempre fue coherente al evitarla. Aunque puso especial cuidado en retener el sentido histórico del texto, también estuvo dispuesto a espiritualizarlo, tratando a menudo algunos pasajes teniendo en mente una interpretación tanto literal como espiritualizada. Como explica Paul Althaus,

---

21. *Ibid.*, 22.8.
22. *Obras de Martín Lutero*, 1.283.

Lutero «ofrece con frecuencia una interpretación literal y alegórica de un mismo texto».[23]

Sin lugar a duda, el enfoque «espiritualizante» de Lutero difería de la alegorización de Orígenes y otros, porque estaba arraigado en el significado histórico del texto.[24] El lado «histórico» de Lutero significaba que quería comprender el contexto literal, factual e histórico de los pasajes veterotestamentarios que estaba estudiando. Sin embargo, también argumentaba en favor de una interpretación «profética», lo que significaba que quería que cada texto se entendiera a la luz de la expectativa mesiánica que impregnó la era del Antiguo Testamento. Este enfoque de Lutero suena noble, y era más responsable a nivel hermenéutico que sus predecesores medievales. Pero seguía dejando la puerta abierta a un enfoque alegórico, aunque este planteamiento espiritualizado fuera más conservador que el alegorizante de Orígenes y Agustín. Por ejemplo, Lutero alegorizó cosas como el relato del éxodo, la historia de Jonás y el libro de Zacarías.[25] Como concluye Greidanus: «A pesar de sus advertencias contra la interpretación alegórica, Lutero mismo siguió usando este método arbitrario a la hora de interpretar».[26] Aunque denunció el método alegórico del período medieval y procuró distanciarse de los intérpretes primitivos como Orígenes, era proclive a caer en la trampa misma que afirmaba rechazar. Esto se debió principalmente a que el enfoque cristocéntrico de Lutero al Antiguo Testamento lo obligaba a recurrir a la alegoría en aquellas ocasiones en que el pasaje no se prestaba por sí mismo a la interpretación cristocéntrica.

---

23. Paul Althaus, *The Theology of Martin Luther* [La teología de Martín Lutero] (Mineápolis: Fortress, 1966), p. 96.

24. *Ibid.*

25. Véase Heinrich Bornkamm, *Luther and the Old Testament* [Lutero y el Antiguo Testamento], trad. por Eric W. y Ruth C. Gritsch (Mineápolis: Fortress, 1969), p. 94.

26. Greidanus, *Preaching Christ from the Old Testament* [La predicación de Cristo a partir del Antiguo Testamento], p. 126.

Una vez repasados varios ejemplos históricos de la estrecha conexión que solía existir entre la predicación cristocéntrica y la hermenéutica alegórica, ahora se considerará un enfoque alternativo, uno en el que los pasajes del Antiguo Testamento se interpretan en consonancia con la intención del autor, aunque el pasaje no esté directamente relacionado con Cristo.

La hermenéutica histórico-gramatical y la predicación teocéntrica en la historia

La sección anterior consideró brevemente los enfoques hermenéuticos de Orígenes, Agustín, Bernardo y Lutero. Aunque no todos concuerdan en los detalles de su hermenéutica, todos representan variaciones de un enfoque cristocéntrico a la interpretación y la predicación del Antiguo Testamento. En cada caso, en una medida u otra, ilustran la conexión entre ese enfoque cristocéntrico y una tendencia hacia el método alegórico de interpretación.

Dicho esto, cabe preguntarse si hubo otros intérpretes en la historia de la Iglesia que hayan demostrado tener un compromiso con la hermenéutica histórico-gramatical. La respuesta es afirmativa. Por ejemplo, en el siglo iv, Diódoro de Tarso (m. 390) y la escuela de Antioquía defendieron este enfoque, a la vez que seguían reconociendo el lenguaje metafórico y los tipos de Cristo en el Antiguo Testamento. Para los antioqueños, el significado de las Escrituras no podía desvincularse del sentido literal, histórico y gramatical del pasaje. Así, el teólogo del siglo iv, Teodoro de Mopsuestia (350–428 d. C.) rechazó de manera específica los métodos alegóricos de Orígenes. Teodoro limitó los pasajes cristocéntricos del Antiguo Testamento a las profecías y los tipos mesiánicos. Lo importante es que, al identificar los tipos, Teodoro limitó los tipos legítimos a los que se identificaban como tales en el Nuevo Testamento. Estas limitaciones evitaron proyecciones imaginativas impuestas al texto por el enfoque alegórico.

Juan Crisóstomo

El famoso predicador del siglo iv, Juan Crisóstomo (347–407 d. C.), estuvo estrechamente relacionado con la escuela de Antioquía. Adoptó, de manera similar, un enfoque literal para interpretar la Biblia. En consecuencia, rechazó toda la hermenéutica alegórica de la escuela alejandrina. Él dijo: «La práctica de aplicar a las Sagradas Escrituras ideas ajenas de la propia imaginación en lugar de aceptar lo que aparece escrito en el texto conlleva, en mi opinión, un gran peligro para los que tienen la temeridad de seguirla».[27] Como Teodoro de Mopsuestia, Crisóstomo entendió que el Antiguo Testamento anticipaba a Cristo tanto en términos proféticos como a través de tipos.[28] Sin embargo, al usar la tipología, Crisóstomo puso especial cuidado en distanciarse de un acercamiento alegórico. Como explica Demetrio E. Tonias: «Juan, sin embargo, se sintió obligado a cualificar su tipología para que su audiencia no asuma que estaba cayendo en alguna forma de alegoría alejandrina».[29]

De manera positiva, Crisóstomo resumió su enfoque hermenéutico con estas palabras: «Porque deberíamos desbloquear el pasaje dándole primero una clara interpretación a las palabras. ¿Qué quiere decir esto? [...] No debemos prestar atención meramente a las palabras, sino centrarnos en el sentido y aprender cuál es el objetivo del orador, la causa y la ocasión, y al reunir todas estas cosas descubrir el significado escondido».[30] Cabe destacar las herramientas hermenéuticas básicas que Crisóstomo identifica como necesarias para una interpretación bíblica sana: el análisis léxico («una clara interpretación de las palabras»), el contexto literario («llevar nuestra atención al sentido»), la intención del

---

27. *Homilía sobre el Génesis*, 53.109.
28. *Homilía sobre la penitencia*, 6.
29. Demetrio E. Tonias, *Abraham in the Works of John Chrysostom* [Abraham en las obras de Juan Crisóstomo] (Mineápolis: Fortress, 2014), p. 111.
30. *Contra los marcionistas y maniqueos*, 1.

autor («saber cuál es el objetivo del orador») y entender el entorno histórico («la causa y la ocasión»). Al emplear estos medios, el intérprete puede descubrir acertadamente el «significado escondido» del texto bíblico. Para Crisóstomo, el sentido no se descubre proyectando la imaginación propia en el texto. En su lugar, se descubre escarbando en el texto y comprendiendo el mensaje pretendido por el autor dentro de su contexto histórico.

Juan Calvino

Más de mil años después de Crisóstomo, el reformador ginebrino Juan Calvino (1509–1564 d. C.) miró en retrospectiva al elocuente predicador de Antioquía con gran respeto. Calvino opinó de Crisóstomo: «El destacado mérito de nuestro autor, Crisóstomo, es que su preocupación suprema siempre fue no apartarse ni en lo más mínimo del sentido genuino y simple de las Escrituras ni permitirse libertades que distorsionen el significado claro de las palabras».[31] De hecho, los eruditos han observado que Crisóstomo era el exégeta patrístico favorito de Calvino.[32]

Como Lutero, Calvino denunció firmemente la hermenéutica alegórica del período medieval. Por lo tanto, Calvino pudo afirmar: «Sepamos que el verdadero significado de las Escrituras es genuino y sencillo, y aceptémoslo y aferrémonos a él firmemente. Dejemos […] a un lado con valentía, como las corrupciones letales, las exposiciones ficticias que nos apartaron del sentido literal».[33] En otro lugar, añade:

---

31. *Praefatio in Chrysostomi Homilias*, 9.835.

32. R. Ward Holder, «Calvin's Hermeneutic and Tradition: An Augustinian Reception of Romans 7» [La hermenéutica de Calvino y la tradición: Una recepción agustiniana de Romanos 7], en *Reformation Readings of Romans* [Lecturas reformadas de Romanos], ed. por Kathy Ehrensperger y R. Ward Holder, pp. 98-119 (Edimburgo, Escocia: T&T Clark, 2008), pp. 101-102.

33. Richard C. Gamble, «Exposition and Method in Calvin» [Exposición y método en Calvino], *WTJ* 49 (1987), p. 163.

> Este error [de la alegoría] ha sido la fuente de muchos males. No solo abrió el camino a la adulteración del significado natural de las Escrituras, sino que también estableció la audacia al alegorizar como la principal virtud exegética […] Incluso hombres buenos fueron desviados por su debilidad equivocada por las alegorías y llevados a formular un gran número de opiniones perversas.[34]

Con una aprobación incluso más fuerte, escribe: «Debemos rechazar por completo las alegorías de Orígenes y otros como él, que Satanás se ha esforzado por introducir en la Iglesia con la sutileza más profunda, con el propósito de convertir la doctrina de las Escrituras en algo ambiguo y desprovisto de toda certeza y firmeza».[35]

A diferencia de Lutero, que insistió en la hermenéutica cristocéntrica, Calvino se centró principalmente en los propósitos soberanos de Dios. Por consiguiente, prefería que un sermón revelara la verdad sobre Dios y que no se centrara necesariamente de forma directa en la Persona y la obra del Mesías. Para Calvino, este enfoque teocéntrico encaja dentro de los límites de la intención del autor original de las Escrituras —tanto el autor humano como el divino—. Calvino observa lo siguiente: «Dado que desvelar la mente del escritor al que ha decidido exponer es casi la única tarea [del intérprete], yerra, o por lo menos se desvía de sus límites, en la medida en que aparta a sus lectores del significado del autor [de las Escrituras]».[36]

---

34. David Puckett, *John Calvin's Exegesis of the Old Testament* [La exégesis de Juan Calvino del Antiguo Testamento] (Louisville, KY: Westminster John Knox Press, 1995), p. 107.

35. Juan Calvino, *Comentario sobre Génesis*, vol. 1 (San José, Costa Rica: Clir, 2015), p. 33 (de la versión original en inglés).

36. R. Ward Holder, «Calvin as Commentator on the Pauline Epistles» [Calvino como comentarista de las epístolas paulinas], en *Calvin and the Bible* [Calvino y la Biblia], ed. por Donald K. McKim, pp. 224-256 (Cambridge: Cambridge University Press, 2006), p. 227.

Calvino procuró descubrir la intención del autor, en el contexto histórico, a la audiencia original y, a su vez, reconoció las figuras retóricas del texto. Por supuesto, ni siquiera él fue siempre sistemático en sus aplicaciones a una práctica literal, sobre todo en lo que refiere a las profecías del Antiguo Testamento respecto al reino milenial.[37] Sin embargo, su enfoque es más adecuado para predicar el Antiguo Testamento de un modo que capacita al intérprete para evitar los escollos y las tentaciones asociados a una metodología alegórica. Calvino no intentó introducir a Cristo a la fuerza en cada pasaje. En su lugar, permitió que cada porción hablara por sí misma, revelando la verdad sobre Dios según Él mismo la reveló.

Lecciones de la historia

El objetivo de este capítulo no consiste meramente en articular una amplia historia de la hermenéutica. Más bien, la intención es usar la historia de la Iglesia para ilustrar una idea importante y resaltar varias lecciones relevantes. Como demuestra incluso un breve estudio histórico, uno de los principales peligros del enfoque cristocéntrico respecto al Antiguo Testamento es que abre la puerta a una hermenéutica alegórica. La realidad de este peligro se ilustra una y otra vez a lo largo de la historia de la Iglesia.

Con esto en mente, la historia de la hermenéutica subraya al menos tres lecciones importantes. En primer lugar, enseña que la hermenéutica alegórica es peligrosa y que los fieles intérpretes de la Biblia deberían evitarla. Tanto Lutero como Calvino tuvieron razón al denunciar el enfoque alegórico, porque entendieron los errores que ese enfoque había introducido en la Iglesia. Como acertadamente afirmó Calvino, el «error [de la alegoría] ha sido la fuente de muchos males».[38]

---

37. Para mayor información al respecto, véase John MacArthur y Richard L. Mayhue, eds., *Los planes proféticos de Cristo* (Grand Rapids: Portavoz, 2020).

38. Puckett, *John Calvin's Exegesis of the Old Testament* [La exégesis de Juan Calvino del Antiguo Testamento], p. 107.

J. Dwight Pentecost identifica al menos tres peligros inherentes a la hermenéutica alegórica. Primero, el enfoque alegórico distorsiona las Escrituras porque no es una interpretación verdadera del texto, sino más bien una creación imaginativa de significado impuesto sobre el mismo. Esto pervierte «el verdadero significado de la Escritura, con el pretexto de buscar un significado más profundo y más espiritual».[39] En segundo lugar, la hermenéutica alegórica coloca la mente del predicador en una posición de autoridad sobre el texto. Como resultado, Pentecost explica: «La interpretación podría así ser distorsionada por las posiciones doctrinales del intérprete, por la autoridad de la Iglesia a la cual está unido, por su posición social o educativa, o por una hueste de otros factores».[40] En tercer lugar, como las interpretaciones alegóricas son totalmente subjetivas, es imposible ponerlas a prueba de un modo objetivo. Pentecost escribe: «Un tercer gran peligro del método alegórico es que uno queda sin medio alguno para probar las conclusiones del intérprete».[41] Y, por eso, concluye: «Así, los grandes peligros inherentes en este sistema están en que quita la autoridad de la Escritura, nos deja sin base alguna sobre la cual puedan ser probadas las interpretaciones, reduce la Escritura a lo que parece ser razonable al intérprete y, como resultado, hace imposible la verdadera interpretación de la Escritura».[42] Estas advertencias deberían tomarse en serio. Si los predicadores desean ser obreros aprobados que no se avergüenzan de cómo manejaron la Palabra de Dios, deben evitar con precaución el enfoque alegórico.

Una segunda lección de la historia de la hermenéutica es la siguiente: los buenos motivos no justifican los malos métodos.

---

39. J. Dwight Pentecost, *Eventos del porvenir: Estudios de escatología bíblica* (Miami, FL: Vida, 1984), p. 18.

40. *Ibid.*

41. *Ibid.*

42. *Ibid.*, pp. 18-19.

Orígenes consideró el método alegórico como una forma de defender al cristianismo de los ataques externos y, a su vez, mantuvo a Cristo en el centro del texto. Agustín estaba motivado de manera similar tanto por preocupaciones apologéticas como cristológicas. La devoción de Bernardo a Cristo lo impulsó a leer Cantar de los Cantares como un poema de amor entre Cristo y la Iglesia. Incluso Lutero, aunque distanciándose de tales abusos alegorizantes, permitió que el texto sea espiritualizado con el fin de asegurar una interpretación cristocéntrica del texto. Como se observó más arriba, el deseo de predicar a Cristo y verlo honrado es el más noble de los motivos. Sin embargo, en la predicación, como en todos los ámbitos de la vida, el fin no justifica los medios. Los buenos motivos no justifican los malos métodos. Si los predicadores quieren hoy honrar de verdad a Cristo, tanto en su hermenéutica como en su homilética, manejarán su Palabra con precisión, ciñéndose a lo que Dios ha revelado en el texto y no imponiendo sus propias interpretaciones fantasiosas.

Finalmente, la historia de la Iglesia ilustra repetidas veces una estrecha conexión entre el enfoque cristocéntrico para predicar a Cristo en y desde el Antiguo Testamento y una hermenéutica alegórica. Este vínculo está abierto a aquellos como Orígenes, Agustín y Bernardo, que no tienen reparos respecto a su disposición a emplear un enfoque alegórico para los textos veterotestamentarios. Sin embargo, este vínculo también se puede ver en aquellos que, como Lutero, reconocían los peligros del método alegórico. Como ya se ha declarado, aunque Lutero desaprobó el enfoque alegórico de quienes lo precedieron, siguió usando este mismo enfoque cuando su aproximación cristocéntrica lo impulsaba a hacerlo. Los defensores responsables de la predicación cristocéntrica de hoy no tardarían en rechazar el método alegórico de la escuela alejandrina. Sin embargo, la realidad es que su enfoque es susceptible a una clase similar de hermenéutica alegórica.

Aunque se pudiera cambiar la etiqueta y llamarla hermenéutica espiritualizada (como en el caso de Lutero) o hermenéutica tipológica, puede desarrollarse fácilmente en formas ilegítimas de alegorización. Como reconoce Greidanus, un defensor de la predicación cristocéntrica:

> A su vez, la tipología puede caer en la alegoría. Cuando el predicador concatena algunos «tipos» en una metáfora extensa, lo que hace es crearlos, en lugar de descubrirlos; y dejarse llevar por el alegorismo se convierte en algo muy fácil. Claramente, el reto de la interpretación tipológica es hallar cierta medida de control para evitar que se desemboque en la tipología y hasta en la alegoría.[43]

En vez de crear un control externo, como el reconocimiento que Greidanus estima necesario para el enfoque cristocéntrico, parece mejor depender de los controles internos proporcionados por la gramática y el contexto mismo del texto. Esto requiere de por sí una hermenéutica histórico-gramatical.

CONCLUSIÓN

Como ilustra la historia de la hermenéutica, el enfoque cristocéntrico al Antiguo Testamento viene con escollos y peligros potenciales. En lugar de forzar a Cristo en cada pasaje veterotestamentario, el mejor planteamiento es dejar que el texto hable por sí mismo. En la era patrística, este enfoque estaba ejemplificado por los de la escuela de Antioquía. Durante la Reforma, Calvino defendió de manera similar un enfoque así. Al emplear este método tanto en su hermenéutica como en su predicación, exponían explicaciones claras del texto bíblico a la vez que evitaban

---

43. Greidanus, *Preaching Christ from the Old Testament* [La predicación de Cristo a partir del Antiguo Testamento], p. 97.

los abusos y los riesgos de la alegoría. Su ejemplo proporciona un precedente útil para el predicador contemporáneo que desee ser un siervo fiel de la Palabra y de su Autor divino. Aunque ya se ha aludido a ella más arriba, la advertencia de 2 Timoteo 2:15 provee una conclusión adecuada: «Procura con diligencia presentarte a Dios aprobado, como obrero que no tiene de qué avergonzarse, que usa bien la palabra de verdad».

LOS PELIGROS DEL CRISTOCENTRISMO EN EL MINISTERIO PASTORAL

Roberto Sánchez

El propósito de este capítulo es evaluar cómo la hermenéutica cristocéntrica afecta —o puede llegar a afectar— el ministerio pastoral. Este tema es de suma importancia ya que las implicaciones negativas en la práctica del ministerio pastoral surgen de una perspectiva inapropiada al considerar las Escrituras. Por esa razón es tan importante ser bíblico en cuanto a cómo interpretar la Biblia. Un estudio basado en el método histórico-gramatical ayudará a tener una perspectiva equilibrada en el ministerio pastoral.

El problema de la hermenéutica cristocéntrica

La hermenéutica cristocéntrica, como se explicó anteriormente, se enfoca en el evangelio y en relacionar cada texto con Cristo.[1] R. Albert Mohler afirma:

---

1. Para más detalles de los aspectos esenciales que componen la hermenéutica cristocéntrica, véase el capítulo 2. Richard Mayhue agrega dos aspectos más:

> Cada uno de los textos de las Escrituras apunta hacia Jesucristo [...] Desde Moisés hasta los profetas, Él es el centro de cada una de las palabras de la Biblia. Cada versículo de las Escrituras encuentra su cumplimiento en Él, y cada historia de la Biblia termina con Él [...] Cada texto —no solo aquellos que conocemos bien— anuncia al Señor Jesucristo.[2]

Aunque esto suene loable, no necesariamente implica que sea bíblico. Si bien es cierto que todo evangélico debe apreciar la historia redentora de Dios, que encuentra su clímax y cumplimiento en Cristo, no es cierto que cada versículo del Antiguo Testamento concierna de un modo directo a Cristo.[3] De hecho, «los profetas no convirtieron cada texto en cristocéntrico»,[4] por mencionar un ejemplo. Las Escrituras interpretan las Escrituras respetando la intención original del autor, es decir, extrayendo del texto, no imponiendo al texto.

La preocupación con la hermenéutica cristocéntrica es que, aunque reconoce a menudo la necesidad de evitar el método alegórico de interpretación, sostiene que Cristo es el tema de cada texto de las Escrituras. Esto implica imponer al texto una

---

(1) las interpretaciones tipológicas y/o alegóricas son permitidas y animadas, aún si no son validadas por el Nuevo Testamento, y (2) el hecho que se considera el método *sensus plenior* como aceptable e, inclusive, requerido. Richard L. Mayhue, «Christ-Centered Preaching: An Overview» [Predicación cristocéntrica: Un panorama], *MSJ* 27 (2016), p. 152. El concepto hermenéutico *sensus plenior* afirma la idea de obtener un significado más profundo y completo que el texto bíblico mismo podría brindar. Implica la distinción entre el autor humano y el autor divino afirmando dos significados, la intención del autor humano y la intención divina. Los adeptos a este método interpretativo afirman que el significado original del autor humano no se pierde, sino que se complementa con el divino. Sin embargo, desde un punto de vista lógico no se puede negar que el significado original del texto se pierde o se altera en el proceso.

2. R. Albert Mohler, *Proclame la verdad: Predique en un mundo postmoderno* (Grand Rapids: Portavoz, 2010), pp. 96-97.

3. Abner Chou, *La hermenéutica de los escritores bíblicos: Los profetas y los apóstoles nos enseñan a interpretar las Escrituras* (Grand Rapids: Portavoz, 2019), p. 226.

4. *Ibid.*

presuposición teológica que no fue necesariamente la intención del autor. Tampoco se debe hacer diferencia alguna entre la intención del autor humano y el divino.[5] Sería simplemente inconsistente buscar la intención del autor humano a través del método histórico-gramatical, y la intención divina por la vía teológica. No hay tal cosa, puesto que no existe un sentido doble u oculto en los textos de las Escrituras.[6] Milton S. Terry advierte correctamente que en el momento que se acepta la posibilidad de hallar múltiples significados en los textos bíblicos, se introduce

> [en] el santo libro un elemento de incertidumbre, y trastornamos toda posibilidad de interpretación científica. Dice el doctor Owen: «Si la Biblia tiene más de un significado, no tiene significado alguno». Ryle dice: «Sostengo que las palabras de la Biblia se han dado con la intención de que tengan un sentido definido y que nuestro objetivo principal debe ser descubrir ese sentido, y luego adherirnos rígidamente a él [...] Decir que las palabras tienen cierto significado meramente porque son susceptibles de ser estrujadas para hacérselo tener es una manera deshonesta y peligrosa de manejar las Escrituras». Stuart se expresa así: «Este plan de interpretación abandona y hace a un lado las leyes comunes que rigen al lenguaje».[7]

---

5. Sobre «el principio de un significado» en las palabras y declaraciones de las Escrituras, véase Robert L. Thomas, «The Principle of Single Meaning» [El principio del significado único], en *Evangelical Hermeneutics* [Hermenéutica evangélica], ed. por Robert L. Thomas, pp. 141-164 (Grand Rapids: Kregel, 2002).

6. Uno de los representantes más conocidos dentro del ámbito académico católico es el sacerdote Raymond Brown quien lo describe así: «El *sensus plenior* es aquel significado adicional, más profundo, pensado por Dios, pero no claramente pretendido por el autor humano, que se ve en las palabras de un texto bíblico (o grupo de textos, o incluso de un libro completo) cuando es estudiado a la luz de una revelación adicional o desarrollado en la comprensión de la revelación». Raymond E. Brown, *The Sensus Plenior of Sacred Scripture* [El *Sensus Plenior* de la Sagrada Escritura] (Baltimore: St. Mary's University, 1955), p. 92.

7. Milton S. Terry, *Hermenéutica: La ciencia de la interpretación bíblica* (Tampa, FL: Doulos, 2012), p. 192.

El intérprete fiel y apegado a la enseñanza bíblica tampoco puede coincidir con Sidney Greidanus cuando insiste que «la revelación de Dios en el pasado no es necesariamente la palabra final de Dios para la gente de hoy [...] La revelación progresiva implica que uno debe interpretar la revelación pasada a la luz de la revelación más reciente».[8] Esto es peligroso. No se puede dar relevancia a una parte de las Escrituras más que a otra. No se puede añadir un lente hermenéutico teológico al proceso exegético. Imponer un lente interpretativo teológico a las Escrituras es un abuso, porque termina enmudeciendo los textos bíblicos que deben tener primacía por encima de las preferencias o interpretaciones teológicas del intérprete. Desde el momento que se añade un lente interpretativo al proceso, hay implícito un claro rechazo a la hermenéutica histórico-gramatical. El intérprete fiel debe extraer del texto el significado y exponerlo tal como fue la intención del autor.

Habiendo dejado claro el problema de raíz que presenta la hermenéutica cristocéntrica, es importante responder la siguiente pregunta: ¿Cómo luce esta metodología cristocéntrica en el ministerio pastoral? ¿Cómo afecta la predicación esta hermenéutica? En relación a la predicación textual o temática, por ejemplo, Greidanus recomienda que los predicadores seleccionen los textos que van a predicar considerando la necesidad de sus congregaciones.[9] Esto, a primera vista, no parece incorrecto. Sin embargo, Greidanus comenta: «En la selección del texto, uno generalmente debería dar preferencia a los textos más significativos [...] no todo versículo en la Biblia es un buen texto predicable».[10] Por ejemplo, argumenta que pasajes como Génesis 22:5 o Efesios 1:1 no

---

8. Sidney Greidanus, *The Modern Preacher and the Ancient Text: Interpreting and Preaching Biblical Literature* [El predicador moderno y texto antiguo: Interprertando y predicando la literatura bíblica] (Grand Rapids: Eerdmans, 1988), p. 121.

9. *Ibid.*, p. 126.

10. *Ibid.*

se deben escoger porque no son significativos, aunque, por supuesto, él afirma su valor intrínseco.[11] Nuevamente, esto es algo realmente peligroso.

El hecho de escoger «pasajes significativos» o evadir pasajes oscuros no es un reflejo de lo que los evangélicos deberían creer. Haddon Robinson, quién escribió un valioso recurso en cuanto a la predicación, argumenta de manera acertada que todo predicador evangélico debe creer en ciertas verdades fundamentales. Por ejemplo, creer que la Biblia es la Palabra de Dios es una verdad cardinal. Él escribe: «Toda la Biblia es la palabra de Dios. No solo Romanos, sino también Levítico; no solo Efesios, sino también Ester. No solo los pasajes "calientes" sino también los "fríos"».[12] La razón es sencilla: Toda la Escritura es inspirada por Dios y es útil para el hombre de Dios (2 Ti. 3:16-17). Todo texto es predicable y debe serlo. Una hermenéutica histórico-gramatical ayudará al intérprete a ser fiel al texto y a Dios mismo, puesto que se trata de su Palabra. La hermenéutica cristocéntrica tenderá a afectar el ministerio de la Palabra, evitando que el intérprete, el ministro de la Palabra, trace «con precisión la palabra de verdad» (2 Ti. 2:15).

Para responder a algunos que todavía se preguntan acerca de la hermenéutica cristocéntrica y su aplicación en el método histórico-gramatical, Greidanus sugiere además que el predicador debe hacerse la siguiente pregunta: «¿Por qué el autor escribió el texto en la manera que lo hizo?».[13] Él añade que esta pregunta se puede responder solamente en su contexto histórico-gramatical.[14] Su afirmación es correcta. Sin embargo, cuando Greidanus habla acerca del propósito del sermón, que es el producto terminado

---

11. *Ibid.*

12. Haddon Robinson y Craig Brian Larson, eds., *The Art and Craft of Biblical Preaching: A Comprehensive Resource for Today's Communicators* [El arte y la hechura de la predicación bíblica: Un recurso completo para los comunicadores de hoy día] (Grand Rapids: Zondervan, 2005), p. 23.

13. Greidanus, *The Modern Preacher and the Ancient Text*, p. 130.

14. *Ibid.*

en el proceso hermenéutico, él se coloca el lente teológico cristo-céntrico y afirma «que el propósito del sermón no todo el tiempo será exactamente igual al del texto, porque nosotros vivimos en tiempos y circunstancias diferentes a los de los receptores origi-nales del texto».[15] Este modelo hermenéutico es una distorsión de cómo considerar las Escrituras a la luz de las Escrituras mismas. Terry correctamente escribe: «En verdad puede decirse que una gran parte de la confusión y errores de los expositores bíblicos han surgido de ideas equivocadas acerca de la Biblia misma».[16] A esto hay que añadir que las ideas equivocadas a menudo surgen de una hermenéutica equivocada, tratando de imponer al texto y no de extraer del texto. Para evitar cualquier tipo de equivocaciones y errores que afectan en definitiva el ministerio pastoral, ¿por qué no mejor adoptar la perspectiva bíblica de cómo interpretar las Escrituras y así respetar lo que ellas mismas dicen de su natura-leza? Esto permitirá que el ministro de la Palabra sea fiel al texto y al Señor del texto, además de la bendición que esto será a la congregación cuando se predique la Palabra vez tras vez.

La interpretación bíblica de las Escrituras

En 2 Timoteo 3:14-17, el apóstol Pablo argumenta, en medio de otros asuntos bibliológicos, acerca de la utilidad de las Escrituras.

> Pero persiste tú en lo que has aprendido y te persua-diste, sabiendo de quién has aprendido; y que desde la niñez has sabido las Sagradas Escrituras, las cuales te pueden hacer sabio para la salvación por la fe que es en Cristo Jesús. Toda la Escritura es inspirada por Dios, y útil para enseñar, para redargüir, para corregir, para instruir en justicia, a fin de que el hombre de Dios sea perfecto, enteramente preparado para toda buena obra.

---

15. *Ibid.*
16. Terry, *Hermenéutica*, p. 197.

Este pasaje de las Escrituras provee las declaraciones más fundamentales de la naturaleza de las Escrituras; declaraciones que ocurren dentro de un contexto pastoral. El apóstol Pablo está nuevamente en una prisión romana, sufriendo por el nombre de Cristo y consciente de la realidad de su muerte (2 Ti. 4:6). Sin embargo, en este contexto existencial, el apóstol derrama su corazón pastoral e instruye a Timoteo, pastor de la iglesia en Éfeso. El énfasis paulino es en la sana doctrina y solo esto tiene poder para la formación de hombres piadosos. El gozo de Pablo es que a pesar de que él está en cadenas, la Palabra de Dios no puede estar encadenada, sino que debe ser proclamada, transformando la vida de los hombres de Dios.

Otro aspecto contextual de 2 Timoteo 3:14-17 es que este pasaje está incrustado en un contexto escatológico (2 Ti. 3:1–4:8). Pablo advierte a Timoteo en cuanto a los «postreros días», que son caracterizados por «tiempos peligrosos» (2 Ti. 3:1), en los cuales muchos «no sufrirán la sana doctrina, sino que teniendo comezón de oír, se amontonarán maestros conforme a sus propias concupiscencias, y apartarán de la verdad el oído y se volverán a las fábulas» (2 Ti. 4:3-4). La descripción que Pablo hace sobre la decadencia moral y espiritual en este capítulo es evidente a través de toda la historia de la Iglesia, pues esto no ha quedado en el pasado, sino que sigue siendo una realidad hoy. Los «postreros días» son «ese período entre la exaltación de Cristo y su venida».[17] John F. MacArthur escribe: «Aún estamos viviendo en el tiempo mesiánico entre las dos venidas de Cristo y todo esto puede llamarse apropiadamente los postreros días».[18]

Es precisamente a la luz de este contexto circunstancial, escatológico y peligroso de apostasía, que Pablo introduce 2 Timoteo

---

17. Thomas D. Lea y Hayne P. Griffin, 1, 2 Timothy, Titus, *NAC* 34 (Nashville: Broadman & Holman Publishers, 1992), p. 223.

18. John F. MacArthur, *1 y 2 Tesalonicenses, 1 y 2 Timoteo, Tito, CMacNT* (Gran Rapids: Portavoz, 2012), p. 109.

 Roberto Sánchez

3:14-17. Lo importante para Pablo es la relación que Timoteo, el hombre de Dios, debe tener con la Palabra de Dios. John M. Frame apropiadamente pregunta lo siguiente a la luz de esta peligrosa realidad: «En esta oscuridad por venir, ¿hacia dónde se dirige un pastor joven como Timoteo para encontrar entendimiento? ¿Cómo puede él determinar lo que es verdadero y lo que es falso, y cómo puede él lidiar con lo que es falso? Pablo da dos respuestas a estas preguntas. En primer lugar: Recuérdame (2 Tim. 3:10-14)».[19] Acá Pablo enfatiza el ejemplo que le había dado de ser un ministro fiel. Esto era fundamental puesto que Timoteo y los que venían después de él «debían recordar la vida (el ejemplo) y doctrina de Pablo y ser imitadores de él».[20] Sin embargo, como dice Frame, «la memoria se desvanece con el tiempo, y generaciones posteriores se levantarían sin ninguna memoria personal de Pablo. ¿Cómo ejercerían discernimiento entre los verdaderos maestros y los "impostores"? Aquí la segunda respuesta de Pablo viene a ser crucial: ve a las Escrituras».[21] No había atajos —debían ir a la fuente—.

Pablo establece dos declaraciones contundentes sobre la Biblia: (1) la naturaleza de la Escritura (2 Ti. 3:14-15) y (2) la utilidad de las Escrituras (2 Ti. 3:16-17) las que «son tal vez las declaraciones más significativas sobre la bibliología en las Escrituras».[22] Pablo no solo desea que Timoteo crea lo que es correcto, sino que también desarrolle una convicción de lo que es correcto.[23] Entonces las

19. John M. Frame, *Systematic Theology: An Introduction to Christian Belief* [Teología sistemática: Una introducción a la fe cristiana] (Phillipsburg, NJ: P&R, 2013), p. 578.

20. *Ibid.*

21. *Ibid.*, pp. 578-579.

22. Edward W. Goodrick, «Let's Put 2 Timothy 3:16 Back in the Bible» [Volvamos a colocar 2 Timoteo 3:16 en la Biblia], *JETS* 25 (1982), p. 480.

23. Esto es lo que Kitchen llama una «máxima pastoral», que consiste en que «el conocimiento y la convicción son gemelos que nunca pueden ser separados». John Kitchen, *The Pastoral Epistles for Pastors* [Las epístolas pastorales para pastores] (The Woodlands, TX: Kress, 2009), p. 414.

preguntas lógicas son: ¿Qué es lo que se debe creer de las Escrituras conforme a las Escrituras mismas? ¿Cómo se deben concebir las Escrituras? ¿Cuál es su naturaleza? Este pasaje ayuda a entender dos declaraciones contundentes que son de vital importancia para la interpretación bíblica de las Escrituras.

Pablo dice que las Sagradas Escrituras «te pueden hacer sabio para la salvación por la fe que es en Cristo Jesús» (2 Ti. 3:15), y el siguiente versículo añade que toda la Biblia es «útil para enseñar, para redargüir, para corregir, para instruir en justicia» (2 Ti. 3:16). Estas dos frases hablan de dos resultados prácticos que solo las Sagradas Escrituras pueden producir en un hombre: el evangelismo y la edificación. En otras palabras, la Biblia es útil para la salvación y la santificación. Debe interpretarse «bien» (2 Ti. 2:15) porque hay vidas que dependen de ello.

El primer resultado de las Sagradas Escrituras es que «te pueden hacer sabio para la salvación por la fe que es en Cristo Jesús» (2 Ti. 3:15). Cuando Pablo escribió estas palabras, solo tenía el Antiguo Testamento a su disposición. Es precisamente al Antiguo Testamento que él llama «las Sagradas Escrituras» (2 Ti 3:15), puesto que el canon del Nuevo Testamento todavía estaba en formación. El Antiguo Testamento tienen un elemento evangelístico: hace sabio para la salvación que es solamente «por la fe que es en Cristo Jesús» (2 Ti. 3:15). El Antiguo Testamento es un documento divino que debe ser leído y predicado porque apunta a Cristo; es decir, es cristotélico. Dios es el autor de toda la Biblia y el tema apunta a Cristo. Esto no quiere decir que cada pasaje de la Biblia habla de Cristo específicamente y que cuando un pasaje no habla de Cristo se lo debe manipular hasta hacerlo hablar de Cristo. La responsabilidad de todo predicador fiel es aprender a respetar el texto. No se debe imponer en el texto algo que el texto no tiene la intención de comunicar. El imponer al texto una idea foránea es simplemente torturar al texto —hacerle decir algo que no quiere decir—. El intérprete debe ser fiel, no en buscar a Cristo en cada pasaje para cumplir con la primera dimensión práctica, sino que debe simplemente extraer y exponer lo que Dios reveló para que Él cumpla su propósito a través de ello.

En segundo lugar, las Escrituras no solo tienen un elemento evangelístico, sino que también tienen un elemento santificador o edificador. Toda la Escritura es inspirada por Dios y «útil» para que el hombre de Dios sea «enteramente preparado para toda buena obra» (2 Ti. 3:16-17). La palabra «útil» tiene que ver con lo provechoso, con lo beneficioso, con lo ventajoso que la Palabra de Dios es para el hombre de Dios.[24] Por eso es fundamental tener una interpretación y exposición fiel de las Escrituras. Los beneficios de la verdad de Dios para un hombre de Dios son prácticos y Pablo los enlista en el versículo 16: (1) «enseñar» (exponer la sana doctrina), (2) «redargüir» (reprender para adoptar el comportamiento sano), (3) «corregir» (restaurar a su condición original), y (4) «instruir en justicia» (entrenar a un cristiano en justicia).

La Palabra escrita de Dios es útil para estas cosas con una meta singular: «a fin de que el hombre de Dios sea perfecto, enteramente preparado para toda buena obra» (2 Ti. 3:17). Es a la luz de estos dos resultados de las Escrituras (evangelismo y edificación) que Pablo tiene una instrucción doble para Timoteo: (1) «haz obra de evangelista» (2 Ti. 4:5) y (2) «que prediques la palabra» (2 Ti. 4:2). Este es un tipo de predicación indicativa, que proclama la historia de Cristo, pero también es una predicación imperativa, que demanda obediencia por haber abrazado el evangelio de Cristo. La realidad es que el énfasis contextual que Pablo desea establecer para Timoteo y los predicadores es una predicación no solo evangelística, sino también una que es enfáticamente pastoral. De hecho, el énfasis aquí radica en que los beneficios de la Palabra de Dios

---

24. *BDAG*, p. 1108 (ὠφέλιμος).

están relacionados con el «hombre de Dios» —un término técnico para referirse a los predicadores—. MacArthur observa:

> La Biblia puede ser de gran valor para el incrédulo. Más importante aún […] lleva a la salvación a quienes confían en el Salvador y Señor que esta proclama. Pero Pablo habla aquí de un valor especial de las Escrituras para los predicadores, quienes con la guía del Espíritu Santo pueden entender y proclamar las verdades de la Palabra de Dios.[25]

Las verdades de Dios no solamente tienen que ver con el evangelismo, sino también con la edificación. La naturaleza pedagógica pastoral de las Escrituras para la edificación de los creyentes es lo que Pablo plasma en otras de sus cartas. En los pasajes bíblicos a continuación, será evidente no solo la vida de una iglesia que ha abrazado el evangelio de Jesucristo, sino que también está en necesidad de ser edificada. El énfasis no es el evangelio en sí mismo sino cómo vivir a la luz del evangelio. El contexto no es el mundo en necesidad del evangelio, sino la Iglesia en necesidad de honrar el evangelio. Esto no es algo teórico, no es un lente interpretativo que se impone, sino que es algo práctico que las Escrituras mismas revelan. El pasaje marca la diferencia entre lo que es el evangelio y la manera de vivir según el evangelio, lo cual son dos cosas diferentes —aunque íntimamente relacionadas—.

Por ejemplo, en 1 Corintios, Pablo defiende su apostolado y él mismo se pone como ejemplo de lo que significa ceder los derechos personales por el evangelio. Pablo argumenta que él tiene derecho de trabajar, de comer y beber, y aún el derecho de recibir un salario. ¿Cuál es la razón? 1 Corintios 9:9-10 dice: «Porque en la ley de Moisés está escrito: No pondrás bozal al buey que

---

25. MacArthur, *1 y 2 Tesalonicenses, 1 y 2 Timoteo, Tito*, p. 162.

trilla. ¿Tiene Dios cuidado de los bueyes, o lo dice enteramente por nosotros? Pues por nosotros se escribió; porque con esperanza debe arar el que ara, y el que trilla, con esperanza de recibir del fruto». En este caso, Pablo cita el Antiguo Testamento no para propósitos evangelísticos, sino para establecer una realidad ministerial para el siervo de Dios: Él es digno de su salario.[26]

También en 1 Corintios, el apóstol Pablo exhorta a la iglesia en Corintio a poner atención a los ejemplos del Antiguo Testamento para que adornen la verdad del evangelio. El pasaje dice: «Mas estas cosas sucedieron como ejemplos para nosotros, para que no codiciemos cosas malas, como ellos codiciaron [...] Y estas cosas les acontecieron como ejemplo, y están escritas para amonestarnos a nosotros, a quienes han alcanzado los fines de los siglos» (1 Co. 10:6, 11). Según Pablo, el Antiguo Testamento es, por naturaleza, pedagógico y no solo evangelístico. Por eso él escribe: «para amonestarnos a nosotros, a quienes han alcanzado los fines de los siglos» (1 Co. 10:11).

Pablo anima a la iglesia en Roma a poner atención al Antiguo Testamento considerando la siguiente razón: «Porque las cosas que se escribieron antes, para nuestra enseñanza se escribieron, a fin de que por la paciencia y la consolación de las Escrituras, tengamos esperanza» (Ro. 15:4). A pesar que el Antiguo Testamento fue escrito siglos antes, para Pablo estos escritos santos fueron escritos «para nuestra enseñanza». El Antiguo Testamento fue escrito con la intención de instruir a generaciones posteriores, incluyendo la del siglo i y los cristianos que «han alcanzado los fines de los siglos» (1 Co. 10:11). El Antiguo Testamento no es un documento antiguo que ha quedado en el olvido, sino que es tan vigente y autoritativo como cuando se escribió por primera vez. Para el apóstol, «el Antiguo Testamento, incluso aparte del Nuevo Testamento, es

---

26. Este mismo uso del Antiguo Testamento se puede corroborar en 2 Corintios 8–9 donde Pablo cita en dos ocasiones el Antiguo Testamento (2 Co. 8:15; 9:9) no para fines evangelísticos, sino más bien de edificación.

suficiente para identificar la falsa enseñanza y para equipar al joven pastor para que haga la obra del ministerio».[27] Es decir, es suficiente para la vida espiritual y el ministerio (2 Ti. 3:17).

En un contexto muy similar al de 2 Timoteo 3–4, Pedro anticipa no solo su muerte (2 P. 1:13-15), sino también a los falsos maestros que vendrían (2 P. 2:1-14). Al igual que Pablo, él se preocupa por cómo sabrían ellos distinguir entre lo verdadero y lo falso.[28] Las similitudes entre ambas situaciones y respuestas son notables. Como afirma Frame: «Pedro da dos respuestas, las mismas que Pablo. La primera es "recuérdenme"».[29] Pedro los anima a atesorar lo que escucharon de él. No se refiere a la memoria del apóstol como tal, sino a lo que Pedro les había comunicado. Esta primera respuesta tiene que ver con el testimonio personal de Pedro que está registrado en los evangelios, puesto que fue testigo ocular especialmente de la transfiguración de Jesús, como él mismo lo afirma en 2 Pedro 1:16-18.[30] Sin embargo, como en el caso de Timoteo y otros, era cuestión de tiempo para que vinieran «generaciones de creyentes que no recordarían» el testimonio de Pedro o de otros apóstoles.[31] Por lo tanto, esta advertencia era necesaria.

Esta realidad inminente lleva a Pedro a brindar la segunda respuesta: «Tenemos también la palabra profética más segura» (2 P. 1:19).[32] El testimonio de Pedro es autoritativo, había estado con Jesús y tenía autoridad de apóstol; sin embargo, la palabra profética, el Antiguo Testamento, era aún más segura, tal como él mismo afirma. Es a través de ese documento divino que Dios guio y guía a su pueblo a la obediencia. Frame lo resume de manera excelente: «[En] todos los períodos de la historia de la redención,

---

27. Frame, *Systematic Theology*, p. 580.
28. *Ibid.*
29. *Ibid.*
30. *Ibid.*
31. *Ibid.*
32. *Ibid.*, pp. 580-581.

Dios insta a que se obedezca la Palabra escrita. [Por eso] Pablo y Pedro, hacia el final de sus vidas, invitan a las iglesias a regresar al estándar que siempre ha gobernado al pueblo de Dios».[33] Esto sería algo fundamental ya que nadie puede recordar personalmente la voz viva de un profeta o apóstol. Por lo tanto, es necesario «regresar a la Palabra escrita».[34] No hay atajos. No hay un camino mejor o más fácil. Hay que confiar plenamente en la Palabra de Dios y depender de ella. Todo esto evidencia que el Antiguo Testamento, que es Palabra de Dios, tiene un carácter no solo evangelístico, sino también correctivo y pastoral.

Esto es consistente con la reflexión de Jesús en cómo concebía la naturaleza del Antiguo Testamento. En el sermón del monte, dice lo siguiente:

> No penséis que he venido para abrogar la ley o los profetas; no he venido para abrogar, sino para cumplir. Porque de cierto os digo que hasta que pasen el cielo y la tierra, ni una jota ni una tilde pasará de la ley, hasta que todo se haya cumplido. De manera que cualquiera que quebrante uno de estos mandamientos muy pequeños, y así enseñe a los hombres, muy pequeño será llamado en el reino de los cielos; mas cualquiera que los haga y los enseñe, éste será llamado grande en el reino de los cielos (Mt 5:17-19).

En esta sección del sermón, Jesús difiere de la tradición oral de los judíos que había producido una versión contraria a la ley (Mt. 5:21-48), la cual terminaba «socavando la ley mosaica».[35] La realidad es que Jesús no había venido a abrogar la ley sino a

---

33. *Ibid.*, p. 582.

34. *Ibid.*

35. John Nolland, *The Gospel of Matthew: A Commentary on the Greek Text* [El Evangelio de Mateo: Un comentario al texto griego], *NIGTC* (Grand Rapids: Eerdmans, 2005), p. 217.

cumplirla. El verbo «cumplir» (πληρόω) «se entiende aquí en el sentido de cumplir algo o traer algo a una expresión completa, mostrar algo en su significado verdadero».[36] El contexto muestra que lo que Jesús está haciendo es proveer la intención correcta a la ley. Él está proveyendo la intención final y completa de los diez mandamientos. Esta introducción provee la iluminación necesaria para lo que viene en los versículos 21 al 48, sección en la cual Jesús no está reafirmando el estatus quo oral de la ley, sino más bien confrontándolo. Como acertadamente dice John Nolland: «Cumplir debe estar enfocado primariamente en lo que Jesús ofrece como maestro» con el fin de entender el significado correcto de la ley para obediencia.[37]

Jesús declara la validez de los diez mandamientos hasta el detalle más mínimo. En el versículo 18, dice: «De cierto os digo que hasta que pasen el cielo y la tierra, ni una jota ni una tilde pasará de la ley, hasta que todo se haya cumplido». Esta declaración no ignora que hay algunas cosas de la ley que ya se han cumplido. Algunas regulaciones como el sacrificio de animales ya no tienen vigencia, porque con el cumplimiento de Jesús en su primera venida, Él hizo el sacrificio perfecto para quitar el pecado del mundo (Jn. 1:29). Sin embargo, la ley —y específicamente los diez mandamientos— continúa siendo obligatoria para los cristianos. En seis ocasiones Jesús contrasta la tradición oral de los ancianos con la interpretación correcta de la ley (Mt. 5:21-48). En cada caso Jesús provee no solo el significado correcto de cada categoría, sino también aplicaciones apropiadas. Por ejemplo, cuando Moisés dijo: «No matarás», Jesús no estaba pensando en el acto de matar solamente, sino que el matar incluye el enojo, pues el matar comienza en un corazón enojado. Para el judío legalista la mala intención no violaba el mandamiento, sin embargo, para Jesús,

---

36. *BDAG*, p. 829 (πληρόω).
37. Nolland, The Gospel of Matthew, p. 218.

el «que se enoje contra su hermano, será culpable de juicio» (Mt. 5:22). Tan importante es esto para Jesús que cualquiera que se acuerde que tiene algo en contra de su hermano mientras adora a Dios, debe dejar el servicio de adoración con el fin de ir con su hermano y reconciliarse con su él (Mt. 5:24). El asunto principal aquí es que el Antiguo Testamento no ha pasado de moda, es tan vigente como lo fue para la primera generación. No hay cambio. La ley revela la voluntad de Dios para su pueblo.

El concepto de Santiago en cuanto a la ley no era diferente al de Jesús. Santiago la llama: «la perfecta ley» (Stg. 1:25), «la ley real» (Stg. 2:8), «la [ley] de la libertad» (Stg. 1:25). Todas estas referencias de la ley tienen que ver con la vigencia de la ley en relación a la conducta cristiana. Todos los creyentes, que han sido salvos por gracia, necesitan la ley perfecta que libera del pecado, para vivir vidas santas en conformidad al Rey que ha hablado su voluntad. Para Santiago, la ley de Dios no puede ser ignorada, sino que debe ser atendida siendo «hacedores de la palabra» (Stg. 1:22). La ley de Dios debe continuar teniendo para el cristiano afecto y efecto en su manera de vivir (Stg. 2:12). El uso y concepto de la ley que Santiago tiene es el mismo que Jesús proclamó. Esto prueba que el concepto de la ley para los autores del Nuevo Testamento es autoritativo y vigente. Frame correctamente nota:

> Pablo usa el término ley con una connotación negativa, cuando él argumenta que nadie puede justificarse delante de Dios por medio de la obediencia de la ley. [Sin embargo] Pablo no duda por un minuto que la ley escrita es la Palabra santa de Dios y representa el estándar de juicio de Dios. Para él, «la ley a la verdad es santa, y el mandamiento santo, justo y bueno» (Ro. 7:12).[38]

En este punto es importante resaltar la realidad de que la ley se

---

38. Frame, *Systematic Theology*, p. 576.

les dio a los hijos de Israel en el contexto de la gracia: Dios escogió, amó y redimió a Israel no porque fuera mejor que los otros pueblos, sino por su gracia. No hay ninguna otra razón. En el siguiente pasaje se observa la relación de la gracia con la ley de Dios.

> Porque tú eres pueblo santo para Jehová tu Dios; Jehová tu Dios te ha escogido para serle un pueblo especial, más que todos los pueblos que están sobre la tierra. No por ser vosotros más que todos los pueblos os ha querido Jehová y os ha escogido, pues vosotros erais el más insignificante de todos los pueblos; sino por cuanto Jehová os amó, y quiso guardar el juramento que juró a vuestros padres, os ha sacado Jehová con mano poderosa, y os ha rescatado de servidumbre, de la mano de Faraón rey de Egipto. Conoce, pues, que Jehová tu Dios es Dios, Dios fiel, que guarda el pacto y la misericordia a los que le aman y guardan sus mandamientos, hasta mil generaciones; y que da el pago en persona al que le aborrece, destruyéndolo; y no se demora con el que le odia, en persona le dará el pago. Guarda, por tanto, los mandamientos, estatutos y decretos que yo te mando hoy que cumplas (Dt. 7:6-11).

Primero, Dios intervino con su gracia sacando a su pueblo de la esclavitud de Egipto, y después por su amor y misericordia les dio su ley para que obedecieran a Dios —no para obtener favor salvífico de Dios, sino porque Dios ya los había salvado—. El amor y la gracia de Dios no permiten ningún tipo de legalismo vacío que enfatice un sistema de reglas con el fin de alcanzar tanto la salvación como el favor de Dios. El legalismo es una afrenta a la gracia de Dios que trasforma el cristianismo en una serie de regulaciones frías. No es esto lo que Dios quiere ni demanda de su pueblo. El legalismo toma la ley de Dios fuera de su contexto original que tiene que ver con la gracia de Dios.

La Biblia abunda con mandamientos que Dios espera
que los creyentes obedezcan. Nosotros no somos salvos
por guardar la ley, sin embargo, siempre estamos obligados a guardar la ley, y una vez que somos salvos y
hemos pasado de muerte a vida, deseamos guardar la
ley por amor a Dios y Jesús. La ley no es solamente
un cúmulo de mandamientos que nos aterrorizan para
llevarnos a Cristo, sino que también es la voz gentil del
Señor, que muestra a su pueblo que las mejores bendiciones de esta vida vienen de seguir su voluntad.[39]

De todo esto se desprende que el carácter de las Escrituras,
su ley, no se limita al evangelismo, sino que también tiene un
elemento pedagógico que busca edificar al pueblo de Dios, lo cual
es un reflejo del evangelio mismo.

A pesar de que Martín Lutero no se apartó completamente
del método alegórico de interpretación con el cual él creció, su
interpretación fue consistente con el método histórico-gramatical. En su excelente artículo titulado: «¿Cómo predicaba Lutero?
Un ruego por una predicación dominada por el evangelio», Boutot
M. Hopson explica que a pesar de que Lutero frecuentemente
articulaba los indicativos del evangelio, «él aparentemente no veía
la necesidad de añadir a la predicación de la ley una admonición
sobre el evangelio [...] La exposición de Lutero no se centraba en
el evangelio, aunque se mantenía dominada por el evangelio».[40]
Boutot explica en qué consistía la exposición de Lutero en base
a los diez mandamientos.

Primero, Lutero creía que el predicador debía explicar
la ley. Todo sermón comienza con una explicación de

---

39. *Ibid.*, p. 97.
40. Boutot M. Hopson, «How Did Luther Preach? A Plea for Gospel-Dominated Preaching» [¿Cómo predicó Lutero? Un llamado a la predicación dominada por el evangelio], *CTQ* 81 (2017), p. 115.

la ley. El predicador fiel nunca puede asumir que una congregación ya sabe la ley de Dios; él debe explicar cuidadosamente lo que Dios espera de su pueblo. Segundo, Lutero creía que el predicador debería aplicar la ley. Sus sermones sobre el decálogo contienen aplicaciones prácticas para su gente. Lutero no buscaba hablar en meras generalidades, sino que buscaba cómo aplicar la ley a la vida diaria de sus oyentes. Tercero, Lutero creía que el pueblo de Dios debería obedecer la ley. Él inequívocamente creía que la ley instruía al cristiano en cómo vivir su vida. En un sermón, Lutero dijo: «Ustedes deben usar los Diez Mandamientos para enseñar al pueblo cómo deben vivir en esta vida».[41]

La interpretación cristotélica no ignora la gracia de Dios, sino que la extiende predicando fielmente la intención del texto bíblico. No es necesario hacer que Cristo sea el punto de cada sermón, como hace la interpretación cristocéntrica. Basta con ser fiel a la intención de cada autor en cada pasaje. Daniel I. Block comenta:

> No todo [en el Antiguo Testamento] habla de Cristo. Nosotros mejoraríamos nuestra hermenéutica si interpretáramos el Antiguo Testamento cristotélicamente en lugar de hacerlo cristocéntricamente. Mientras que en términos hermenéuticos es irresponsable decir que todos los textos de Antiguo Testamento tienen un significado cristocéntrico o que apuntan a Cristo, es verdad que todos juegan un papel significativo en el gran plan de redención de Dios que lleva a y que tiene su apogeo en Cristo.[42]

---

41. *Ibid.*, p. 112.

42. Daniel I. Block, «Daniel Block on Christ-Centered Hermeneutics» [Daniel Block, acerca de la hermenéutica cristocéntrica], en *Christ-Centered Preaching and Teaching* [La predicación y enseñanza cristocéntricas], ed. por Ed Stetzer, pp. 5-8 (Nashville: LifeWay, 2013), 6.

Las implicaciones de la hermenéutica cristotélica

Habiendo entendido las diferencias entre la hermenéutica cristocéntrica y la hermenéutica cristotélica a la luz de las Escrituras, es apropiado concluir este capítulo con dos implicaciones para el ministerio pastoral. La primera implicación de la hermenéutica cristotélica es que enfatiza la necesidad de leer las Escrituras adoptando el método histórico-gramatical. Después de todo, este era el mismo método de interpretación que los apóstoles y profetas tenían. A pesar de que ellos, en un sentido, eran contribuyentes de la revelación de Dios, también fueron lectores e intérpretes de la revelación existente de Dios. Es fundamental, por lo tanto, considerar e imitar su ejemplo.[43] Ellos prestaban atención a la historia y al plan de Dios. Conocían tanto el contexto literario como el histórico. Se preocupaban por la intención del autor. Estudiaban con esmero el significado de la revelación previa para entender sus implicaciones.[44] Para los predicadores que adoptan y practican el método histórico-gramatical esto debe ser reconfortante, porque así es como los escritores bíblicos leían el texto.

La sugerencia no es adoptar una nueva hermenéutica, sino regresar a la hermenéutica de los reformadores conservadores, que leían el texto sagrado usando el método histórico-gramatical, buscando el significado pretendido por el autor bíblico. Solamente la hermenéutica histórico-gramatical permite que las Escrituras hablen por sí mismas. Cualquier otra hermenéutica es defectuosa, porque añade un lente interpretativo extra e innecesario que termina siendo una superposición ficticia sobre el texto bíblico, desfigurándolo y distorsionándolo en algo que el texto no tuvo la intención de ser.

---

43. Para mayor información, véase Chou, *La hermenéutica de los escritores bíblicos*, pp. 205-237.

44. *Ibid.*, p. 207.

El llamado para el predicador es regresar a la exégesis bíblica, que consiste en el proceso sistemático por el cual uno arriba a un sentido razonable y coherente del significado de un pasaje bíblico, es decir, a la intención del autor. La meta es doble. En primer lugar, la responsabilidad del predicador es entender y explicar lo que el texto significó para la audiencia original en su marco histórico original. Y, número dos, se debe entender y explicar lo que ese texto implica para el predicador y para su audiencia.[45] Las Escrituras demandan que se interpreten de manera fiel (2 Ti. 2:15).

La segunda implicación de la hermenéutica cristotélica para el ministerio pastoral es que se debe dejar que el pasaje bíblico dicte el énfasis de cada sermón. Si el pasaje enfatiza el evangelismo, se debe predicar a Cristo en toda su gloria. Sin embargo, si el pasaje no enfatiza el evangelismo, sino la palabra de su gracia que tiene poder para santificar, entonces se debe edificar al pueblo de Dios de esta manera. No hay ningún mérito en predicar un sermón que al finalizarse mencione a Cristo. El hecho de mencionar a Cristo en un sermón no hace que ese sermón sea cristiano. Si se predica a Cristo, debe hacerse en conformidad con las Escrituras y no como una «estrategia» para que suene como un sermón más cristiano o más espiritual. Que sea la Biblia misma, más específicamente, cada texto, quien guíe lo que se hace desde el púlpito. Que sea Dios el que hable fielmente por medio de su Palabra y no el predicador en su afán de encontrar a Cristo donde no está.

En resumen, la responsabilidad primaria del predicador es predicar la Palabra, ya sea para salvación o para edificación. El predicador no determina si la predicación debe ser evangelística o para edificación. Lo que determina el énfasis del sermón es el

---

45. Zuck acertadamente observa: «Un buen expositor primero va a ser un exegéta efectivo. La exégesis precede a la exposición de la misma forma que un pastel es horneado antes de ser servido». Roy B. Zuck, *La interpretación básica de la Biblia: Una guía práctica para descubrir la verdad.* trad. por Cabe Pillete (Charo, México: Berea Publishing Company, 2014), p. 25.

texto bíblico, pues el texto es rey, por así decirlo. La interpretación bíblica, es decir, histórico-gramatical, no permite enfatizar lo que el texto no enfatiza. El texto es el que tiene la última palabra. Debe privilegiarse por encima del predicador siempre. El predicador es un simple heraldo y no debe imponer nunca en el texto un sentido ajeno al que ha sido revelado por Dios.

CONCLUSIÓN

La hermenéutica cristotélica busca la intención del autor bíblico y, por ende, el significado de un texto, a través de una interpretación histórico-gramatical consistente. Esto conlleva indudablemente a reconocer lo que un pasaje señala o no sobre Cristo. La hermenéutica cristotélica salvaguarda al intérprete de imponer al pasaje sus propias presuposiciones y enfatiza lo que el texto quiere comunicar. El intérprete debe cuidarse de no imponer un lente interpretativo teológico a las Escrituras. Como ya se mencionó, esto es un abuso, porque en última instancia enmudece el texto bíblico. El texto bíblico debe «reinar» por encima de cualquier tipo de preferencias, conclusiones o presuposiciones teológicas. Ya sea que se interprete la Biblia para uso personal o para enseñar a otros, se debe ser fiel al texto —a la intención original del autor—.

BIBLIOGRAFÍA

Alexander, T. Desmond. «Further Observations on the Term "Seed" in Genesis» [Observaciones adicionales del término "simiente" en Génesis]. *Tyndale Bulletin* 48 (1997), pp. 363-367.

———. «Royal Expectations in Genesis to Kings: Their Importance for Biblical Theology» [Expectativas de realeza desde Génesis hasta Reyes: Su importancia para la teología bíblica]. *Tyndale Bulletin* 49 (1998), pp. 191-212.

Allen, Louis D. *Hebrews* [Hebreos]. *The New American Commentary* [El Nuevo Comentario Americano] 35. Nashville: Broadman & Holman Publishers, 2010.

Allen, Ronald B. *Numbers* [Números]. *The Expositor's Bible Commentary* [El comentario bíblico del expositor] 2. Grand Rapids: Zondervan, 1990.

Allison, Dale C. *The New Moses: A Matthean Typology* [El Nuevo Moisés: Una tipología de acuerdo a Mateo]. Minneapolis: Fortress, 1993.

Alter, Robert. *The Hebrew Bible: A Translation with Commentary* [La Biblia hebrea: Una traducción con comentario]. Volumen 1. Nueva York, NY: W. W. Norton & Company, 2019.

Althaus, Paul. *The Theology of Martin Luther* [La teología de Martín Lutero]. Minneapolis: Fortress, 1966.

Ashley, Timothy R. *The Book of Numbers* [El libro de Números]. *The New International Commentary on the Old Testament* [El Nuevo Comentario Internacional del Antiguo Testamento]. Grand Rapids: Eerdmans, 1993.

Attridge, Harold W. «The Psalms in Hebrews» [Los Salmos en Hebreos]. En *The Psalms in the New Testament* [Los Salmos en el Nuevo Testamento]. Editado por Steve Moyise y Maarten J. J. Menken, pp. 197-212. *The New Testament and the Scriptures of Israel* [El Nuevo Testamento y las Escrituras de Israel]. Londres: T&T Clark, 2004.

Barker, Kenneth L. *Micah, Nahum, Habakkuk, Zephaniah* [Miqueas, Nahúm, Habacuc, Sofonías]. *The New American Commentary* [El Nuevo Comentario Americano] 20. Nashville: Broadman & Holman Publishers, 1999.

Barthes, Roland. El placer del texto. Traducido por Nicolás Rosa. Madrid, España: Siglo XXI de España Editores, 2007.

Bateman IV, Herbert W. «Psalm 110:1 and the New Testament» [Salmos 110:1 y el Nuevo Testamento]. *Bibliotheca Sacra* 149 (1992), pp. 438-453.

———. «Three Obstacles to Overcome, and Then One» [Tres obstáculos a vencer, y luego uno más]. En *Jesus the Messiah: Tracing the Promises, Expectations, and Coming of Israel's King* [Jesús el Mesías: Rastreando las promesas, expectativas y la venida del Rey de Israel]. Editado por Herbert W. Bateman IV, Darrell L. Bock y Gordon H. Johnston, pp. 211-252. Grand Rapids: Kregel, 2012.

Bauckham, Richard J. *2 Peter, Jude* [2 Pedro, Judas]. *Word Biblical Commentary* [Comentario bíblico Word] 50. Dallas, TX: Word Books, 1998.

Bavinck, Herman. *Reformed Dogmatics: Prolegomena* [Dogmatismo reformado: Prolegómenos]. Volumen 1. Traducido por John Vriend. Grand Rapids: Baker Books, 2003.

Beale, G. K. «A Surrejoinder to Peter Enns» [Una réplica a Peter Enns]. *Themelios* 32 (2007), pp. 14-25.

———. «Did Jesus and the Apostles Preach the Right Doctrine from the Wrong Texts? Revisiting the Debate Seventeen Years Later in the Light of Peter Enns' Book, Inspiration and Incarnation» [¿Jesús y los apóstoles predicaron la doctrina correcta a partir de textos incorrectos? Una revisión del debate diecisiete años después a la luz del libro de Peter Enns, Inspiración y encarnación]. *Themelios* 32 (2006), pp. 18-43.

———. «Positive Answer to the Question Did Jesus and His Followers Preach the Right Doctrine from the Wrong Text?». En *The Right Doctrine from the Wrong Texts? Essays on the Use of the Old Testament in the New* [¿Doctrina correcta a partir de textos incorrectos? Ensayos sobre el uso del Antiguo Testamento en el Nuevo]. Editado por G. K. Beale, pp. 387-404. Grand Rapids: Baker Books, 1994.

———. «The Use of Hosea 11:1 in Matthew 2:15: One More Time» [El uso de Oseas 11:1 en Mateo 2:15: Una vez más]. *Journal of the Evangelical Theological Society* [Revista de la Sociedad Teológica Evangélica] 55 (2012), pp. 697-715.

Beale, G. K. y D. A. Carson, eds. *Commentary on the New Testament Use of the Old Testament* [Comentario del uso del Antiguo Testamento en el Nuevo Testamento]. Grand Rapids: Baker Books, 2007.

Bergen, Robert D. *1, 2 Samuel. The New American Commentary* [El Nuevo Comentario Americano] 7. Nashville: Broadman & Holman Publishers, 1996.

Bierberg, Rudolph. «Does Sacred Scripture Have a Sensus plenior?» [¿La Sagrada Escritura tiene un *sensus plenior*]. *The Catholic Biblical Quarterly* 10 (1948), pp. 182-195.

Block, Daniel I. «Daniel Block on Christ-Centered Hermeneutics» [Daniel Block, acerca de la hermenéutica cristocéntrica]. En *Christ-Centered Preaching and Teaching* [La predicación y enseñanza cristocéntricas]. Editado por Ed Stetzer, pp. 5-8. Nashville: LifeWay, 2013.

———. «Empowered by the Spirit of God: The Holy Spirit in the Historiographic Writings of the Old Testament» [Revestidos de poder por el Espírtu de Dios: el Espíritu Santo en los escritos historiográficos del Antiguo Testamento]. *The Southern Baptist Journal of Theology* [Revista teológica bautista del sur] 1 (1997), pp. 42-61.

Blomberg, Craig L. «Matthew» [Mateo]. En *Commentary on the New Testament Use of the Old Testament* [Comentario del uso del Antiguo Testamento en el Nuevo Testamento]. Editado por G. K. Beale y D. A. Carson, pp. 1-110. Grand Rapids: Baker Books, 2007.

Bock, Darrell L. *Luke Volume 1: 1:1–9:50* [Lucas, Volumen 1: 1:1–9:50]. *Baker Exegetical Commentary on the New Testament* [Comentario exegético Baker del Nuevo Testamento]. Grand Rapids: Baker Books, 1994.

———. *Luke Volume 2: 9:51–24:53* [Lucas, Volumen 2: 9:51–24:53]. *Baker Exegetical Commentary on the New Testament* [Comentario exegético Baker del Nuevo Testamento]. Grand Rapids: Baker Books, 1996.

Bornkamm, Heinrich. *Luther and the Old Testament* [Lutero y el Antiguo Testamento]. Traducido por Eric W. y Ruth C. Gritsch. Minneapolis: Fortress, 1969.

Bowman, Rick y Russel L. Penney. «Amillennialism» [Amilenialismo]. En *Dictionary of Premillennial Theology* [Diccionario de Teología Premilenialista]. Editado por Mal Couch, pp. 37-39. Grand Rapids: Kregel, 1996.

Brown, Raymond E. *The Sensus Plenior of Sacred Scripture* [El *Sensus Plenior* de la Sagrada Escritura]. Baltimore: St. Mary's University, 1955.

Broyles, Craig C. «Traditions, Intertextuality, and Canon» [Tradiciones, intertextualidad y el canon]. En *Interpreting the Old Testament: A Guide for Exegesis* [Interpretando el Antiguo Testamento: Una guía para la exégesis]. Editado por Craig C. Broyles, pp. 157-176. Grand Rapids: Baker Books, 2001.

Bruce, F. F. *The Epistles to the Colossians, to Philemon, and to the Ephesians* [Las Epístolas a los Colosenses, a Filemón y a los Efesios]. *New International Commentary on the New Testament* [Nuevo comentario internacional del Nuevo Testamento]. Grand Rapids: Eerdmans, 1984.

Brueggemann, Walter. *Old Testament Theology: Testimony, Dispute, Advocacy* [Teología del Antiguo Testamento: Testimonio, disputa, defensa]. Minneapolis: Fortress, 1997.

Budd, Philip J. *Numbers* [Números]. *Word Biblical Commentary* [Comentario bíblico Word] 5. Waco, TX: Word Books, 1984.

Callahan, John. *The Clarity of Scripture* [La claridad de la Escritura]. Downers Grove, IL: InterVarsity Press, 2001.

Calvino, Juan. *Comentario sobre Génesis. Volumen 1*. San José, Costa Rica: Clir, 2015.

Carson, D. A. *Collected Writings on Scripture* [Recopilación de escritos acerca de la Escritura]. Wheaton, IL: Crossway, 2010.

———. *Matthew* [Mateo]. *The Expositor's Bible Commentary* [Comentario bíblico del expositor] 9. Grand Rapid: Zondervan, 2010.

Chapell, Bryan. «Bryan Chapell on Christ-Centered Hermeneutics» [Bryan Chapell, acerca de la hermenéutica cristocéntrica]. En *Christ-Centered Preaching and Teaching* [La predicación y enseñanza cristocéntricas]. Editado por Ed Stetzer, pp. 18-22. Nashville: LifeWay, 2013.

———. La predicación cristocéntrica: Rescatando el sermón expositivo. Medellín, Colombia: Poiema Publicaciones, 2019.

Chou, Abner. «Cristo en el Antiguo Testamento: Lucas 24:25-27». En El pastor y el supremo Dios de los cielos: Perspectivas teológicas y prácticas sobre la persona y obra de Jesús. Editado por John MacArthur, pp. 229-245. Weston, FL: Nivel Uno, 2018.

———. *I Saw the Lord: A Biblical Theology of Vision* [Vi al Señor: Una teología bíblica de la visión]. Eugene, OR: Wipf & Stock, 2013.

———. La hermenéutica de los escritores bíblicos: Los profetas y los apóstoles nos enseñan a interpretar las Escrituras. Grand Rapids: Portavoz, 2019.

———. «The Hermeneutical Implications of Old Testament Intertextuality on Redemptive History» [Las implicaciones hermenéuticas de la intertextualidad del Antiguo Testamento en la historia de la Redención]. Tesis de maestría en divinidad, The Master's Seminary, 2005.

Clowney, Edmund P. El misterio revelado: Descubriendo a Cristo en el Antiguo Testamento. Medellín, Colombia: Poiema Publicaciones, 2014.

———. Predica a Cristo desde toda la Escritura. Barcelona, España: Andamio, 2016.

Coakley, James. «Numbers» [Números]. En *The Moody Bible Commentary: A One-Volume Commentary of the Whole Bible by the Faculty of Moody Bible Institute* [El comentario bíblico Moody: Un comentario en un solo volumen de la totalidad de la Biblia escrito por la facultad del Instituto Bíblico Moody]. Editado por Michael Rydelnik y Michael Vanlaningham, pp. 215-262. Chicago: Moody, 2014.

Cole, R. Dennis. *Numbers* [Números]. *The New American Commentary* [El Nuevo Comentario Americano] 3B. Nashville: Broadman & Holman Publishers, 2000.

Collins, Jack. «A Syntactical Note (Gn. 3:15): Is the Woman's Seed Singular or Plural?» [Una nota sintáctica (Gn. 3:15): ¿La simiente de la mujer es singular o plural?]. *Tyndale Bulletin* 48 (1997), pp. 139-148.

Conti, Marco, ed. *1–2 Kings, 1–2 Chronicles, Ezra, Nehemiah, Esther* [1–2 Reyes, 1–2 Crónicas, Esdras, Nehemías, Ester]. *Ancient Christian Commentary on Scripture: Old Testament* [Antiguo comentario cristiano de la Escritura: Antiguo Testamento] 5. Downers Grove, IL: InterVarsity Press, 2008.

Goodrick, Edward W. «Let's Put 2 Timothy 3:16 Back in the Bible» [Volvamos a colocar 2 Timoteo 3:16 en la Biblia]. *Journal of the Evangelical Theological Society* [Revista de la Sociedad Teológica Evangélica] 25 (1982), pp. 479-487.

Daly-Denton, Margaret. «Early Christian Writers as Jewish Readers: The New Testament Reception of the Psalms» [Los autores cristianos primitivos como lectores judíos: La recepción de los Salmos en el Nuevo Testamento]. *Review of Rabbinic Judaism* [Revista de judaísmo rabínico] 11 (2008), pp. 181-199.

Davies, Dale Ralph. *The Word Became Fresh: How to Preach from Old Testament Narrative Texts* [La Palabra se hizo fresca: Cómo predicar a partir de los textos de la narrativa del Antiguo Testamento]. Fearn, Escocia: Christian Focus, 2006.

Davies, W. D. y Allison, Dale C. *A Critical and Exegetical Commentary on Matthew 1–7* [Un comentario crítico y exegético de Mateo 1–7]. *International Critical Commentary* [Comentario crítico internacional]. Londres: T&T Clark, 1998.

Davis, Barry C. «Is Psalm 110 a Messianic Psalm?» [¿El salmo 110 es un salmo mesiánico?]. *Bibliotheca Sacra* 157 (2000), pp. 160-173.

DeClaissé-Walford, Nancy L., Rolf A. Jacobson y Beth LaNeel Tanner. *The Book of Psalms* [El libro de Salmos]. *The New International Commentary on the Old Testament* [El Nuevo Comentario Internacional del Antiguo Testamento]. Grand Rapids: Eerdmans, 2014.

Dempster, Stephen G. *Dominion and Dynasty: A Theology of the Hebrew Bible* [Dominio y dinastía: Una teología de la Biblia hebrea]. New Studies in Biblical Theology. Downers Grove, IL: InterVarsity Press, 2003.

Derrida, Jacques. De la gramatología. Traducido por Oscar del Barco y Conrado Ceretti. Madrid, España: Siglo XXI de España Editores, 1971.

Dockery, David S. *Biblical Interpretation Then and Now: Contemporary Hermeneutics in the Light of the Early Church*. Grand Rapids: Baker Books, 2000.

Dodd, C. H. *According to the Scriptures: The Substructure of New Testament Theology* [Según las Escrituras: La subestructura del Nuevo Testamento]. Inglaterra: Fontana Books, 1965.

Dumbrell, W. J. «Spirit and Kingdom of God in the Old Testament» [El Espíritu y el reino de Dios en el Antiguo Testamento]. *Reformed Theological Review* [Revista de teología reformada] 33 (1974), pp. 1-10.

Duvall, J. Scott y J. Daniel Hays. Hermenéutica: Entendiendo la Palabra de Dios. Colección Teológica Contemporánea 26. Traducido por Pedro Luis Gómez Flores. Barcelona, España: Clie, 2008.

Eaton, John. *The Psalms: A Historical and Spiritual Commentary with an Introduction and New Translation* [Los Salmos: Un comentario histórico y espiritual con una introducción y una nueva traducción]. Nueva York, NY: Continuum, 2005.

Ellingsen, Mark. *The Richness of Augustine: His Contextual and Pastoral Theology* [La riqueza de Agustín: Su teología contextual y pastoral]. Louisville, KY: Westminster John Knox Press, 2005.

Ellis, E. Earle. «How Jesus Interpreted His Bible» [La forma en la que Jesús interpretó Su Biblia]. Criswell Theological Review 3 (1989), pp. 341-351.

Enns, Peter. «Apostolic Hermeneutics and an Evangelical Doctrine of Scripture: Moving Beyond a Modernist Impasse» [Hermenéutica apostólica y una doctrina evangélica de la Escritura: Más allá de un estancamiento modernista]. *Westminster Theological Journal* [Revista teológica Westminster] 65 (2003), pp. 263-287.

———. «Biblical Interpretation, Jewish» [Interpretación bíblica, judía]. En *Dictionary of New Testament Background* [Diccionario del trasfondo del Nuevo Testamento]. Editado por Craig A. Evans y Stanley E. Porter, pp. 159-165. Downers Grove, IL: InterVarsity Press, 2000.

———. «Fuller Meaning, Single Goal: A Christotelic Approach to the New Testament Use of the Old in Its First-Century Interpretative Environment» [Significado completo, meta única: Un enfoque cristotélico al uso del Antiguo Testamento en el Nuevo Testamento]. En *Three Views on the New Testament Use of the Old Testament* [Tres perspectivas acerca del uso del Antiguo Testamento en el Nuevo Testamento]. Editado por Kenneth Berding y Jonathan Lunde, pp. 167-217. Grand Rapids: Zondervan, 2008.

———. *Inspiration and Incarnation: Evangelicals and the Problem of the Old Testament* [Inspiración y encarnación: los evangélicos y el problema del Antiguo Testamento]. 2.ª edición. Grand Rapids: Baker Books, 2015.

———. «Pseudepigrapha» [Pseudoepígrafos]. En *Dictionary for Theological Interpretation of the Bible* [Diccionario para la interpretación teológica de la Biblia]. Editado por Kevin J. Vanhoozer, pp. 652-653. Grand Rapids: Baker Books, 2005.

———. «Response to Professor Greg Beale» [Respuesta al profesor Greg Beale]. *Themelios* 32 (2007), pp. 5-13.

Erickson, Millard. *Truth or Consequences: The Promise and Perils of Postmodernism* [Verdad o consecuencias: La promesa y los peligros del posmodernismo]. Downers Grove, IL: InterVarsity Press, 2001.

Fee, Gordon y Douglas Stuart. Lectura eficaz de la Biblia. Miami, FL: Vida, 2007.

Fishbane, Michael. *Biblical Interpretation in Ancient Israel* [Interpretación bíblica en el Israel antiguo]. Oxford: Clarendon Press, 1985.

Frame, John M. *Systematic Theology: An Introduction to Christian Belief* [Teología sistemática: Una introducción a la fe cristiana]. Phillipsburg, NJ: P&R, 2013.

Gadamer, H. G. Verdad y método. Volumen 1. Traducido por Ana Agud Aparicio y Rafael de Agapito. Salamanca, España: Ediciones Sígueme, 1977.

Gamble, Richard C. «Exposition and Method in Calvin» [Exposición y método en Calvino]. *Westminster Theological Journal* [Revista teológica Westminster] 49 (1987), pp. 163-165.

Garrett, Duane A. *Hosea, Joel* [Oseas, Joel]. *The New American Commentary* [El Nuevo Comentario Americano] 19A. Nashville: Broadman & Holman Publishers, 1997.

Goldingay, John y Payne, D. *A Critical and Exegetical Commentary on Isaiah 40–55* [Un comentario crítico y exegético de Isaías 40–55]. *International Critical Commentary* [Comentario crítico internacional]. Londres: T&T Clark, 2006.

Goldsworthy, Graeme. *Christ-Centered Biblical Theology: Hermeneutical Foundations and Principles* [Teología bíblica cristocéntrica: Fundamentos y principios hermenéuticos]. Downers Grove, IL: InterVarsity Press, 2012.

———. Cómo predicar de Cristo usando toda la Biblia: Cómo aplicar la teología bíblica en una predicación expositiva. Colombia: Torrentes de Vida, 2012.

Gray, George Buchanan. *A Critical and Exegetical Commentary on Numbers* [Un comentario crítico y exegético de Números]. *International Critical Commentary* [Comentario crítico internacional]. Edimburgo, Escocia: T&T Clark, 1986.

Green, Joel B. *The Gospel of Luke* [El Evangelio de Lucas]. *New International Commentary on the New Testament* [Nuevo comentario internacional del Nuevo Testamento]. Grand Rapids: Eerdmans, 1997.

Greidanus, Sidney. *Preaching Christ from the Old Testament: A Contemporary Hermeneutical Method* [La predicación de Cristo a partir del Antiguo Testamento: Un método hermenéutico contemporáneo]. Grand Rapids: Eerdmans, 1999.

———. *The Modern Preacher and the Ancient Text: Interpreting and Preaching Biblical Literature* [El predicador moderno y texto antiguo: Interprertando y predicando la literatura bíblica]. Grand Rapids: Eerdmans, 1988.

Grogan, Geoffrey. Psalms [Salmos]. *The Two Horizons Old Testament Commentary* [Comentario Dos Horizontes del Antiguo Testamento]. Grand Rapids: Eerdmans, 2008.

Gundry, Stanley N. «Typology as a Means of Interpretation» [La tipología como un medio de interpretación]. *Journal of the Evangelical Theological Society* [Revista de la Sociedad Teológica Evangélica] 12 (1969), pp. 233-240.

Hamilton, James M. *God's Glory in Salvation Through Judgment* [La gloria de Dios en la salvación a través del juicio]. Wheaton, IL: Crossway, 2010.

———. *God's Indwelling Presence: The Holy Spirit in the Old and New Testaments* [La presencia residente de Dios: El Espíritu Santo en el Antiguo y Nuevo Testamento]. *NAC Studies in Bible and Theology* [Estudios en Biblia y teología]. Nashville: Broadman & Holman Publishers, 2006.

———. «The Skull Crushing Seed of the Woman: Inner-Biblical Interpretation of Genesis 3:15» [La simiente de la mujer que aplasta cráneos: Interpretación bíblica interna de Génesis 3:15]. *The Southern Baptist Journal of Theology* [Revista teológica bautista del sur] 10 (2006), pp. 30-54.

Harris, Murray J. *The Second Epistle to the Corinthians: A Commentary on the Greek Text* [La Segunda Epístola a los Corintios: Un comentario del texto griego]. *New International Greek Testament Commentary* [Nuevo comentario internacional del Testamento griego]. Grand Rapids: Eerdmans, 2005.

Hauser, Alan J., y Watson, Duane F. eds. *A History of Biblical Interpretation: The Ancient Period* [Una historia de la interpretación bíblica: El período antiguo]. Volumen 1. Grand Rapids: Eerdmans, 2008.

Hays, Richard B. «On the Rebound: A Response to Critiques of *Echoes of Scripture in the Letters of Paul*» [Acerca de las repercusiones: Una respuesta a las críticas de Ecos de la Escritura en las epístolas de Pablo]. En *Pauls and the Scriptures of Israel*

[Pablo y las Escrituras de Israel]. Editado por Craig A. Evans y James A. Sanders, pp. 70-97. *Journal for the Study of the New Testament Supplement Series* [Revista para el estudio del Nuevo Testamento, serie de suplementos] 83. Sheffield, UK: Sheffield Academic Press, 1993.

Hengel, Martin. *Studies in Early Christology* [Estudios en Cristología primitiva]. Londres: T&T Clark, 2004.

Hirsch, E. D. *Validity in Interpretation* [La validez en la interpretación]. New Haven, CT: Yale University Press, 1967.

Hodge, Charles. Teología sistemática. Volumen 1. Barcelona, España: Clie, 1991.

Holder, R. Ward. «Calvin's Hermeneutic and Tradition: An Augustinian Reception of Romans 7» [La hermenéutica de Calvino y la tradición: Una recepción agustiniana de Romanos 7]. En *Reformation Readings of Romans* [Lecturas reformadas de Romanos]. Editado por Kathy Ehrensperger y R. Ward Holder, pp. 98-119. Edimburgo, Escocia: T&T Clark, 2008.

———. «Calvin as Commentator on the Pauline Epistles» [Calvino como comentarista de las epístolas paulinas]. En *Calvin and the Bible* [Calvino y la Biblia]. Editado por Donald K. McKim, pp. 224-256. Cambridge: Cambridge University Press, 2006.

Hopson, Boutot M. «How Did Luther Preach? A Plea for Gospel-Dominated Preaching» [¿Cómo predicó Lutero? Un llamado a la predicación dominada por el evangelio]. *Concordia Theological Quarterly* [Revista teológica trimestral Concordia] 81 (2017), pp. 95-117.

Horton, Fred L. *The Melchizedek Tradition: A Critical Examination of the Sources to the Fifth Century A.D. and in the Epistle to the Hebrews* [La tradición de Melquisedec: Un análisis crítico de las fuentes del siglo V y en la epístola a los Hebreos]. *Society for New Testament Studies Monograph Series* [Serie de monografías de la Sociedad para el estudio del Nuevo Testamento] 30. Cambridge: Cambridge University Press, 1976.

Hossfeld, Frank-Lothar y Erich Zenger. *Psalms 3: A Commentary on Psalms 101–150* [Salmos 3: Un comentario de los Salmos 101–150]. Editado por Klaus Baltzer. Traducido por Linda M. Maloney. Hermeneia. Minneapolis: Fortress, 2011.

House, Paul R. «Examining the Narratives of Old Testament Narrative: An Exploration in Biblical Theology» [Examinando las narrativas de la narrativa del Antiguo Testamento: Una exploración en teología Bíblica]. *Westminster Theological Journal* [Revista teológica Westminster] 67 (2005), pp. 229-245.

———. *Old Testament Theology* [Teología del Antiguo Testamento]. Downers Grove, IL: InterVarsity Press, 1998.

Howard, David M. *Joshua* [Josué]. *The New American Commentary* [El Nuevo Comentario Americano] 5. Nashville: Broadman & Holman Publishers, 1998.

Huey, F. B. *Jeremiah, Lamentations* [Jeremías, Lamentaciones]. *The New American Commentary* [El Nuevo Comentario Americano] 16. Nashville: Broadman & Holman Publishers, 1993.

Johnson, Dennis E. *Him We Proclaim: Preaching Christ from All the Scriptures* [Lo proclamamos a Él: Predicar a Cristo desde todas las Escrituras]. Phillipsburg, NJ: P&R, 2007.

———. «Review of *Getting the Message: A Plan For Interpreting and Applying the Bible*» [Reseña de *Recibiendo el mensaje: Un plan para interpretar y aplicar la Biblia*]. *Presbyterion* 26 (2000), pp. 125-127.

Johnston, Gordon H. «Messianic Trajectories in Genesis and Numbers» [Trayectorias mesiánicas en Génesis y Números]. En *Jesus the Messiah: Tracing the Promises, Expectations, and*

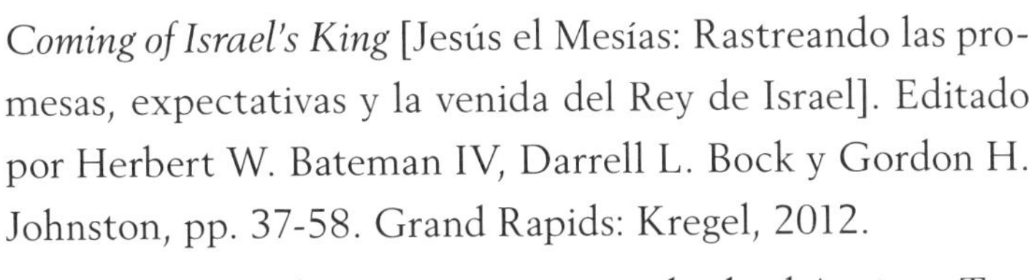
Coming of Israel's King [Jesús el Mesías: Rastreando las promesas, expectativas y la venida del Rey de Israel]. Editado por Herbert W. Bateman IV, Darrell L. Bock y Gordon H. Johnston, pp. 37-58. Grand Rapids: Kregel, 2012.

Kaiser, Walter C. Predicación y enseñanza desde el Antiguo Testamento. El Paso, TX: Mundo Hispano, 2010.

———. «Psalm 72: An Historical and Messianic Current Example of Antiochene Hermeneutical Theoria» [Salmo 72: Un ejemplo actual histórico y mesiánico de las teorías hermenéuticas de Antioquía]. *Journal of the Evangelical Theological Society* [Revista de la Sociedad Teológica Evangélica] 52 (2009), pp. 257-270.

———. «Response to Enns» [Respuesta a Enns]. En *Three Views on the New Testament Use of the Old Testament* [Tres perspectivas en el uso del Antiguo Testamento en el Nuevo Testamento]. Editado por Kenneth Berding y Jonathan Lunde, pp. 218-225. Grand Rapids: Zondervan, 2008.

———. *The Messiah in the Old Testament* [El Mesías en el Antiguo Testamento]. *Studies in Old Testament Biblical Theology* [Estudios en teología bíblica del Antiguo Testamento]. Grand Rapids: Zondervan, 1995.

———. *The Promise-Plan of God: A Biblical Theology of the Old and New Testaments* [El plan-promesa de Dios: Una teología bíblica del Antiguo y Nuevo Testamento]. Grand Rapids: Zondervan, 2008.

———. *The Uses of the Old Testament in the New* [Los usos del Antiguo Testamento en el Nuevo]. Chicago: Moody, 1985.

———. *Toward an Exegetical Theology: Biblical Exegesis for Preaching and Teaching* [Hacia una teología exegética: Exégesis bíblica para la predicación y la enseñanza]. Grand Rapids: Baker Books, 1998.

———. «Walt Kaiser on Christ-Centered Hermeneutics» [Walt Kaiser, acerca de la hermenéutica cristocéntrica]. En *Christ-Centered Preaching and Teaching* [La predicación y enseñanza cristocéntricas]. Editado por Ed Stetzer, pp. 14-17. Nashville: LifeWay, 2013.

Kaiser, Walter C. y Moisés Silva. *An Introduction to Biblical Hermeneutics: The Search for Meaning* [Una introducción a la hermenéutica bí-blica: La búsqueda de significado]. 2.ª edición. Grand Rapids: Zondervan, 2007.

Keller, Timothy. La predicación: Compartir la fe en tiempos de escepticismo. Nashville: Broadman & Holman Publishers, 2017.

Kidner, Derek. *Psalms 73–150: An Introduction and Commentary* [Salmos 73–150: Una introducción y comentario]. *Tyndale Old Testament Commentaries* [Comentarios Tyndale al Antiguo Testamento] 16. Downers Grove, IL: InterVarsity Press, 1975.

Kitchen, John. *The Pastoral Epistles for Pastors* [Las epístolas pastorales para pastores]. The Woodlands, TX: Kress, 2009.

Klein, Ralph W. *1 Samuel. Word Biblical Commentary* [Comentario bíblico Word] 10. Waco, TX: Word Books, 1983.

Kraus, Hans-Joachim. *Psalms 60–150* [Salmos 60–150]. *Continental Commentary* [Comentario continental]. Minneapolis: Fortress, 1993.

Lacocque, André. «Allusions to Creation in Daniel 7» [Alusiones a la creación en Daniel 7]. En *The Book of Daniel: Composition and Reception* [El libro de Daniel: Composición y recepción]. Volumen 1. Editado por John J. Collins y Peter W. Flint, pp. 114-131. *Vetus Testamentum, Supplements* [Suplementos] 83. Leiden, Holanda: Brill, 2002.

LaSor, William S. «Prophecy, Inspiration, and Sensus Plenior» [Profecía, inspiración y *sensus plenior*]. *Tyndale Bulletin* 29 (1978), pp. 49-60.

Lea, Thomas D. y Hayne P. Griffin. *1, 2 Timothy, Titus* [1, 2 Timoteo, Tito]. *The New American Commentary* [El Nuevo Comentario Americano] 34. Nashville: Broadman & Holman Publishers, 1992.

Litfin, Bryan. *Getting to Know the Church Fathers: An Evangelical Introduction* [Conociendo a los Padres de la Iglesia: Una introducción evangélica]. Grand Rapids: Baker Books, 2007.

Lincoln, A. T. Ephesians. *Word Biblical Commentary* [Comentario bíblico Word] 42. Dallas, TX: Word Books, 1990.

Lindars, Barnabas. *New Testament Apologetic: The Doctrinal Significance of the Old Testament Quotations* [Apologética del Nuevo Testamento: El significado de las citas del Antiguo Testamento]. Londres: SCM Press, 1961.

——— . «The Place of the Old Testament in the Formation of New Testament Theology: Prolegomena» [El lugar del Antiguo Testamento en la formación de la teología del Nuevo Testamento: Prolegómenos]. En *The Right Doctrine from the Wrong Texts? Essays on the Use of the Old Testament in the New* [¿Doctrina correcta a partir de textos incorrectos? Ensayos sobre el uso del Antiguo Testamento en el Nuevo]. Editado por G. K. Beale, pp. 137-145. Grand Rapids: Baker Books, 1994.

Longenecker, Richard N. *Biblical Exegesis in the Apostolic Period* [Exégesis bíblica en el período apostólico]. Grand Rapids: Baker Books, 1999.

——— . «Negative Answer to the Question "Who is the Prophet Talking About?" Some Reflections on the New Testament's Use of the Old». En *The Right Doctrine from the Wrong Texts? Essays on the Use of the Old Testament in the New* [¿Doctrina correcta a partir de textos incorrectos? Ensayos sobre el uso del Antiguo Testamento en el Nuevo]. Editado por G. K. Beale, pp. 375-386. Grand Rapids: Baker Books, 1994.

Longman, Tremper. «The Messiah: Explorations in the Law and Writings» [El Mesías: Exploraciones en la Ley y los Escritos]. En *The Messiah in the Old and New Testaments* [El Mesías en el Antiguo y Nuevo Testamento]. Editado por Stanley E. Porter, pp. 13-34. Grand Rapids: Eerdmans, 2007.

MacArthur, John F. *1 y 2 Tesalonicenses, 1 y 2 Timoteo, Tito.* Comentario MacArthur del Nuevo Testamento. Gran Rapids: Portavoz, 2012.

MacArthur, John y Richard L. Mayhue, eds. *Los planes proféticos de Cristo.* Grand Rapids: Portavoz, 2020.

Marshall, I. Howard. *Gospel of Luke* [Evangelio de Lucas]. *New International Greek Testament Commentary* [Nuevo comentario internacional del Testamento griego]. Grand Rapids: Eerdmans, 1978.

Martin, Ralph P. *2 Corinthians* [2 Corintios]. *Word Biblical Commentary* [Comentario bíblico Word] 40. Dallas, TX: Word Books, 1998.

Mathews, K. A. *Genesis 11:27–50:26* [Génesis 11:27–50:26]. *The New American Commentary* [El Nuevo Comentario Americano] 1B. Nashville: Broadman & Holman Publishers, 2005.

Mayhue, Richard L. «Christ-Centered Preaching: An Overview» [Predicación cristocéntrica: Un panorama]. *The Master's Seminary Journal* [Revista de The Master's Seminary] 27 (2016), pp. 151-160.

McCartney, Dan G. «The New Testament's Use of the Old Testament» [El uso del Antiguo Testamento en el Nuevo Testamento]. En *Inerrancy and Hermeneutic: A Tradition, a Challenge, a Debate* [Inerrancia y hermenéutica: Una tradición, un desafío, un debate]. Editado por Harvie M. Conn, pp. 101-116. Grand Rapids: Baker Books, 1988.

McCartney, Dan G. y Clayton, Charles. *Let the Reader Understand: A Guide to Interpreting and Applying the Bible* [Que el lector entienda: Una guía para interpretar y aplicar la Biblia]. 2.ª edición. Phillipsburg, NJ: P&R, 2002.

McNamara, Martin. *Palestinian Judaism and the New Testament* [El judaísmo en Palestina y el Nuevo Testamento]. Wilmington, DE: Michael Glazier, 1983.

Merrill, Eugene H. «Numbers» [Números]. En *The Bible Knowledge Commentary: Old Testament* [El comentario del conocimiento bíblico: Antiguo Testamento]. Editado por John F. Walvoord y Roy B. Zuck, pp. 215-258. Wheaton, IL: Victor Books, 1985.

———. «The Sign of Jonah» [La señal de Jonás]. *Journal of the Evangelical Theological Society* [Revista de la Sociedad Teológica Evangélica] 23 (1980), pp. 23-30.

Michelén, Sugel. De parte de Dios y delante de Dios: Una guía de predicación expositiva. Nashville: Broadman & Holman Publishers, 2016.

Mohler, R. Albert. Proclame la verdad: Predique en un mundo postmoderno. Grand Rapids: Portavoz, 2010.

Moo, Douglas. *The Letter of James* [La carta de Santiago]. *Pillar New Testament Commentary* [Comentario Pillar del Nuevo Testamento]. Grand Rapids: Eerdmans, 2000.

———. «The Problem of Sensus Plenior» [El problema del *Sensus Plenior*]. En *Hermeneutics, Authority, and Canon* [Hermenéutica, Autoridad y Canon]. Editado por D. A. Carson y J. D. Woodbridge, pp. 325-356. Grand Rapids: Zondervan, 1986.

Moyise, Steve. *The Old Testament in the New: An Introduction* [El Antiguo Testamento en el Nuevo: Una introducción]. Nueva York, NY: Continuum, 2001.

Murray, David. «David Murray on Christ-Centered Hermeneutics» [David Murray, acerca de la hermenéutica cristocéntrica]. En *Christ-Centered Preaching and Teaching* [La predicación y enseñanza cristocéntricas]. Editado por Ed Stetzer, pp. 9-13. Nashville: LifeWay, 2013.

M'ilvaine, Charles P. *Evidences of Christianity* [Evidencias del cristianismo]. 7.ª edición. Philadelphia: Daniels & Smith, 1852.

Nolland, John. *The Gospel of Matthew: A Commentary on the Greek Text* [El Evangelio de Mateo: Un comentario al texto griego]. *New International Greek Testament Commentary* [Nuevo comentario internacional del Testamento griego]. Grand Rapids: Eerdmans, 2005.

O'Brien, Peter. *Colossians, Philemon* [Colosenses, Filemón]. *Word Biblical Commentary* [Comentario bíblico Word] 44. Dallas, TX: Word Books, 1998.

———. *The Letter to the Ephesians* [La carta a los Efesios]. *Pillar New Testament Commentary* [Comentario Pillar del Nuevo Testamento]. Grand Rapids: Eerdmans, 1999.

Olson, Roger E. *The Story of Christian Theology: Twenty Centuries of Tradition & Reform* [La historia de la teología cristiana: Veinte siglos de tradición y reforma]. Downers Grove, IL: InterVarsity Press, 1999.

Payne, P. B. «The Fallacy of Equating Meaning with the Human Author's Intention» [La falacia de equiparar el significado con la intención del autor humano]. *Journal of Evangelical Theological Society* [Revista de la Sociedad Teológica Evangélica] 20 (1977), pp. 243-252.

Pentecost, J. Dwight. Eventos del porvenir: Estudios de escatología bíblica. Miami, FL: Vida, 1984.

Persaud, Aran J.E. «Yahweh's "Lord" and Unrestrained Evil: An Exegesis of Psalm 110» [«El Señor» de Yahweh y el mal descontrolado: Una exégesis del Salmo 110]. *In die Skriflig* 49 (2015), pp. 1-6.

Postell, Seth D. «Numbers 24:5-9: The Distant Star» [Números 24:5-9: La estrella distante]. En *The Moody Handbook of Messianic Prophecy: Studies and Expositions of the Messiah in the Old Testament* [El manual Moody de profecía mesiánica: Estudios y exposiciones del Mesías en el Antiguo Testamento]. Editado por Michael Rydelnik y Edwin Blum, pp. 285-308. Chicago: Moody, 2019.

Puckett, David. *John Calvin's Exegesis of the Old Testament* [La exégesis de Juan Calvino del Antiguo Testamento]. Louisville, KY: Westminster John Knox Press, 1995.

Ramm, Bernard. *Protestant Biblical Interpretation: A Textbook of Hermeneutics* [Interpretación bíblica protestante: Un manual de hermenéutica]. Grand Rapids: Baker Books, 1970.

———. *Protestant Christian Evidences* [Evidencias cristianas protestantes]. Chicago: Moody, 1953.

Robinson, Haddon y Craig Brian Larson, eds. *The Art and Craft of Biblical Preaching: A Comprehensive Resource for Today's Communicators* [El arte y la hechura de la predicación bíblica: Un recurso completo para los comunicadores de hoy día]. Grand Rapids: Zondervan, 2005.

Robinson, Henry W. *Corporate Personality in Ancient Israel* [La personalidad colectiva en el Israel antiguo]. Filadelfia: Fortress, 1980.

Rooke, Deborah W. «Jesus as Royal Priest: Reflections on the Interpretation of the Melchizedek Tradition in Heb 7» [Jesús como real sacerdote: Reflexiones acerca de la interpretación de la tradición de Melquisedec en Hebreos 7]. Biblica 81 (2000), pp. 81-94.

Ross, Allen P. *A Commentary on the Psalms (90–150)* [Un comentario a los Salmos (90-150)]. Kregel Exegetical Library [Biblioteca exegética Kregel]. Grand Rapids: Kregel, 2016.

———. *Creation and Blessing: A Guide to the Study and Exposition of Genesis* [Creación y bendición: Una guía al estudio y exposición de Génesis]. Grand Rapids: Baker Books, 1997.

Rydelnik, Michael. *The Messianic Hope: Is the Hebrew Bible Really Messianic?* [La esperanza mesiánica: ¿La Biblia hebrea es realmente mesiánica?] *NAC Studies in Bible and Theology* [Estudios en Biblia y teología NAC]. Nashville: Broadman & Holman Publishers, 2010.

Sailhamer, John H. «The Messiah and the Hebrew Bible» [El Mesías y la Biblia hebrea]. *Journal of the Evangelical Theological Society* [Revista de la Sociedad Teológica Evangélica] 44 (2001), pp. 5-23.

———. *The Pentateuch as Narrative: A Biblical-Theological Commentary* [El Pentateuco como narrativa: Un comentario bíblico teológico]. Grand Rapids: Zondervan, 1992.

Satterthwaite, Philip E. «David in the Books of Samuel» [David en los Libros de Samuel]. En *The Lord's Anointed: Interpretation of Old Testament Messianic Texts* [El Ungido del Señor: Una interpretación de los textos mesiánicos del Antiguo Testamento]. Editado por Philip E. Satterthwaite, pp. 41-65. Grand Rapids: Baker Books, 1995.

Scarborough, John P. «Christocentric or Theocentric?: Evaluating two contemporary evangelical approaches to Old Testament narrative» [¿Cristocéntrico o teocéntrico?: Evaluación de dos enfoques evangélicos contemporáneos a la narrativa del Antiguo Testamento]. Tesis de maestría en teología, The Master's Seminary, 2014.

Schaefer, Konrad. *Psalms* [Salmos]. Editado por David W. Cotter, Jerome T. Walsh y Chris Franke. *Berit Olam Studies in Hebrew*

Narrative and Poetry [Estudios Berit Olam en narrativa y poesía hebreas]. Collegeville, MN: The Liturgical Press, 2001.

Scott, William R. *Guía para el uso de la BHS: Aparato crítico, masora, acentos, letras poco comunes y otros signos*. Traducido por Edesio Sánchez. Vallejo, CA: Bibal Press, 1993.

Shedd, Russell Philip. *Man in Community: A Study of St. Paul's Application of Old Testament and Early Jewish Conceptions of Human Solidarity* [El hombre en comunidad: Un estudio de la aplicación de San Pablo del Antiguo Testamento y de las concepciones judías primitivas de la solidaridad humana]. Grand Rapids: Eerdmans, 1964.

Simonetti, Manlio. *Biblical Interpretation in the Early Church: An Historical Introduction to Patristic Exegesis* [Interpretación bíblica en la Iglesia primitiva: Una introducción histórica a la exégesis patrística]. Editado por Anders Bergquist y Markus Bockmuehl. Traducido por John A. Hughes. Edimburgo, Escocia: T&T Clark, 1994.

Snodgrass, Klyne. «The Use of the Old Testament in the New» [El uso del Antiguo Testamento en el Nuevo]. En *The Right Doctrine from the Wrong Texts? Essays on the Use of the Old Testament in the New* [¿Doctrina correcta a partir de textos incorrectos? Ensayos sobre el uso del Antiguo Testamento en el Nuevo]. Editado por G. K. Beale, pp. 29-51. Grand Rapids: Baker Books, 1994.

Stein, Robert H. *A Basic Guide to Interpreting the Bible: Playing by the Rules* [Una guía básica para interpretar la Biblia: De acuerdo a las reglas del juego]. Grand Rapids: Baker Books, 2011.

———. «The Benefits of an Author-Oriented Approach to Hermeneutics» [Los beneficios de un enfoque hermenéutico orientado al autor]. *Journal of the Evangelical Theological Society* [Revista de la Sociedad Teológica Evangélica] 44 (2001), pp. 451-466.

Tchividjian, Tullian. *Jesus + Nothing = Everything* [Jesús + Nada = Todo]. Wheaton, IL: Crossway, 2011.

Terrien, Samuel L. *The Psalms: Strophic Structure and Theological Commentary* [Los Salmos: Estructura estrófica y comentario teológico]. Grand Rapids: Eerdmans, 2003.

Terry, Milton S. *Hermenéutica: La ciencia de la interpretación bíblica*. Tampa, FL: Doulos, 2012.

Thiselton, Anthony C. *The First Epistle to the Corinthians: A Commentary on the Greek Text* [La primera epístola a los corintios: Un comentario al texto griego]. *New International Greek Testament Commentary* [Nuevo comentario internacional del Testamento griego]. Grand Rapids: Eerdmans, 2000.

Thomas, Robert L. «The New Testament Use of the Old Testament» [El uso del Antiguo Testamento en el Nuevo Testamento] en *Evangelical Hermeneutics* [Hermenéutica evangélica]. Editado por Robert L. Thomas, pp. 241-270. Grand Rapids: Kregel, 2002.

———. «The New Testament Use of the Old Testament» [El uso del Antiguo Testamento en el Nuevo Testamento]. The Master's Seminary Journal 13 (2002), pp. 79-98.

———. «The Principle of Single Meaning» [El principio del significado único]. En *Evangelical Hermeneutics* [Hermenéutica evangélica]. Editado por Robert L. Thomas, pp. 141-164. Grand Rapids: Kregel, 2002.

———. «The Principle of Single Meaning» [El principio del significado único]. *The Master's Seminary Journal* 29 (2018), pp. 5-19.

Tipton, Lane G. «Christocentrism and Christotelism: The Spirit, Redemptive History, and the Gospel» [Cristocentrismo y cristotelismo: El Espíritu, la historia redentora y el evangelio]. En *Redeeming the Life of the Mind: Essays in Honor of Vern Poythress* [Redención de la vida de la mente: Ensayos en honor de Vern Poythress]. Editado por John Frame, Wayne Grudem y John J. Hughes, pp. 129-145. Wheaton, IL: Crossway, 2017.

Tonias, Demetrios E. *Abraham in the Works of John Chrysostom* [Abraham en las obras de Juan Crisóstomo]. Minneapolis: Fortress, 2014.

Trigg, Joseph W. «Allegory» [Alegoría]. En *Encyclopedia of Early Christianity* [Enciclopedia del cristianismo primitivo]. Editado por Everett Ferguson, pp. 34-37. Nueva York, NY: Routledge, 2010.

VanGemeren, Willem. *Psalms* [Salmos]. *The Expositor's Bible Commentary* [Comentario bíblico del expositor] 5. Grand Rapids: Zondervan, 2008.

Vanhoozer, Kevin J. *Is There a Meaning in this Text? The Bible, the Reader, and the Morality of Literary Knowledge* [¿Hay algún significado en este texto? La Biblia, el lector y la moralidad del conocimiento literario]. Grand Rapids: Zondervan, 1998.

Wainwright, Arthur. *Beyond Biblical Criticism: Encountering Jesus in Scripture* [Más allá de la crítica bíblica: El encuentro con Jesús en la Escritura]. Louisville, KY: John Knox Press, 1982.

Waltke, Bruce K. *An Old Testament Theology: An Exegetical, Canonical, and Thematic Approach* [Una teología del Antiguo Testamento: Un enfoque exegético, canónico y temático]. Grand Rapids: Zondervan, 2007.

———. *The Book of Proverbs, Chapters 1–15* [El libro de los Proverbios, Capítulos 1–15]. *New International Commentary on the Old Testament* [Nuevo comentario internacional del Antiguo Testamento]. Grand Rapids: Eerdmans, 2004.

Waltke, Bruce K., J. M. Houston y Erika Moore. *The Psalms as Christian Worship: A Historical Commentary* [Los salmos como adoración cristiana: Un comentario histórico]. Grand Rapids: Eerdmans, 2010.

Weisman, Z. «The Personal Spirit as Imparting Authority» [El Espíritu personal como autoridad otorgadora]. *Zeitschrift für die Alttestamentliche Wissenschaft* [Revista de estudios del Antiguo Testamento] 93 (1981), pp. 255-234.

Wenham, Gordon J. *Genesis 16–50. Word Biblical Commentary* [Comentario bíblico Word] 2. Waco, TX: Word Books, 1994.

———. *Numbers: An Introduction and Commentary* [Números. Una introducción y comentario]. Tyndale Old Testament Commentary. Downers Grove, IL: InterVarsity Press, 1981.

Westcott, Brooke Foss. *The Epistle to the Hebrews: The Greek Text with Notes and Essays* [La epístola a los Hebreos: El texto griego con notas y ensayos]. Nueva York, NY: Macmillan, 1893.

Wilcox, Max. «The Promise of the "Seed" in the New Testament and the Targumim» [La promesa de la «simiente» en el Nuevo Testamento y los *Targumim*]. *Journal for the Study of the New Testament* [Revista para el estudio del Nuevo Testamento] 5 (1979), pp. 2-20.

Wood, I. F. *The Spirit of God in Biblical Literature* [El Espíritu de Dios en la literatura bíblica]. Nueva York, NY: Armstrong, 1904.

Wright, Christopher. Cómo predicar desde el Antiguo Testamento. Lima, Perú: Ediciones Puma, 2016.

Zuck, Roy B. La interpretación básica de la Biblia: Una guía práctica para descubrir la verdad. Traducido por Cabe Pillete. Charo, México: Berea Publishing Company, 2014.

ÍNDICE DE REFERENCIAS BÍBLICAS

E D I T O R I A L
PORTAVOZ

NUESTRA VISIÓN

Maximizar el efecto de recursos cristianos de calidad que transforman vidas.

NUESTRA MISIÓN

Desarrollar y distribuir productos de calidad —con integridad y excelencia—, desde una perspectiva bíblica y confiable, que animen a las personas a conocer y servir a Jesucristo.

NUESTROS VALORES

Nuestros valores se encuentran fundamentados en la Biblia, fuente de toda verdad para hoy y para siempre. Nosotros ponemos en práctica estas verdades bíblicas como fundamento para las decisiones, normas y productos de nuestra compañía.

Valoramos la excelencia y la calidad.
Valoramos la integridad y la confianza.
Valoramos el mérito y la dignidad de los individuos y las relaciones.
Valoramos el servicio.
Valoramos la administración de los recursos.

Para más información acerca de nuestra editorial y los productos que publicamos visite nuestra página en la red: www.portavoz.com.